N & K

Valter Hugo Mãe

Das Haus der glücklichen Alten

Übersetzung aus dem Portugiesischen
von Ulrich Kunzmann und Klaus Laabs

Nagel & Kimche

Die Übersetzung des Epigraphs von Álvaro de Campos [i.e. Fernando Pessoa] ist zitiert nach Paul Celan, *Gesammelte Werke, Fünfter Band, Übertragungen II,* hrsg. v. Beda Allemann und Stefan Reicher, Frankfurt am Main: Suhrkamp 2000, S. 579

Titel der Originalausgabe: *A máquina de fazer espanhóis*

1 2 3 4 5 17 16 15 14 13

Herstellung: Andrea Mogwitz und Rainald Schwarz
Satz: Gaby Michel, Hamburg
Druck und Bindung: Friedrich Pustet
ISBN 978-3-312-00556-7
Printed in Germany

FSC
www.fsc.org
MIX
Papier aus verantwortungsvollen Quellen
FSC® C014889

Meinem Vater,
der nicht alt wurde

Ich bin nichts.
Werde nie etwas sein.
Kann nie etwas sein wollen.
Und trage dennoch die Träume der Welt
allesamt in mir.

Álvaro de Campos, Tabakladen

Mama, wenn ich groß bin, will ich
arbeiten, allein leben und
alleinerziehende Mutter eines Schweins sein.

Catarina, fünf Jahre

1 Der Faschismus der guten Menschen

Wir sind gute Menschen. Was nicht heißt, wir wären deshalb Volltrottel, ohne eine gewisse Robustheit, um mit Schwierigkeiten fertig zu werden, ganz und gar nicht, wir sind wirklich gute Menschen und bewahren uns den naiven Willen, dass man uns als solche ansieht, als ehrliche und fleißige Leute. So ein Volk, verstehen Sie. Er legte den Kugelschreiber aus der Hand. Er wollte, dass ich ihn nicht missverstehe, und musste sich daher erst einmal sicher sein, dass ich ihm überhaupt zuhörte. Wissen Sie, antwortete ich, mir ist nicht sonderlich nach reden, ich bin etwas nervös. Machen Sie sich keine Sorgen, sagte er weiter, das Gespräch soll Ihnen vor allem als Unterhaltung dienen, und wenn Sie sich einfach nur unterhalten fühlen und selber nichts weiter sagen, nehme ich es Ihnen auch nicht übel. Das kommt von der Freiheit, fügte er hinzu. Einmal misstrauen wir allem und jedem, das andere Mal sind wir die friedlichsten Familienväter der Welt, unendlich glücklich und verträumt. Und wenn wir aus dem Haus gehen, können wir an alle möglichen Grausamkeiten denken, so als ob nichts wäre, und es ist auch nichts. Gedanken, mein Freund, zählen heutzutage nicht mehr viel. Sie sind nicht von Belang. Das kommt auch von den Freiheiten, dass es bedeutungslos ist, was man denkt, weil es so aussieht, als müsste man gar nicht mehr denken. Wissen Sie, es ist, als ob wir als freie Menschen überhaupt nicht mehr an die Freiheit denken müssten. Freiheit ist eine gegebene Tatsache, sie ist einfach da, wie Sauerstoff, so wie wir unsere Lunge zum Atmen benutzen. Und uns soll keiner einreden wollen, wir würden wieder Zensur brauchen, egal, was für eine, das wäre eine Unmenschlichkeit, wir sind doch jetzt Europäer. Jeder Fehler in unserem eigenen Denken muss durch europäisches Denken korrigiert werden, für immer. Es ist wirklich eine Errungenschaft. Das ist wie Atmen. Damit es Sauerstoff gibt und wir unsere Lunge benutzen dürfen, muss man keinen Antrag stellen, man macht es, und basta, und niemand käme auf die Idee, es könnte anders sein. Ich war ungeduldig. Ich nickte, als wäre ich einverstanden, das war meine Art, ein Gespräch abzukürzen, ohne durchzudrehen. Laura wurde nicht entlassen, und die Ärzte kamen und gingen, ohne sich auch nur die Bohne um mich zu kümmern. Der Mann griff wieder zum Kugelschreiber, um endlose Formulare auszufüllen, und sagte noch mal, wenn wir kein Aufsehen erregen, können wir ein Leben lang die schlimmsten Instinkte hegen, und niemand wird davon wissen. Mit der Freiheit passiert es nur den unvorsichtigsten Dummköpfen, schlechte Menschen zu sein. Alle anderen passen auf und fügen sich erhobenen Hauptes in die Gesellschaft ein. Und was sagt uns das?, fragte ich. Was uns das sagt?, griff er, entzückt von meinem gespielten Interesse, meine Worte auf. Ja, gab ich etwas provozierend zurück, was wollen Sie damit eigentlich sagen, was bedeutet so eine versponnene Behauptung in der

Praxis? Er legte den Kugelschreiber wieder aus der Hand und erhob sich mit einem Gesichtsausdruck, als würde er mich gleich mit einem nicht enden wollenden Redeschwall überschütten, kam dann aber, nach kurzem Zögern, direkt zur Sache. In einer Zeit, in der wir alle gute Menschen sind, muss die Schuld bei den Unschuldigen liegen, antwortete er. Ich dachte an die Unschuldigen. Ich bin kein Mitleidsmensch, es gibt keine Unschuldigen. Wenn es Ihnen nichts ausmacht, bitte, könnten Sie nicht in Erfahrung bringen, wie es meiner Frau geht? Wir sind schon zwei Stunden hier, und dafür, dass ihr nach dem Kaffee schlecht wurde, ist das schon ganz schön lange, finde ich. Immer mit der Ruhe, immer mit der Ruhe, hier stellt Gott die Uhren. Ich glaube nicht an Gott, antwortete ich, die Menschen reichen mir. Denken Sie etwa, erwiderte er, ich glaube an ihn? Nein, das ist nur so eine Redensart, man plappert nach, was die anderen sagen, ohne groß darüber nachzudenken.

Ich trat ans Fenster. Der Tag war trübe, nicht nebelig, sondern von einer so dichten Helligkeit, dass man sie kaum durchdringen konnte, die Augen brannten mir wie bei einem drohenden Unwetter. Er stand ebenfalls auf und sagte, es ist so schwül, ich hasse solche Tage. Wie ich, antwortete ich. Er fragte, wegen unseres Gespräches … Sie sind doch nicht böse, Senhor Silva, oder? Ach, i wo, sagte ich. Das sind so Dummheiten, die einem durch den Kopf gehen, wenn man zu viel über das Leben nachdenkt, betonte er, weil, über den Tod nachdenken, das macht Angst. Nur zu, werden Sie nicht müde, es zu tun, ich denke genauso über das

Leben nach, und wie Sie wissen, bin ich im Moment sehr in Sorge um das Leben meiner Frau. Einen Augenblick lang blickten wir forschend zum bleiernen Himmel, als wollten wir, dass es endlich loskrachte, aber nichts geschah. Der Mann brach das Schweigen und erklärte, er heiße ebenfalls Silva. Cristiano Mendes da Silva, und sogleich stellte ich mir uns beide als die zwei Seiten einer Medaille vor, ich, der António Jorge da Silva aus dem Busch, so wie es der Name sagt, und er der Silva aus Europa, mit geschwollener Brust, als hätte er das ganz allein hingekriegt. Er fuhr fort, wir alle in diesem Land kommen aus dem Busch, fast alle. Wir wachsen hier wie Gestrüpp, das ist es. Wir sind Wildwuchs, pflichtete ich ihm bei, wobei ich bereits wie jemand, der um eine Feuerpause bittet, gezwungen lächelte. Genau, stimmte er mir zu, Wildwuchs aus dem Busch, mit Menschengesicht, wir breiten uns im Gelände immer mehr aus und machen einen anständigen Eindruck, sind aber noch ungezähmt, ohne jede Erziehung. Ich verzog das Gesicht und antwortete nichts. Dann konnte ich mich nicht länger zurückhalten und widersprach, von wegen, natürlich sind wir Leute mit Erziehung. Und er, geradezu mit Tadel in der Stimme, ja, aber die Erziehung ist diesem Land übergestülpt worden, eingeprügelt, finden Sie nicht? Ich fand, dass dieser Silva ein Riesenhornochse war, mit seinem Gerede sog er mir alle Energie aus den Knochen, und er würde mich noch so in Rage bringen, dass ich meinen Vorsatz vergaß, ruhig zu bleiben. Er ließ nicht locker, wollte es unbedingt auf die Spitze treiben, wir sind aber gute Menschen, wir können glauben, was wir wollen, wir werden immer gute Menschen sein. Wir Portugiesen sind es wirklich, vergessen Sie das nie, Kollege Silva. In mir kann niemand mehr, wie früher einmal, einen Hinterwäldler sehen, wir sind Europäer, ich bin ein europäischer Silva, und es gibt viele, die es nicht sind, weil sie es noch nicht eingesehen haben oder sie haben es einfach noch nicht begriffen. Doch eins sage ich Ihnen, es ist unvermeidlich. Alle werden dahin kommen. Es wird Zeit. Es wird Zeit. Eines Tages sind wir Bürger einer einzigen Welt. Gleiche unter Gleichen, alle gleich und glücklich, und das nicht aus Pflichtgefühl. Wir sind dabei, uns über die Welt auszubreiten, wie es sich gehört, und irgendwann sind wir auch keine ungezähmten Wilden mehr und breiten uns nicht mehr kriechend aus, wie Gestrüpp, weil wir uns immer besser zu benehmen wissen, wir sind dann immer vielseitiger und haben Unmengen von Interessen, voll mit subtilsten Nuancen, wie die großen Männer der Geschichte. Eines Tages, verdammt, da sind wir sogar alle voll vernünftig.

Vielleicht lassen sich ja so auch die vielen Silvas erklären, sagte er lachend. Breiten sich kriechend aus wie Gestrüpp und sind dabei gute Menschen, die Erklärung für die Silvas alle. Und meine Frau?, fragte ich. Könnten Sie mir nicht helfen, etwas über meine Frau in Erfahrung zu bringen? Einen Moment lang war er wie benommen, als ob er gerade aus der Hypnose erwachte, und meinte dann, was kann ich schon machen. Mir wird man nichts sagen, ich bin bloß eine Hilfskraft. Von draußen war ein dumpfer Knall zu hören, als wäre die glanzlose Glasscheibe des Himmels zu guter Letzt zerbrochen und ließe nun den Regen durch. Es regnet gleich, sagte der europäische Silva. Ich schwieg und trat wieder ans Fenster, vom tiefen Bedürfnis beseelt, mich hinauszustürzen.

Plötzlich kam ein Arzt in den kleinen Raum und wandte sich an mich. Senhor António Silva? Ja, antwortete ich. Ihrer Frau geht es gut, wir warten nur noch ein paar Untersuchungsergebnisse ab, sie schläft jetzt. Wir haben sie ruhiggestellt, sie wird also nicht so bald aufwachen, und wir möchten sie gern über Nacht bei uns behalten. Ich lächelte wie ein kleines Kind, das sich verlaufen hat und dem man die Hand reicht. Kann ich auch hierbleiben?, fragte ich. Der Arzt, dessen Interesse an mir schon erloschen war, sagte, nein, nicht auf unserer Station, und verschwand. Der europäische Silva bemerkte dazu, für die ist alles immer ganz leicht, sie haben ein rein berufliches Interesse am Menschen. Für die ist das wie Blumengießen, immer schön gleichmäßig, ich sehe es ihnen genau an, sie hören überhaupt nicht zu. Es ist ihnen egal, was man ihnen sagt, ob der Patient stöhnt oder schreit, sie studieren irgendwelche Unterlagen oder Röntgenbilder, schauen sich die Gesichtsfarbe der Patienten an und entscheiden, wie es ihnen in den Kram passt. Aber machen Sie sich keine Sorgen, die wissen, was sie tun, sie haben sogar Herz, wenn ich sie recht verstehe. Ohne meine Frau kann ich aber nicht nach Hause, ich kann sie nicht allein hierlassen. Sie sei doch gar nicht allein. Allein ohne mich, das ist die Einsamkeit, um die es mir geht, darum habe ich Angst. Das hat es noch nie gegeben. Jawohl, noch nie in fast fünfzig Jahren Ehe. Wir hatten Glück. Ja, wir hatten Glück. Daran soll es nicht liegen, sagte er, Sie können hier bei mir bleiben, wenn Sie es mit mir aushalten. Sie sind mir sympathisch. Ich rede mit den Wachleuten, und Sie bleiben die Nacht über hier, schauen mir zu, wie ich Formulare ausfülle, und lauschen dem Regen. Ich sage einfach, Sie sind mein Cousin. Wir könnten ja Cousins sein! Wie alt sind Sie? Gerade vierundachtzig geworden. Nicht zu glauben, sieht man Ihnen wirklich nicht an. Ich bin fünfundsechzig und gehe nächsten Monat in Rente. Ich habe genug von der Schinderei, ich will mich endlich auf die faule Haut legen.

Über die Welt draußen brach mit Gewalt der Regen los. Er schlug an die Fensterscheiben, als steckte in ihm ein vielzahniges Ungeheuer, das uns zu verschlingen drohte. Ich sackte auf den Stuhl vor dem Schreibtisch, an dem der andere wieder seine Arbeit aufnahm. Ich fühlte mich umzingelt.

Die Rente, die müsste früher kommen. Noch vor den Rückenschmerzen und der Fahruntauglichkeit. Ich fahre nicht mehr Auto und auch nichts anderes. Die Scheinwerfer blenden mich, und der Lärm und die Leute überall verwirren mich vollends. Sie können sich gar nicht vorstellen, wie scharf ich darauf bin, zu Hause zu bleiben, ohne was zu tun, bloß spazieren gehen und frisches Gemüse essen. Noch mehr aber habe ich satt, was ich hier tun muss. In diesem Räderwerk bin ich der Hinterletzte. Der letzte Arsch, wenn Sie verstehen. Der Scheißdreck, den keiner machen will, dieser ganze Scheißdreck landet bei mir auf dem Tisch. Und wenn ich durchsehe, wer hier rein darf oder rein muss, fertige ich das Leben ab, als hätte ich Lust, möglichst schnell einen Strich darunter zu ziehen. Ich bin einer von denen, für die das Leben nur Schmerzen bedeutet hat. Je früher ich mich hinlegen und ausruhen kann, umso glücklicher bin ich. Das hier ist sehr gut für einen, der gerade anfängt und noch gesund und munter ist. Aber für unsereins, die Älteren, ist es schon traurig, herzukommen und zu sehen, wer krank ist und wer stirbt. Jeden Tag das Gleiche. Wir existieren, um zu sterben, da können Sie sicher sein, und es gibt kein Wunder, das irgendwelche Engel oder Heilige vorbeischickt, um jemanden wiederauferstehen zu lassen. Wer hin ist, ist hin und kommt nicht wieder auf die Beine. Ich sehe das hier genau. Es gibt kein Erbarmen für die Gerechten oder Guten, am Ende sind sie genau solche kreideweißen Leichen wie die Bösen oder Geizigen, sie kommen genauso in den Sarg, und wissen Sie, was das Unglaublichste daran ist?, ihre Eltern haben genauso für sie gebetet. Es passt alles genau zusammen, um zu beweisen, dass wir alle zu Staub werden und von genau derselben Kraft sind, und mehr nicht. Wenn dieser Regen nur ein bisschen stärker wird, kommt er noch hier rein. Im Ernst, das ist schon vorgekommen. Einmal gab es hier ein Unwetter, das hatte offenbar eine Rechnung offen mit uns. Es hatte schon erste Schläge ausgeteilt, in der Umgebung, meine ich, als es aber das Krankenhaus erreichte, muss es hier jemanden gekannt haben. Unsere milchspendende Gottesmutter vielleicht. Es trommelte damals so wild an die Fenster, dass nach ein paar Minuten, ich weiß nicht mehr genau, wie es passierte, etliche Scheiben zu Bruch gingen. Und der Sturm war hier, wo wir jetzt sind, so stark, dass ich nur deshalb nicht in Einzelteile zerlegt wurde, weil ich die Katastrophe vorausgeahnt und mich am Boden verkrochen hatte. Ich wollte sehen, was kommen würde. Jetzt ist es was anderes. Es ist alles verstärkt worden. Das hier geht nicht bei irgendeinem Platzregen in die Brüche. Seien Sie beruhigt. Nicht einmal, wenn es dieses Gewitter auf Sie persönlich abgesehen hat, kann es Sie hier drin erwischen. Ich wollte Ihnen nur ein bisschen Angst machen.

Glauben Sie, den Autos könnte was passieren?, fragte ich. Ich weiß nicht, ich glaube, heutzutage schwimmen die Autos wie Spielzeugschiffchen auf dem Wasser, bis sie sich dann irgendwann vollgesogen haben und untergehen. Welches ist Ihr Wagen?, wollte er wissen. Der da. Die graue Schrottkarre da, ziemlich alt schon. So leicht, wie die ist, wird sie in null Komma nichts vom Wasser weggespült. Machen Sie sich keine Sorgen. Nehmen Sie doch Platz, Senhor Silva, nehmen Sie Platz und trinken Sie einen Kaffee. Wenn Sie möchten, da ist ein neuer Kaffeeautomat, der Kaffee ist ganz passabel. Das Krankenhaus hier ist der reinste Pfusch. Wie kann es sein, dass sich ein Parkplatz bei starkem Regen in einen Swimmingpool verwandelt? Das Krankenhaus steht schon seit Ewigkeiten. Das Beste wäre, es abzureißen, alles sollte man abreißen und neu aufbauen, aber anders, so, dass man nicht rot wird vor Scham, wenn man es sieht.

Ich setzte mich hin und versuchte, Abstand zu gewinnen.

Ich wollte meinen Gedanken nachhängen und sehen, ob die Wirklichkeit irgendwas anderes bringen würde. Nicht da, wo ich war, nicht mit diesem Mann, auch nicht mit diesem Regen, der jeden Moment mein Auto fortspülen konnte. Laura würde mich bestimmt auslachen dafür, wie schlecht ich ohne sie zurechtkam. Du brauchst eine Mutter, die für dich sorgt, sagte sie immer. Ich wollte nicht unbedingt wissen, ob ich mit vierundachtzig in meiner Frau meine Mutter sah, die ich brauchte, um einigermaßen über die Runden kommen. Wahr war, dass mich alles, dem ich allein gegenüberstand, überforderte. Wir waren schon so lange in Rente, dass wir gewohnt waren, den ganzen Tag aufeinander angewiesen zu sein, im Guten wie im Schlechten, und mit einer gewissen Sehnsucht nach den Kindern mussten wir eben klarkommen. Sie mochte nicht besonders, was ich dachte, und noch weniger, dass ich es sagte. Aber mir war klar, dass wir den Kindern nichts mehr vorschreiben konnten, die waren erwachsen und unabhängig, und wir, wir waren nicht genug ausgefüllt. Es war, als wäre man bereit, für bestimmte Sachen zu sterben. Es bliebe nur eine stille Sehnsucht, die süßer sein könnte, wenn sicher wäre, dass unsere Kinder gesund und munter waren und ihr Leben leben konnten, wie es sein sollte. Laura aber wollte lieber glauben, die Kinder würden noch darauf hören, was sie ihnen sagte. Sie glaubte, sie wären von ihrer Lebensweisheit beeindruckt und würden jeden Ratschlag voller Respekt befolgen, und sie würden ihn Ratschlag nennen, um sich bloß nicht dem Gedanken ausgesetzt zu sehen, dass ihre Mutter ihnen Befehle erteilt. Immer wieder machte ich mir den Spaß und sagte mir, es wäre die reinste Illusion, wenn Laura unseren Kleinen, die schon groß waren, etwas befehlen wollte, ganz gleich, was. Wenn sie wortlos aufbrachen und ihr nach einem Besuch bei uns einen Abschiedskuss auf die Stirn drückten, dann weil sie sie und auch mich als das sahen, was wir sind, sie eine liebevolle Alte, die nicht mehr ganz richtig im Kopf, aber liebevoll ist, bei all ihren Fehlern und Unzulänglichkeiten trotzdem liebevoll, eine alte Frau schon, zu alt, als dass man sie noch bekritteln oder versuchen sollte, sie irgendwie umzuerziehen, aber immer liebevoll. Manchmal ärgerte sich Laura, dann trank sie einen Tee und sagte kein Wort mehr, als wäre sie darüber erhaben. Sie beanspruchte ihren Platz als große Dame, wie immer weise durch die Hingabe, die Großherzigkeit und den Glorienschein des Alters. Sie wurde wieder freundlich, öffnete mit leichtem Zittern die Lippen, wollte aber kein Gespräch mehr. Ich trank dann meinen Tee allein und war von unseren Zickigkeiten wie zwei Jungverliebte entzückt. So unreif, als wären wir noch halbe Kinder. So füreinander geschaffen wie nur möglich. Beide mit dem Wissen um den steinigen Weg des Lebens, so dass wir uns nach ein, zwei Stunden zuzwinkerten und neue Liebesschwüre unsere Herzen wieder höher schlagen ließen.

Senhor Silva, der aus Europa, sah mich ruhig an. Er hatte aufgehört, Formulare auszufüllen, und irgendwie faszinierte ihn meine verträumte Miene. Entschuldigen Sie, Senhor Silva, sagte er, es kommt ja nicht mehr alle Tage vor, dass man hört, wie ein Ehemann mit vierundachtzig Jahren so von seiner Frau spricht. Ich weiß, gewöhnlich ist es so, dass die Männer empfindlicher werden, Angsthasen sind und sich in die Hose scheißen, aber bei Ihnen ist das was anderes, das ist nicht das Gleiche, wissen Sie, wirklich nicht. Ich antwortete, ich verstünde genau, was er meinte. Er beugte sich zu mir herab und setzte ernst und bedächtig hinzu, Sie sind mehr als nur ein guter Mensch, Sie sind etwas Besonderes, Sie haben sich Ihr Alter auf die beste Art verdient, indem Sie Gefühle erwidern, ja, ja, keine Widerrede, denn eine Leidenschaft in diesem Alter und nach so langem Zusammenleben ist einem Menschen vorbehalten, der etwas geben kann. In diesem Augenblick, während der Himmel Fensterscheiben zerschlug oder auch nicht, wirkte diese Nervensäge anders, vielleicht deshalb, weil er den Namen meiner Laura schnell ausgesprochen hatte, als er ihn erwähnte, um mir zum heroischen Wert meiner Liebe zu gratulieren. Die Liebe ist für Helden da, die Liebe ist für Helden da. Vielleicht lag es ja nur an der Uhrzeit, schon drei Uhr morgens, und an der Hölle draußen hinter den Fensterscheiben. Der Mann kam mir erschreckend hellsichtig vor, das Gegenteil von einem minderbemittelten Schwachkopf, so wie die Verrückten manchmal die klarsten und nützlichsten Visionen haben. Eine Sekunde lang sagte ich kein Wort. Ich lächelte und fragte ihn dann, was er von uns halte, von den Silvas, wenn wir als Alte unsere Frauen liebten wie Mütter und alle auf den schlauen Trick verfielen, bei so vielen Sachen eine zweite Kindheit zu erleben. Er riss die Augen auf, bestimmt, weil er begriff, dass er mit mir endlich die Möglichkeit bekommen hatte, einen Freund zu finden. Er antwortete nicht gleich. Er antwortete überhaupt nicht. Aus dem stillen Korridor, in dem man viele Stunden zuvor meine Laura weggebracht hatte, kam eine Schwester, ruhig wie der Tod. Eigentlich durfte ich ja nicht einmal dort sein, aber was hätte es schon genützt, hätte ich die Nacht irgendwo anders verbracht? Wäre es nicht am besten gewesen, ich wäre auch gestorben? Ich presste das Gesicht an die Scheibe. Mein Auto stand unverändert da. Letzten Endes zeigte der Parkplatz eine erstaunliche Leistungsfähigkeit, er schaffte es, das Wasser abfließen zu lassen. Alles war nichts weiter als übermäßige Angst vor den natürlichsten Dingen des Lebens, und dabei wurde der Regen in dem Moment nicht einmal stärker. Es donnerte nicht einmal, und es geschah auch sonst nichts Größeres oder Merkwürdigeres, was bedeuten konnte, dass mich das Unwetter kannte, und ich drückte umso mehr das Gesicht an die Scheibe, damit ich fortgerissen, damit mein Körper oder wenigstens mein Bewusstsein auseinandergenommen würde. Der Regen, Senhor Silva, sagte der andere, kann Ihnen Dona Laura auch nicht zurückbringen, aber ich kann Ihnen sagen, dass die Seele eines Menschen, die in dem Augenblick fortgeht, da der Geliebte seine Liebe auf diese Weise bekundet, sehr schön sein muss. Ich verstand nicht gleich, was er sagen wollte. Ich stürzte zu Boden und verlor für eine Weile das Bewusstsein. Ich konnte ein Niemand sein, wie auch immer es um die Dinge unter solchen Umständen stehen sollte. Erst danach schrie ich und bekam sofort keine Luft mehr, denn diese Theorie, dass es Sauerstoff gibt, dass wir die Lunge benutzen und dass damit alles erledigt ist, die stimmt auch nicht hundertprozentig. Ich lag auf der Erde und wurde von Zuckungen geschüttelt, und die Hände des Mannes und der Frau, die mir dort beistanden, glichen genau den gezähnten Mäulern einer Bestie, die mich verschlingen wollte und auf allen Seiten in mein Wesen eindrang. Entsetzen packte mich, als wäre das Entsetzen etwas Körperliches und wäre allein meinetwegen hergekommen.

2 Das Weiß ist die Lehrzeit für den endgültigen Zerfall

Ich umarmte den Körper meiner Frau, hielt ihre Hand und legte ihren Kopf an meine Schulter. Ich schaukelte sie ein bisschen, als wollte ich sie in den Schlaf wiegen, oder wie jemanden, der weint und den wir trösten wollen. Alles wird gut, alles wird wieder gut. Was eigentlich unmöglich war, und etwas Unmögliches wird weder besser, noch lässt es sich berichtigen. Wir lehnten an der Wand, hinter den Gardinen, wie wir es als junge Leute getan hatten, wenn wir uns küssen und die Tollheiten von Verliebten anstellen wollten. Vor allen waren wir versteckt, ich und meine tote Frau, die nie wieder mit mir sprechen würde, so sehr ich sie in meiner Verzweiflung drängte, so sehr ich es brauchte, mit ihren Augen zu atmen, so notwendig es für mein Leben war, mit ihrem Lächeln zu atmen, ich und meine tote Frau, die nicht länger Rechtfertigung meines Lebens war und die mir, wenn sie mich so innig wie nur möglich umarmte, alles mit einem Mal gab. Und ich, unglaublich, überließ alles der Achtlosigkeit der Angst und schrie wieder los.

Mit dem Tod müsste auch die Liebe augenblicklich enden, unser Herz müsste sich von jedem Gefühl, das es für den nun nicht mehr lebenden Menschen empfunden hat, entleeren. Wir aber denken, sie ist noch da, sie lebt in uns, eine Illusion, die wir erschaffen, damit der Verlust noch demütigender wird, ehe er uns den Gnadenschuss gibt. Es ist unbegreiflich, wie so etwas geschehen kann. Mit dem Tod müsste alles, was mit dem Verstorbenen zu tun hat, herausgerissen werden. Damit die Last für die Lebenden nicht unmenschlich schwer wird. Das ist die Grenze: die Unmenschlichkeit, wenn man verliert, was man nicht verlieren darf. Als sagte man mir, Senhor Silva, wir nehmen Ihnen die Arme und Beine ab, wir nehmen Ihnen die Augen heraus, und Ihre Stimme verlieren Sie auch, die Lunge, die lassen wir Ihnen vielleicht, aber das Herz, das müssen wir Ihnen wegnehmen, so leid es uns tut, Glück ist Ihnen fortan nicht mehr erlaubt. Ich fiel aufs Bett und glaubte dabei, mich stundenlang im freien Fall zu befinden. Gesichter und immer mehr Gesichter tauchten vor mir auf, und ich fiel und fiel, ohne von etwas zu wissen. Als ich mich endlich erhob, war ich Lichtjahre von dem Menschen entfernt, den ich wiedersehen wollte. Und zu lernen, die Tage zu überleben, das war, als müsste ich mich damit abfinden, langsam, brutal langsam zu sterben, im Widerspruch zu allem, was mir weniger grausam erschien. Und wenn sich mein Herz nicht von der Liebe zu Laura entleerte, würde die Natur auch mich augenblicklich vernichten und mir das Elend ersparen, die Sonne zu sehen, die brennt, ohne sich um irgendeine Tragödie zu scheren.

Man wird als Mensch bitterböse, ganz ohne Zweifel. Man wird böse und wünscht den anderen wenig Gutes, und das Schlechte, das ihnen vielleicht zustößt, ist uns egal oder, um ganz ehrlich zu sein, es tröstet uns sogar, jawohl, als nähme es uns tröstend in den Arm, damit diese Leute nicht strahlen wie die Sonne und uns vor allem nicht ansprechen mit freundlicher Harmlosigkeit, obwohl ihre Zeit doch so knapp ist, und uns zu verstehen geben, wie naiv wir schließlich gewesen sind und dass wir nicht im Geringsten auf den Zusammenbruch von allem vorbereitet waren. Nie bereiten wir uns auf die Wirklichkeit vor. Wir werden furchtbar unsympathische Zeitgenossen, selbst wenn wir mit der Geringschätzung, die wir unablässig nähren, intelligent umgehen. Und gefährlich werden wir nur deshalb nicht, weil Altsein bedeutet, verletzbar zu sein und alles andere als tapfer, daher auch der Sprung in der Schüssel, den wir haben, wir sind nur noch knochenlose Monster in unnützen Hautsäcken und können uns selbst beim kleinsten Schlagabtausch nicht mehr auf den Beinen halten. Wo es doch so nötig wäre, mit allen und jedem abzurechnen, damit wir uns rächen an der Welt, weil es weiterhin Frühling gibt und die plötzlich blödsinnige Artenvielfalt und das wogende Meer und das Warten auf warmes Wetter und die Weite der Felder und die verdammten blühenden Blumen und Bäume, in denen die Vögel singen, den Hals sollte man ihnen umdrehen, damit sie sich nie wieder in unsere tiefen Verletzungen einmischen. Zum Teufel mit ihnen. Zum Teufel mit den verlogenen Sonntagsreden der Leute, die uns ins Gesicht lächeln und dabei denken, so ist das nun mal, sie sind schließlich alt und müssen sterben, der eine früher, der andere später, ist doch alles in Ordnung so. Sie lächeln, geben uns einen Klaps auf die Schulter, behutsam, bei so einem Tattergreis, und dann ab nach Hause und schnell vergessen, was es tagsüber wieder an unangenehmen Eindrücken gegeben hat. Aber wo bleiben wir, die Tattergreise, das Wabbelfleisch, das nur unnötig lange verbittert? Was für ein tiefer Hass in uns gärt. Unglaublich, dass in einer Zeit, die wir schon für verdorrt und unfruchtbar hielten, überhaupt noch etwas neu in uns aufkeimt.

Als Laura gestorben war, packten sie mich und steckten mich mit zwei Säcken Wäsche und einem Fotoalbum ins Heim. Das haben sie getan. Dann, noch am selben Nachmittag, nahmen sie mir das Album weg, weil sie meinten, ich würde mich damit nur noch mehr in den Schmerz über den Verlust meiner Frau hineinsteigern. Danach, gleichfalls an dem Nachmittag noch, stellten sie mir eine Figur der Heiligen Jungfrau von Fátima ins Zimmer und erzählten mir, mit der Zeit würde ich gläubig werden und beten lernen und so meine Seele retten. Und ein Arzt meinte, irgendwann geben sie alle Ruhe. Ich glaubte, sie erwarteten von mir eine Art Verzweiflungsmotorik, irgendwie Action. So was wie alles Mögliche kaputtschlagen, Möbel umstoßen, die Angestellten tätlich angreifen, die Pfleger, die einen im Notfall festhalten sollen. Das Zimmer ist eine richtige Gefängniszelle, das Fenster lässt sich nicht öffnen. Selbst wenn die Scheibe kaputtgeht, halten einen die alten Eisenstäbe weiter in dem Gebäude gefangen. Mit ergebener Miene blickte ich zu Boden. Ich ergebe mich, dachte ich, zu meinen Füßen die zwei Wäschesäcke und eine Krankenschwester, aus deren schlichten Sätzen man die Überzeugung heraushörte, dass ein alter Mensch in seinem Denken tatsächlich zum Kleinkind wird. Der Schock, so behandelt zu werden, ist furchtbar, und in der ersten Phase kann man erst gar nicht darauf reagieren. Wenn diese Schwester bloß mit ihrem Gelächel aufhören würde, diesem verdammten Gelächel, dann würde ich mir leichter einreden können, dass meine Gefühle nicht wertlos waren und dass die Trauer um Laura nicht aus der Fremde kam, aus der Ferne, und keine Dummheit war, und erst recht nicht beruhte sie auf einem Verbrechen, das mit Einsperren und Ähnlichem zu bestrafen ist. Die Schwester lächelte, und mit größter Verachtung wünschte ich ihr alles Schlechte der Welt an den Hals. Die Arme und Beine sollte man ihr abhacken, dachte ich, ihr die Augen ausstechen, die Zunge herausreißen und sie eine dumme Ziege nennen, genau das verdiente sie. Senhor Silva, mit dieser kleinen Decke haben Sie es heute Nacht schön warm, und Sie werden hier noch viele schöne Träume haben, Sie werden sehen.

Eine Weile sagte ich kein Wort. Man fragte mich, ob ich meine Sachen gleich auf die Kleiderhaken vor mir aufhängen wolle. Ich schüttelte den Kopf, und sie ließen mir meinen Willen. Sie sagten, gut, sie würden mir noch ein paar Minuten geben, damit ich mich im Zimmer umsehen und mich hier eingewöhnen könne, ich solle ruhig mal ans Fenster gehen, mit der Aussicht sei es zwar nicht weither, immerhin gebe es aber einen Garten und einen kleinen Platz, und da gerade der Sommer anfing, würden dort sicher ein paar

Leute sein, auch Vögel, und in der Umgebung könnten sogar kleine Kinder mit ihren Fahrrädern herumtollen. Die Zimmer im linken Flügel gehen zum Friedhof. Der Arzt schlug die Augen nieder und setzte eine Miene auf wie jemand, der darin nichts Schlechtes sehen könne. Er sagte noch einmal, ja, das ist wahr, sie gehen auf den Friedhof, aber es wohnen darin Gäste von uns, die ohnehin bettlägerig sind. Ich stand auf und erkannte, was mit Garten gemeint war, der Ort, wo die Kinder, die zauberhaften Kleinen, spielen würden. Ich war mir sicher, dass ich später, wenn mich der Körper vollständig im Stich ließe, bettlägerig werden und dass man mich in eines der Zimmer mit Blick auf den Friedhof verlegen würde, die letzte Station. Tag und Nacht würde ich daliegen und hinausschauen, und im Fenster würde der Himmel hell und dunkel werden über der Erde, die schon den Rachen aufriss, um mich zu verschlingen.

Danach packte ich die Wäschesäcke aus und hängte alles so, wie es mir gerade in die Hände kam, auf. Die kraftlosen mechanischen Gesten ließen die Hemden hintereinandergereiht im Schrank verschwinden, und ab und zu spähte jemand durch den Türspalt, um zu kontrollieren, ob ich mich auch anständig benahm. Elisa war bestimmt noch im Haus, vielleicht, um wegen des schweren Entschlusses, ihren Vater hier zurückzulassen, Trost zu suchen beim Arzt, und ich wusste, dass sie noch einmal zurückkommen würde, um sich mit einem verräterischen Kuss zu verabschieden, und sie würde ihr Leben weiterleben und auf dem Heimweg weinen. Als sie hereinkam, hatte ich schon alles in penibler Ordnung aufgehängt, und sie erholte sich etwas von der Angst, die sie gehabt hatte, weil sie sah, dass ich so ruhig war, wie ich es in diesem weißen Zimmer nur sein konnte. Sie trat ein, küsste mich auf die Wange und sagte, es werde mir hier gutgehen. Du wirst gern hier sein, mit neuen Freunden und Menschen, die dir den ganzen Tag Gesellschaft leisten. Ich wollte, dass sie dachte, so würde alles besser sein, ganz, wie sie es sich wünschte, denn bei einer Tochter fehlt uns der Hass, da muss es eben sein. Ich ließ mir von ihr einen Abschiedskuss geben und spürte, wie sie sich Meter um Meter entfernte, als gäbe es zwischen ihrem und meinem Körper eine Schnur, die zerreißen würde, wenn man sie zu weit auseinanderzöge. Ich spürte, dass sie mich alleinließ, um sich in die Arme ihres Mannes und meiner Enkel zu flüchten, wo das Leben aus lauter Alltäglichkeiten bestand, mit Farben an den Wänden. Im Heim, im ganzen Haus, sind alle Wände weiß, und zwischen der eindringlichsten Leere des Himmels und den weißen Wänden gibt es keinen Unterschied. Wir fühlen uns blind, ein Fleck oder eine unebene Stelle im Putz ist schon etwas Besonderes, das wir zu beobachten lernen und das uns hilft, die reichlich vorhandenen sinnlosen Wiederholungen um uns herum zu durchbrechen. Eines Tages müssen wir im Licht verlöschen. Dieses Weiß ist die Lehrzeit für den endgültigen Zerfall.

Man teilte mir mit, Abendessen gebe es in drei Stunden. Bis dahin könne ich mich ausruhen oder herunterkommen, um die Mitbewohner kennenzulernen, die wie ich mit mehr oder weniger großer Angst der Grube entgegensahen. Ich beschloss, allein zu bleiben, weil ich es noch nicht schaffte, mit meinem in jeder Hinsicht um ein Vielfaches angewachsenen Problem fertig zu werden. Ich legte mich auf die Bettdecke und überlegte, wie ich die Wut, die sich in mir angestaut hatte, irgendwie rauslassen könnte. Diese verzweifelte, absolut körperliche Motorik, von der ich sprach, müsste in mir vielleicht endlich die Oberhand gewinnen, um zu zeigen, dass mir das Alter noch nicht völlig das Blut aus den Adern gesogen hatte. Ich presste die Hände zusammen, mit ganz wenig Kraft, die keinen großen Schaden anrichten könnte, wenn ich sie gegen die anderen oder gegen Sachen einsetzte. Es war so, als knipste ich mit einem Schalter die Initiative ein oder aus. So blieb ich liegen. Die tiefe Stille wirkte lähmend und einschläfernd. Ich war wohl nicht besonders müde, doch die hygienische Umgebung verhüllt uns hinter einem Vorhang, und wir bekommen das Gefühl, wir erhielten uns nur dann am Leben, wenn wir uns ernsthaft an der Zeit beteiligten. In dieser Weiße ereignet sich nur die Zeit, dachte ich, nur die Zeit vergeht in ihr. Ich blickte zur Statuette der Heiligen Jungfrau von Fátima und dachte im Stillen, du tust mir leid, du wirst bei den Traurigen an den allertraurigsten Orten der Welt ans Kopfende des Bettes gestellt, und du willst mir beistehen, jetzt, wo ich dir nichts zeigen kann, was es lohnen würde, dass du ständig deine blauen Augen offenhältst und mir die Hände entgegenstreckst. Vielleicht sollte ich die Figur ja zerschlagen. Sie von der Pflicht befreien, mit einer heiligen Feierlichkeit dazustehen, die mit Sicherheit selbst den stärksten Geist überfordert. Vielleicht sollte ich die anderen daran erinnern, dass ich kein religiöser Mensch bin und selbst dann nicht an Phantastereien glaube, wenn ich meine Frau verloren habe.

Man kam mich zum Abendessen holen, und ich ging nach unten. Ich wollte mich nicht gehenlassen, aber plötzlich verlor ich jeden Antrieb und beschloss, nur noch dann zu gehorchen, wenn ich nicht anders konnte. Allein stieg ich die breite Treppe hinunter, in einem kindischen Stolz wollte ich ihnen beweisen, dass ich immer noch alles selber tun konnte, das sollten sie wissen, das war wichtig. Vielleicht lag darin ja eine Chance, ihnen klarzumachen, dass es meine Kinder übertrieben eilig gehabt hatten, mich als Pflegefall ins Heim abzuschieben. Vielleicht war es aber auch nur die Angst, die anderen zu sehen, die schon älter und vergreister waren als ich, und ich wollte noch nicht gleich dazugehören. Ich bin hier nur zu Besuch, redete ich mir ein, selbst wenn ich nicht die geringste Hoffnung hatte, von diesem Ort je wieder wegzukommen.

Als mich Doktor Bernardo sah, ermunterte er ein paar Gäste, mich bei meiner Ankunft mit Beifall zu begrüßen. So wurde ich empfangen, als ich noch nicht die letzten Treppenstufen erreicht hatte. Wer konnte, stand auf und lächelte. Ich wusste nicht, wie ich danken sollte und ob man sich für so was überhaupt bedanken muss. Auf diese Weise trat ich ein in den Kreis der Letzten, während sie sich darüber freuten, dass sie nicht die Einzigen waren und dass einer mehr von diesem Schicksal ereilt wurde. Ich schaute auf den Boden und sah mich nicht groß um. Ich lief weiter zum Speisesaal, suchte mir einen Platz am abgelegensten Tisch und setzte mich, so schnell es ging, hin. Ein paar der Alten wollten nicht zulassen, dass ich so ganz ungeschoren davonkäme. Sie traten an mich heran, um mir zur Begrüßung die Hand zu reichen. Da schon das Essen aufgetragen wurde, schickte man sie zurück an ihren Platz, und ihnen blieb keine Zeit, sich ins Zeug zu legen. Sie stellten sich lediglich kurz vor, etwas verärgert sogar, weil sie sich so einschränken mussten. Mein Tischnachbar war Doktor Bernardo. Er saß vor mir wie ein frischgebadeter Engel, der mich mit Zuckerwattewolken und im Wind zerstiebenden Vogelschwärmen beschenkte. Ich lächelte. Ich kam mir vor wie ein Vollidiot, aber ich lächelte. Das gehört zur Kultur, zu dieser erstarrten Kultur, die alle unsere Absichten verhüllt.

In dieser Zeit hatte ich keine Arme und Beine, keine Augen, und ich verlor die Stimme, ich hatte kein bisschen Herz für jemanden übrig und kapselte mich ab. Ich verstand offenkundig, was man zu mir sagte, und ich hätte aufmerksam und respektvoll auf einige Aufforderungen reagieren können, doch wegen meiner Einsilbigkeit begann man gar nicht erst, ein Gespräch mit mir anzuknüpfen. Meine Stimme war versunken in die Feuchtigkeit meiner Eingeweide, und es gab keine Möglichkeit, sie auf der Höhe des Atems zu trocknen. Was mir jedoch Senhor Pereira an diesem ersten Abend sagte, ist bis heute prägend für meine Sicht auf das Heim. Er kam zu mir, buchstabierte seinen Namen und hieß mich willkommen. Dann merkte er, dass ich mich nicht zu einem einzigen Wort herablassen wollte, und verstand. Er sagte nur noch, manchmal gebe es eben auch solche wie mich. Erst wollen sie keinerlei Freundschaften schließen, aber mit der Zeit beginnen auch sie zu reden und Zuneigung für die anderen zu empfinden. Wegen meines grausamen Schweigens sagte er dann, wir dürfen uns nicht einmal über Ihre Ankunft freuen, sie ist nämlich die endgültige Bestätigung, dass Dona Lurdes tot ist, und sie war ein guter Mensch gewesen.

Das Haus kann nur dreiundsiebzig Personen aufnehmen, und damit eine neue reinkommt, muss eine andere raus. Der Abgang war schmerzlich, geschah aber kurz und bündig. Ein paar Alte werden aus den Zimmern geschoben. Ein Bettlägeriger kommt vielleicht in den linken Flügel, schon ganz nahe bei den Toten, und ein anderer bezieht das leer gewordene Zimmer mit Blick auf den Garten. Oft kommt es auch vor, dass die Überlebenden vor den Zimmertüren stehen und weinen, weil sie wissen, dass die früheren Bewohner nicht mehr drin sind. Oder es kommt vor, dass jemand den neuen Gast in den ersten Wochen zurückweist, als hätte sein dringendes Verlangen, hier einzuziehen, die kosmischen Kräfte veranlasst, dem anderen schnell das Leben zu nehmen, so als läge die Schuld beim Neuen. Ich war der lebendige Beweis für den Tod Dona Lurdes', der beim Fest in der Johannisnacht während des Feuerwerks vor Schreck das Herz stehengeblieben ist, als sie schrie, Hilfe, sie machen die Haustür kaputt. Die Spaßmacher der Johannisnacht liefen den Berg hoch und runter, und das Haus stand da, mitten im Festgetümmel, mit den Alten, die weitererzählten, unsere liebe Dona Lurdes ist gestorben, die Schwester hat zu Américo gesagt, Dona Lurdes ist gestorben, aber sie lassen uns nicht nach oben. Allmählich kamen die Alten im Saal zusammen und sahen zu den Innengalerien ringsum, wo sich die Türen aneinanderreihten. Sie fragten sich, ob es wahr sein kann, dass Dona Lurdes wegen des Wahnsinnskrachs der Raketen vor Schreck das Herz stehengeblieben ist. Was für ein Tod, mitten beim Fest. Was für einen dummen Tod die arme Dona Lurdes erlitten hatte, die ich nun ersetzte. Wenn man daran denkt, dass die Raketen Teufelszeug sind und dass Dona Lurdes vor Angst implodiert war, worin man aber auch eine große Begierde sehen kann, endlich zu erfahren, wie es ist, wenn man stirbt.

Bei der Trauer, der sie sich eilig hingaben, damit sie eine bestimmte Zeit für die folgenden Trauerfälle aufsparten, war ich noch ein Eindringling. Ich war ein Eindringling, der nicht um Dona Lurdes weinen würde, schließlich hatte ich sie gar nicht gekannt. Ich verstand noch nicht, wie anmaßend meine Haltung war, wenn ich nicht reden und keine Kontakte pflegen wollte, und wie sehr die Haltung der anderen schon die von Gleichen war, miteinander verbunden durch ein ganz und gar unausweichliches und gleichrangiges Schicksal, das sie nun vollendeten. Welch klare Landschaft von Alten das hier war. Es kam wenig darauf an, dass ihr Stolz die mehr oder weniger glänzende, wahrhaftige oder geflunkerte berufliche Vergangenheit überhöhte. Viele lügen nämlich schamlos, um sich nicht demütigen zu lassen. Auf das alles kam es aber wenig an, denn am Lebensende waren alle gleich, eine Schar von Verlassenen, die den Staub umgekehrt proportional zum Sand im Stundenglas der wenigen verbliebenen Lebenszeit abrechneten.

In der ersten Nacht war die Stille im Haus viel tiefer, als ich sie je im Leben empfunden hatte. Ich fand lange keinen Schlaf. Wieder presste ich die Hände zusammen, als wollte ich den verdammten Schalter an- und ausknipsen, damit ich entweder auf die Beine kommen und alles kaputtschlagen würde oder aber mich beruhigte und einschlief. Es war jetzt der unerträglichste Moment für mich, dort in einem Witwerbett, so vollständig anders, als ich bis vor vier Monaten zu schlafen gewohnt war. Es war jetzt der unerträglichste Moment für mich, ohne Laura, die mir sagte, das Hotel ist gut hier, das Bad ist sauber und es ist ganz nah bis zum Strand. Die Sonne tut dir gut, António, es wird dir bessergehen, damit du gut durch den Winter kommst. Es war beinahe Mitternacht, die Sonne hatte schon aufgehört, mich zu demütigen, und ich hörte diese Worte und dachte, ich bin nahe am Strand, das Wasser hier ist eiskalt, trotzdem würde ich gern tauchen, ins Meer eindringen wie in das Maul eines Haifischs, der mich mit einem Zuschnappen zurück in die altvertrauten Sommer brächte. Denn die Zeit hatte sich mir entzogen, und das konnte ich mir nicht ruhig eingestehen. Voller Wut hob ich die Hand und stieß die kleine Lampe hinunter, die auf dem Nachttisch stand. Niemand sah sich veranlasst, wegen des Krachs zu kommen. Aus den Nachbarzimmern war Knurren zu hören, aber nichts Ernsthaftes wohl, denn um diese Zeit herrschte Nachtruhe, und bei jedem missgelaunten Wortwechsel wartete man bis zum Morgen um sieben, um dann zu Ende zu zanken.

Der gute Américo kam, um mich zu wecken, er stellte fest, dass ich schon wach war, und sah mir die hinuntergefallene Lampe ohne Gardinenpredigt nach. Er trat auf Zehenspitzen ein, öffnete die Fensterläden und ließ das schon gleißend helle Licht herein, um mich dem Nachtdunkel zu entreißen. Er sagte ein paar Freundlichkeiten, die ich zunächst gar nicht hören wollte. Dann merkte ich, dass dieser junge Mann ein überaus selten anzutreffendes Taktgefühl bewies. Eine so große Feinfühligkeit, dass sie sich noch, obwohl er mich nicht kannte, als echte Zuneigung herausstellen könnte. Ich richtete mich auf, blieb noch im Bett, und er erwartete nicht, dass ich auf sein Gespräch einging. Er kannte sich wohl aus mit solch griesgrämigem Schweigen und erging sich in einem einfallsreichen Selbstgespräch, bei dem ich ihm zu antworten schien, ohne mich dabei zu einem Schwachsinnigen herabzuwürdigen oder gar zu einem Narren meiner Enkel. Er sagte, es sei Zeit, dass alles in die Gänge komme, im Haus gebe es vieles zu tun, Gemeinschaft stelle sich erst her, wenn man sich nützlich mache.

Américo hat keinerlei Schulabschluss außer der Bildung des Herzens. Aus Freundschaft und Mitgefühl hat er gelernt, wie man den anderen hilft. Er macht im Heim das, was auch die Krankenpfleger machen, dies aber mit einer Hingabe, wie man sie sich kaum vorstellen kann. Schon bei der ersten Begegnung war ich überzeugt, dass ich ihm gegenüber nicht als Heuchler auftreten durfte. Nicht ihm gegenüber. Der Grund für meine Entscheidung war ganz einfach. In der Hilfsbereitschaft dieses Mannes lag eine offenkundige Sublimierung, die wohl von einem tiefinnerlichen Schmerz herrührte. Ich prüfte mehrmals seinen Gesichtsausdruck, beobachtete seine Augen und war mir sicher, dieser Mann würde leiden um meinetwillen. Seine Miene zeigte ein Lächeln, das nichts Einfältiges an sich hatte und mich nie herabwürdigen würde. Ich stand auf und machte mich gleich fertig, damit ich schon gebadet und vollständig angezogen war, wenn ich zum Frühstück hinunterging. Nacheinander gingen die Türen der anderen Zimmer auf, und alle traten heraus. Sie rekelten sich und gähnten noch auf dem Weg zu den Fahrstühlen, die uns zu den Sälen im Erdgeschoss hinabbringen würden. Ich entschied mich aufs Neue für die Treppe und wollte kein Wort sagen. Ich dachte mir, wenn ich den Mund hielte, würde ich nicht so auffallen. Sie sollten denken, ich wäre überhaupt nicht da und würde nicht dazugehören. Ich war nur ein Fleck an den Wänden, der beim Saubermachen mit Lauge weggewischt werden musste.

3 Die Liebe ist eine vorübergehende, aber weitverbreitete Dummheit

Ein Problem mit dem Altsein besteht darin, dass wir meinen, wir müssten noch manches lernen, während wir in Wirklichkeit nur noch alles verlernen, und es ist auch sinnvoll so, weil wir damit völlig ohne Bewusstsein sind, wenn uns das Verschwinden direkt bevorsteht. Das fehlende Bewusstsein dämpft die Schmerzen und natürlich auch die Freuden, von denen es eh nicht mehr viele gibt, und zu guter Letzt zeigt sich, dass sich der Kopf der Alten vom Verstand verabschiedet, damit wir so kurz vorm Tod nicht in Panik geraten. Der unablässige Tadel gehört zu der schwachsinnigen Hoffnung, wir würden morgen wieder etwas gescheiter sein, während wir eigentlich durch die maßgeblichen Gesetzmäßigkeiten des Lebens nur Fähigkeiten verlieren. Die Hoffnung, die man in ein Kind setzt, muss das Gegenteil sein von dem, was man von uns erwarten kann. Und wenn ich blockiert bin, weil ich mich über die falsche Erwartung zweifellos ärgere, so nicht deshalb, weil mir die Reife fehlt und ich auf Besserung sinne, sondern weil ich überreif bin und verfaule, wie Fallobst gewissermaßen. Wir wissen, dass wir uns irren, und wir wissen, dass wir das nicht aus Dummheit tun, sondern weil wir wegen unserer nachlassenden Konzentrationsfähigkeit, wegen der nachlassenden Reflexe sowie wegen der nachlassenden geistigen Beweglichkeit manches unbewusst falsch tun. Wir tun es, weil uns die Koordination fehlt zwischen dem, was sicher ist, und dem, was uns nur sicher zu sein scheint, und wir wissen sogar, dass dieser Unterschied zwischen sicher und falsch sehr relativ ist. Alles ist stärker als wir.

Nach sechs Tagen sagte ich im Heim das erste Wort, und zwar als Senhor Pereira neben dem Geländer stand, das in den Saal hinunterführt, und sich nach Américo umsah. Senhor Pereira beugte sich auf absurde Weise vor. Er lehnte sich mit dem Körper über die Brüstung und musterte den weiträumigen Saal, einzig auf dieses konkrete Ziel konzentriert. Ich erblickte ihn, als ich aus meinem Zimmer kam. Er neigte sich gefährlich weit über das Geländer und war kurz davor, nach unten zu fallen, ein ganzes Stockwerk tief. Ich lief schnell zu ihm und rief, Vorsicht, und da meine Stimme erschrocken klang, richtete er sich auf, weil er wissen wollte, wer da wem etwas zurief. Er blickte mich an, lächelte und meinte, sechs Tage seien mehr als genug, damit ich meine beleidigte Haltung aufgab. Er trat zu mir und begrüßte mich, als stellten wir uns das erste Mal vor. Er freute sich, dass es vorbei war mit meinem Eigensinn. Das hat nicht lange gedauert bei Ihnen, Senhor Silva, sagte er, ich habe beinahe drei Monate lang keinen Mucks gesagt, und zwar, weil sich meine Kinder wirklich wie ein paar Ekelpakete benommen haben, sie wollten bloß an mein Geld ran, dabei habe ich gar nicht viel. Ich wollte allen so lange die Hölle heißmachen, bis sie mich hier wieder rausschmeißen würden, aber, hören Sie, das sind Profis, und die wissen, dass am Anfang fast alle so sind. Noch wollte ich nicht lächeln, ich war zu verbittert, um zu lächeln, ich hatte nur deshalb den Mund aufgemacht, weil ich den Eindruck gehabt hatte, er würde aus Unachtsamkeit zu Tode kommen. Das sagte ich ihm nicht, und er machte sich keine Sorgen um sich. Er lief mit mir die Treppe hinunter, und wir begegneten Américo im Hof auf der Rückseite. Er erzählte gerade ein paar Alten lustige Geschichten über Leute, die er sich ausdachte. Wir setzten uns dazu. Senhor Pereira sagte, unser Freund Silva spricht schon, er ist intelligenter als ich. Für ein paar Sekunden unterbrach Américo seinen Vortrag und lächelte ganz unschuldig. Er hätte mich bitten können, etwas zu sagen, wie man es mit einem Papagei macht, von dem man plötzlich erfährt, dass er reden kann. Doch er tat es nicht. Er glaubte, meine Stimme würde sich in einem günstigeren Augenblick freiwillig vernehmen lassen. Ich bewunderte die Haltung an ihm, wie er seine eigene Neugier und die der anderen beherrschte. Dann, sobald er die Geschichten offenbar zu Ende erzählt hatte, gaben wir uns alle der angenehmen Morgensonne hin, und ich sagte, danke für die Hilfe bei den Schuhen, ich verstehe nicht, wie sie an diese Stelle unter dem Bett geraten konnten. Dona Marta fuhr von ihrem Stuhl hoch und ließ ein vergnügtes leises Lachen hören, ohne sonst noch etwas zu sagen. Die anderen sahen sich an und lächelten ebenfalls. Américo antwortete, nichts zu danken, Senhor Silva, dafür sind wir doch da. Ich ertrug ihre nachsichtigen Blicke. Ich hasste mich. Das war etwas anderes, als alle anderen zu hassen. Ich hasste mich und war nicht darauf vorbereitet, so schwach zu sein, weil ich wie ein Vertrauter zustimmte, wie jemand ohne Angriffsplan, wie jemand, der aufgegeben hat. Und das stimmte nicht. Das durfte nicht sein. Ich bin nur verwirrt, dachte ich damals. Es war Verwirrung. Eine Sackgasse. Wie ein Weg, der sich vor dem Ziel gabelte, so dass ich die Möglichkeit hatte, an meiner Absicht festzuhalten. Unerbittlich zu sein. Weiterzumachen.

Am siebten Tag bat mich Doktor Bernardo, zu ihm ins Behandlungszimmer zu kommen. Er fragte mich, wie ich mich fühle. Ich sagte, dass es mir gutgehe, das Haus habe ein bewundernswert hohes Qualitätsniveau, ja, es gehe mir bestens. Er teilte mir mit, dass Elisa, mein Schwiegersohn und meine beiden Enkel mich besuchen kommen wollten, und er fragte mich, ob die Belastung nicht zu groß für mich wäre. Ich fand es merkwürdig, dass er mich das fragte. Eigentlich hätte ich erwartet, dass in der ersten Zeit nach der Einweisung jeder Kontakt mit der Familie als hilfreich angesehen würde. Wie auch immer, ich sah mich nun in der Pflicht, mit Ja oder Nein zu antworten. Ich überlegte lange, wie ich mich von der schlechtesten Seite zeigen könnte. Ja, er habe recht. Es sei für mich noch zu früh, meine Familie zu empfangen, ich würde noch Zeit brauchen, um über den Verlust Lauras und die damit notwendig gewordene Wohnungsauflösung hinwegzukommen. Ich wollte nicht das Gefühl haben, es ginge auch ohne mich alles einfach so weiter. Noch nicht. Doktor Bernardo bemerkte, dass meine Hände zitterten, eine Nervosität, die ich nicht mehr unterdrücken konnte. Er antwortete, natürlich, Senhor Silva, seien Sie unbesorgt. Das ist verständlich. Sie machen sich jetzt von vielem frei und brauchen Zeit, das ist völlig normal. Ich machte mich jetzt von allem frei. Ich hatte zwei Wäschesäcke und eine erbärmliche Heilige Jungfrau von Fátima, und weiter nichts. Ich war, wie offenkundig war, von allem frei.

Elisa und mein Schwiegersohn sollten sich zurückgewiesen fühlen, so wie ich mich fühlte. Wenn eine böse Erinnerung ihr Bild in mir wachrief, so war daran nur der bedauerliche Gedanke schuld, dass sie mit ihrem Geld, mit Bestechungen dafür gesorgt hatten, dass ich zu ihrer Erleichterung aus ihrem Leben verschwunden war und es höchstens noch ein paar oberflächliche, opportunistische Verpflichtungen für sie gab. Ich lief ans Fenster und verbarg mich, so gut ich konnte, hinter den Gardinen, ich wollte sehen, wie sie beim Wagen standen und auf Bescheid warteten, so oder so. Ich sagte zu Doktor Bernardo, dass ich einen tiefen Schock erlitten hätte, und er stimmte mir zu. Sie müssen Ihre Wut abreagieren, Senhor Silva, wir hier sind dazu da, Ihnen zu helfen. Eine Entschuldigung dieser Art bekam Elisa wohl zu hören, in einer etwas schmerzlichen Geste legte sie die Hand an den Mund. Ich sah, wie sie abfuhren. Ich setzte mich auf einen Stuhl und dachte, vielleicht würden sie mich in der nächsten Woche besuchen wollen, dann wären weitere sieben Tage vergangen, vielleicht aber hielt ich keine weiteren sieben Tage durch, ohne sie zu sehen und ohne zu weinen.

Dort eingewiesen zu sein kam mir in der ersten Zeit buchstäblich so vor, als wäre man fest entschlossen gewesen, mich umzubringen, hätte aber nicht den Mut gefunden, sich für eine schnellere Methode zu entscheiden. Eine schnellere Methode, die gewiss ehrlicher gewesen wäre, dachte ich. Sie steckten mich hier rein und ließen es zu, dass ich, außer Sichtweite, Sekunde für Sekunde dahinsiechte. Ich verstand gar nicht, warum das Herz nicht stehenblieb allein durch den Kummer, dass ich an einem willkürlichen Ort lebte, wo es mich danach verlangte, beim geringsten Geräusch in meiner Umgebung zu sterben. Ich halte nichts vom Leben nach dem Tod, und auch die Figur der Heiligen Jungfrau von Fátima konnte mich nicht davon überzeugen, genauso wenig wie davon, dass ich nach meinem Tod Laura wieder in den Armen halten und ewig die Beziehung fortsetzen würde, in der wir achtundvierzig Jahre lang gelebt hatten. Sterben war nur gerecht, damit ich nicht zum blassen Abbild dessen werden würde, was ich mal gewesen bin. Sonst wäre es, wie wenn man sich an das Muster eines Gefühlslebens klammerte, dessen Verlust man als ungerecht empfand.

In dieser ersten Zeit ließ ich mich durch nichts beruhigen. Innerlich blieb ich böse und stieß mich an der Schädelwand. Etwas hinderte mich daran zu reagieren, eine gewisse Erziehung, die Erinnerung an Lauras Eleganz, wie sie sanft mit ihrer Hand über mein Haar strich, als wollte sie mir sagen, António, sei ruhig, es gibt für alles eine Lösung. Aber in meinem Innersten wütete ich erbarmungslos gegen mich, als gäbe es in mir einen Abgrund, dem ich mich erschöpft entgegenschleppte, in der Hoffnung, ich könnte Laura irgendwann vergessen und mich hinabstürzen. Wenn es doch nur möglich wäre, mich umzubringen, dachte ich, während ich hier, ganz ohne Notbremse, unter Alten saß, die den Verstand verloren. Anständig wäre es, wenn jeder von uns eine Vorrichtung für den augenblicklichen Tod hätte, eine Vorrichtung, die uns für immer unwiederbringlich und ohne Gewissensbisse aus dem Dasein hinausbefördern könnte. Ich hielt tatsächlich Américos Hand fest, und er blieb noch eine Sekunde bei mir, und so meinte ich, dass sich meine Kräfte erschöpften. Ich hielt seine Hand, und diese Geste war ganz unbedeutend, doch gewaltig war die Energie, die sie schenkte, genügend groß, wie ich meinte, um durch diese ungeheure Wut mein idiotisches Herz bestrafen zu können, das im Widerstreit mit meinen qualvollen Gefühlen stets weiterschlug. Dann ließ Américo meine Hand los und sagte, Senhor Silva, machen Sie sich keine Sorgen, es wird Ihnen gutgehen. Ich beruhigte mich und bekam es satt, dass mir alle so etwas sagten, und ich wollte dringend etwas anderes hören. Sag mir nicht so was, Junge, rede mit mir vom Tod, vom Ende aller Stunden, erzähl mir, was du weißt darüber, wie man hier rauskommt, erzähl mir von jemandem, der es schon hinter sich hat, der schon herausgefunden hat, wie man sich das Leiden erspart. Hab Mitleid mit mir, Junge, und erzähl mir so etwas, therapiere mich nicht, sag nicht, ich würde morgen noch hier sein, morgen will ich nirgendwo sein, verstehst du das nicht? Und er antwortete, nicht weinen, Senhor Silva, Sie machen mir Angst. Und ich weinte, so durchsichtig wie kummervoll, und bat ihn, er möge Mitgefühl zeigen und mich festhalten, damit ich auch ja sitzen blieb, weil ich manchmal spürte, dass ich in einer plötzlichen Aufwallung aufspringen und jemandem, der vor mir auftauchte, weh tun könnte.

In meinen Albträumen stellte ich mir vor, ich läge in einem Zimmer des linken Flügels, ich würde, in die Bettwäsche sabbernd, zum Fenster hinausschauen und draußen Dutzende Geier am Himmel sehen. Die Sauerstoffmaske verschloss mir den Mund, und ich konnte nicht rufen. Ich wollte darum bitten, dass man die Fensterläden schloss, bevor mich die Vögel für tot hielten und ins Zimmer flögen. Plötzlich hackten sie auf mich ein, obwohl ich noch am Leben war, und selbst als ich überhaupt keinen Körper mehr hatte, verließ mich das Bewusstsein nicht. Ich war in Todeserwartung, glaubte, der Tod würde nicht vom Körper abhängen und er würde mich verurteilen, für alle Zeiten unter dieser Erwartung zu leiden. Der starre, schon zerstörte Körper und der Tod, der es nicht wahrnahm, der aus perverser, nie vorhergesehener Grausamkeit nicht tat, was ihm zukam.

In diesen Nächten wachte ich mehrmals auf, ohne gleich zu begreifen, wo ich war. Ich befühlte meine Brust und vergewisserte mich, dass alles noch dran war an mir. Sonderbar war nicht, dass der Albtraum mich aufschreckte, sondern dass das Licht, als ich die Bettlampe anknipste, wie ein Eindringling durch das Zimmer zuckte. Es war ein unklares Licht, das den Raum anscheinend zwingen musste, die Helligkeit aufzunehmen. Einmal hatte ich in dem Augenblick, als sich das Licht im Zimmer ausbreitete, die deutliche Vorstellung, die Fensterläden wären geöffnet und draußen flögen Vögel umher. Eine Sekunde lang sah ich die schwarzen Vögel, doch in der nächsten Sekunde schon waren die Fensterläden wieder zu und es war nicht mehr möglich, in den dunklen Nachthimmel zu schauen. Mit Mühe wollte ich aus dem Bett aufstehen, doch so lange, wie ich dafür brauchte, konnte ich nichts mehr zurückholen. Das Bild vor meinen Augen war verschwunden, und es war sinnlos, aufzustehen und die Hände an das Holz der Fensterläden zu legen – das würde mich nicht in den Moment davor versetzen, damit ich das Gesehene noch einmal erleben und verstehen könnte. Ich blickte mich unruhig um und wartete darauf, dass die Angst verschwand und ich wieder freier atmen konnte. Dann erst würde ich einschlafen, erschöpft und ohne zu merken, in welchem Augenblick ich wegsackte.

Américo kam herein. Ich sagte ihm guten Tag, und er antwortete mit denselben sympathischen Worten wie immer. Einmal mehr zeigte er mir, dass es draußen hell war. Ich fragte, waren die Fensterläden richtig zu gewesen?, ich glaube, nicht. Wie immer sagte er, Senhor Silva, haben Sie denn auch nur einen Luftzug gespürt? Diese Fensterläden gehen nicht auf. Ich antwortete, nein, darum geht es nicht. Worum dann, fragte er. Ach nichts. Es schien mir so, als wären sie nur angelehnt gewesen, die Fensterläden, meine ich. Aber das sei auch egal. Es sei nur so ein Eindruck gewesen. Was eine Lüge war. Eine schreckliche Lüge, um mich noch mehr mit meinen Ängsten und mit den immer schlimmer werdenden Wahnvorstellungen allein zu lassen.

Es war Mittwoch, und der Postbote kam vorbei und brachte die Briefe, die an die ziemlich ungeduldigen Empfänger verteilt wurden. Das erste Mal, dass ich sah, wie Dona Marta auf einen Brief wartete, der nie kommen würde, war an dem Tag, als ich zu hören glaubte, ich würde aufgerufen. Sie wurden meinetwegen traurig, weil sie meinten, dass ich das Bedürfnis verriet, Neues von meinen Kindern zu erfahren, die mich schließlich nicht mehr besuchen kamen. Es war nicht so. Das war, weil ich meinen Namen gehört und ein paar Schritte nach vorn gemacht hatte. Und erst da begriff ich, dass ich mich geirrt hatte. Dabei bemerkte ich auch den begierigen Gesichtsausdruck Dona Martas. Sie stand vor Américo, als hungerte sie einer Mahlzeit entgegen. Die anderen Alten zogen sich vor ihr zurück, und ein paar schüttelten etwas betrübt den Kopf. Doch niemand sagte noch etwas zu ihr. Sie ließen sie dort stehen, bis der letzte Brief ausgehändigt war und Américo sagte, Dona Marta, ich habe nichts weiter. Wir wollen alle ein bisschen ausruhen, bitte, kommen Sie mit. Sie entzog sich seinem Arm, ohne ein Wort. Sie war nur bekümmert, weil sie seit über zwei Jahren nichts von ihrem Mann gehört hatte. Ich setzte mich zu Senhor Pereira, und er erklärte mir, dass Dona Marta mit einem zwölf Jahre jüngeren Mann verheiratet war und dass ihre Einweisung ins Heim ihm ermöglicht hatte, die Verwaltung ihres Vermögens zu übernehmen und es ausgeben zu können, ohne besorgt sein zu müssen, dass sie zurückkehren könnte. Sie blieb dort vor Américo stehen, als wäre sie noch eine verheiratete Frau. Die den Fehler machte, ihrem Mann immer wieder zu glauben. Denn selbst nach zwei Jahren ohne eine Zeile glaubte sie, er würde mit einer ehrenwerten Entschuldigung zurückkehren und immer noch ihre Zärtlichkeit brauchen und glücklich sein über die Wiederbegegnung. Das ist die Liebe, eine vorübergehende, aber weitverbreitete Dummheit. Sie rührt alle. Senhor Pereira wurde traurig, und ich fühlte mich als Egoist, weil ich mich benahm, als wäre mein eigenes Unglück viel größer. Wir ruhten im Hof aus, und ich schlief ein, zum Ausgleich für die von den Albträumen zerfressenen Nächte.

Es war drei Uhr früh, und die Geier hatten meinen Körper schon auf ihre brutalen Mägen aufgeteilt. Ich knipste die Lampe an und wischte mir den Schweiß vom Kopf. Ich lief auf den Korridor hinaus. Ich zögerte nicht. In Zimmer sechzehn schlief Dona Marta, die wie immer verletzt und traurig, alt und ein bisschen hysterisch war, um Verlassenheit und Tod zu ertragen. Ich wollte sie nicht erschrecken. Es war drei Uhr nachts. Wichtig ist, das nicht zu vergessen, und ich hatte keinen Körper mehr, weil ihn die Geier aufgefressen hatten. Ich stand im Korridor und wusste genau, welches Zimmer die Frau hatte. Ich machte die Tür auf und setzte mich zu ihr. Nur das von draußen einfallende Nachtlicht ließ mich die Gestalt unter den Decken wahrnehmen, wo Dona Martas schwerer Atem zu vernehmen war. Ich durfte nicht dort sein, so spät und erschreckend grundlos, doch ich meinte, ich wäre weniger als eine Feder, körperlos, mit nichts als einem dringenden Verlangen. Ich fand, für diese Leere des Denkens, diese Illusion würde es schließlich eine Erklärung geben, als gelange die Zeit allein durch sich selbst aus einer Sackgasse heraus. Eine Sackgasse kann nicht das ganze Leben dauern, dachte ich vielleicht. Etwas würde bewirken, meinen Schritt zu erhellen, ihn zu rechtfertigen, ihn normal und annehmbar werden lassen. So kam es, dass sie meine Anwesenheit ahnte. Sie stockte in ihrem unablässigen Schnarchen und starrte mich an. Die erschrockenen Augen glänzten in der Dunkelheit. Sie nahmen deutlich meine Gesichtszüge wahr und erkannten mich. Ich hätte nichts sagen und einfach in mein Zimmer zurückkehren können, ohne überhaupt zu versuchen, mein Benehmen zu erklären, weil ich keinen Körper hatte und es keine Erklärung hierfür gab, doch sie ließ mir keine Zeit und ich konnte ihr nicht von den Geiern erzählen. Ich war schon aufgestanden, um einen Schritt auf Dona Marta zuzugehen, einen Schritt näher zu ihrem Kopf, als sie sich eine Handbreit aufdeckte und sagte, fort von hier, Teufel. Ich antwortete, ich bin gekommen, um mit Ihnen über die Liebe zu reden. Sie stieß einen erstickten Schrei aus, einen gequälten Laut, der unter die Decken drang, mit denen sie sich das Gesicht zudeckte. Sie wollte etwas sagen, doch ich verstand es nicht. Sie verlor beinahe das Bewusstsein und geriet in Panik. Sie vergrub sich in den Decken, so tief sie konnte, und rief fast stumm um Hilfe, wurde dann aber immer lauter. Ich musste etwas tun. Ich wiederholte diesen verrückten Appell an sie, ich komme, um mit Ihnen über die Liebe zu reden, ich muss mit Ihnen über die Liebe reden, über meine Frau, wie ich allein geblieben bin, und ich will weg hier. Immerzu ächzte sie und gab unter den Decken erstickte Laute von sich, die gedämpft klangen und dazu führten, dass ich verwirrt und ängstlich wurde. Es schien, als schnürte sich die Sackgasse an der undurchdringlichsten Stelle zu. Als werde sie komplizierter und anspruchsvoller durch meine Schwierigkeit, zu denken und sicher zu sein, dass es eine Gerechtigkeit geben müsse in meinem verzweifelten Bemühen, nach ihr zu suchen und dem Schweigen eine Beruhigung entnehmen zu wollen, und ich wusste nicht, was ich tun sollte, und tat das Schlimmste. Ich schlug sie dreimal mit der flachen Hand, durch die Decken hindurch, gab ihr drei kräftige Maulschellen, die durch die dicke Bettwäsche gedämpft wurden und ausreichten, dass sie reglos liegen blieb, wie durch den Angriff versteinert. Nun trat tiefes Schweigen ein, und als wollte es einen befriedigenden Dialog griesgrämig ablehnen, fiel es auf uns wie ein Stein und begrub unter sich für immer die Möglichkeit, dass wir uns verstehen könnten. Niemand war aufgewacht, niemand war im Korridor oder im von oben einsehbaren Teil des Saals. Nicht sofort blieb mir der Atem weg. Ich lief in mein Zimmer zurück und setzte mich aufs Bett. Erst da begann die Lunge zu pfeifen, als gehörte sie zu einem sinkenden Schiff, und ich dachte an die Luft und die Wolken, ich dachte daran, wie ich von den Wolken herabstürzte, als würde ich von den schwarzen Vögeln, die mich getäuscht hatten, tausendfach ausgespien. Die Lunge ging unter wie ein Schiff, das in ein Labyrinth einfuhr. Ich werde ersticken, dachte ich, ich werde in diesem Labyrinth an Liebe ersticken, an Liebe.

Am Morgen kam Américo und öffnete die Fensterläden. Er machte ein finsteres Gesicht. Ich sagte guten Morgen zu ihm, streckte die Beine und sah auf der Nachttischuhr nach, wie spät es war. Er schwieg länger als üblich. Ich fragte, ob etwas nicht in Ordnung sei. Er sagte, Dona Marta habe eine schlechte Nacht verbracht. Ich streckte die Beine weiter aus. An meinen großen Füßen spürte ich die kühlen Betttücher und erinnerte mich nicht daran, nicht im Entferntesten, dass ich um drei Uhr nachts aufgestanden war. In dem Moment bekam ich es fertig zu sagen, die Ärmste, hätte sie nach Hilfe gerufen, ich hätte es gehört! Ich habe auch schlecht geschlafen und bin sogar ein paar Mal aufgewacht. Mit einem Lächeln antwortete Américo, Doktor Bernardo habe sie schon ins Krankenhaus gebracht. Wir könnten nur noch warten, um zu erfahren, was vorgefallen sei. Im Saal erzählte man, sie habe einen kleinen Herzanfall erlitten. Das sagten die einen den anderen weiter, so als sei das Herz ganz klein und verwahre darin ein größeres, ein großes, das es aus irgendeinem Grunde nicht benutze. Und arglos fragte ich noch einmal, ist ihr das denn schon früher mal passiert, oder war es das erste Mal?

4 Ein Anfall von irgendwas

Seitdem verlor Dona Marta die Angst vor allem und sank ins Nichts zurück. Als sie mich erblickte, zeigte sie keinerlei Reaktion. Sie sah jeden von uns mit genau dem gleichen Blick an, wie wenn sie auf eine Wand schaute zehn Zentimeter vor ihr. Ich hatte mit Américo gesprochen und ein gewisses Mitgefühl mit der Frau bekundet, aber das waren leere Worte, nichts weiter. Was interessierte mich der Schmerz einer verrückten Alten, die auf jemanden wartete, der nicht kam. Ich sah sie an und verachtete sie, als Beweis dafür, dass sich Lauras Tod ausbreitet in der Welt wie eine Infektion, der es zum gegebenen Moment gelingen würde, zu meiner Ehre, zu meiner großen Ehre mich und alle anderen unter die Erde zu bringen. Dona Marta blieb ausdruckslos an dem Platz stehen, wo Américo sie hingestellt hatte, und ich gratulierte mir ein ums andere Mal zu ihrem süßen Unglück. Immer wieder ging ich an der Frau vorbei, stolz davon überzeugt, ihr Leid wäre viel geringer als meines. Ich musste ständig über meine Gefühle nachdenken, damit sie weiterhin mit meinem Schmerz übereinstimmten sowie mit der Beschleunigung, die ich der Zeit abverlangte. Damit sie sich in den Abgrund stürzt. Damit sie uns in den Abgrund stürzt.

Plötzlich, zwei Tage später, erschien wieder der Postbote,

und sein Fahrrad lehnte an der üblichen Stelle, alles wie immer. Er trat in die Vorhalle des Hauses, die wir vom Saal aus einsehen können. Kaum war er eingetreten, stand Dona Marta auf und stellte sich an den gewohnten Platz, um darauf zu warten, dass Américo kam und die Post verteilte. Aus eigener Kraft und eigenem Willen war Dona Marta aufgestanden, und ich sah mich, ohne Körper um drei Uhr nachts, wie ich sie so lange schlug, bis sie keinen Mucks mehr sagte. Ich ließ mich auf das große Sofa sinken, beobachtete die Frau von weitem, und erst dabei fiel mir wieder ihr Geisteszustand ein, ihre Panik, ausgelöst durch meine hilflose Art, von Liebe zu sprechen.

Und alle wunderten sich, als sie sahen, dass Dona Marta eine Initiative ergriff, und alle hofften, sie würde sich erholen und sogar die Sprache wiederfinden. Alle waren sich einig darin, dass dem Haus ihr Lachen fehle, so eine romantische Seele dürfe nicht verlorengehen. Ich aber meinte, dass Romantik nur gequirlte Scheiße wäre und aus dem Hintern irgendeines blöden Viehs käme, und ich wurde wütend. Nur für einen Sekundenbruchteil. Ich biss mir schnell auf die Lippen, damit die Alten nicht meine Schuld argwöhnten.

Nach dreiundzwanzig Tagen kamen Elisa und mein Schwiegersohn mich besuchen. Sie brachten meine Enkel mit, den Jungen und das Mädchen. Ich spürte, dass ich die Begegnung nicht länger hinausschieben konnte. Sie kamen in mein winziges Zimmer herein, dessen Fensterläden offen standen, um zu zeigen, dass wir in großer Helligkeit leben, bauten sich sofort in Reih und Glied vor dem Kleiderschrank auf und blieben dort stehen, als posierten sie für ein Truppenmagazin. Ich sah, dass sie in Gala waren. Alle waren sie sonntäglich herausgeputzt, um mich zu besuchen, und ich konnte mir bestens vorstellen, wie Elisa dazu präzise Befehle gegeben hatte. Zieht euch ordentlich an, wir besuchen Großvater. Ich kam mir vor wie ein Idiot, weil ich früher einmal angenommen hatte, sie würden mich ständig besuchen, als etwas Alltägliches, damit ich weiter an die Familieneintracht glaubte. Ich muss wirklich ziemlich blöd aus der Wäsche geguckt haben, als ich gewahr wurde, wie sehr sie sich herausgeputzt hatten, weil sie meinten, es müsse so sein. Wo sie doch den besuchten, den sie früher jeden Tag um sich hatten. Ich kam mir vor, als hätten sie mich zum Ausflugsziel eines langweiligen Spaziergangs gemacht, ebenso wie sie in den altmodischen Zoo gingen und es gehorsam unterließen, die Tiere zu füttern, weil sie sonst den Fütterungsplan stören und Krankheiten begünstigen würden. Elisa sagte, sie sei traurig, weil ich sie bei zwei früheren Besuchen nicht empfangen hätte. Ich knurrte nur irgendetwas Unverständliches. Ich dachte sogar noch an die Ausrede, da hätte ich gerade geschlafen oder etwas Wichtiges zu tun gehabt. Aber solche Entschuldigungen sparte ich mir lieber. Wir hatten dort überhaupt nichts zu tun, und so wie dies auch für die anderen galt, die sich schon mehr daran gewöhnt hatten, bedeutete ein Besuch ja immer die Gelegenheit zu einer gewissen Begeisterung. Ja, Begeisterung, die sich zunächst durch eine lebendige und ungewohnte Stimmung zeigte, zudem gehörte auch die eigennützige Überlegung dazu, man könnte uns etwas mitbringen, das wir haben wollten. Sogar eine kleine Nascherei konnte ein hinreichendes Wunder sein, und letzten Endes, bei weitem nicht der letzte Begeisterungsgrund, gab es den einen oder anderen Alten, der seine Angehörigen sogar gern wiedersah, beruhigt von ihrem Glück oder Unglück, und der seine Sehnsucht und Liebe mit einer Leichtigkeit äußerte, die meiner Ansicht nach paradox war und die mir als großer Mangel an Selbstachtung erschien, wie Bettelei. Bettelei vor allem dem gegenüber, der sie mal waren.

Ich blieb auf meinem Stuhl sitzen, um die Rolle eines müden Greises zu spielen, während sie die ganze Zeit stramm standen. Und zwar vor allem, weil sie das Gefühl hatten, etwas gutmachen zu müssen. Sie schämten sich für das, was sie mir angetan hatten. Da bin ich mir ganz sicher, ihnen war vollkommen bewusst, was sie mir damit angetan hatten, mich ins Altenheim abzuschieben, und gerade das machte ihre Handlungsweise noch unannehmbarer, sie verdiente es, vollständig missbilligt zu werden. Elisa versuchte, unverfängliche Themen zu finden, sie plapperte und plapperte über Dinge, die die Kleinen langweilten und auf die man nichts erwidern konnte. Dann übermittelte sie mir noch die Grüße meines Sohns und seinen Wunsch, dass bei mir alles gut werde. Seit sich mein Sohn nach Griechenland abgesetzt hatte, wo er in Athen als Universitätsdozent untergekommen war, bildete er sich viel auf einen gewissen antiken Status ein. Er legte sich eine anspruchsvolle Philosophie zurecht, und ich habe ihn nie wiedergesehen. Bestimmt schon drei Jahre lang war er nicht nach Portugal gekommen, und nachdem er sich entschieden hatte, auch nicht zum Begräbnis seiner Mutter zu erscheinen, war dieser Sohn für mich gestorben. Diese Missachtung Laura gegenüber war für mich unverzeihlich, nie im Leben würde ich mich damit abfinden, dass eins unserer Kinder in einem solchen Augenblick die paar Scheine sparte. Bestimmt hat er Elisa bei den Problemen mit meiner Heimeinweisung beraten und war damit für immer beruhigt. Er hatte seinen Teil geleistet. Ich antwortete, sag ihm, wenn du mit ihm sprichst, es ist alles bestens, und dass wir langsam sterben, langsamer, als es den Anschein hat. Mein Schwiegersohn widersprach, reden Sie doch nicht so was. Und ich antwortete, soll ich sagen, warum? Meine Enkel zappelten, wohl weil sie ihren lieben Opa noch nie böse erlebt hatten. Ich wich ihren Blicken aus. Ich schämte mich ein bisschen, es sind nur Kinder, dachte ich. Aber dann fiel mir ein, dass beide schon groß waren, sie studieren an Hochschulen, sind verliebt, und nicht mehr lange, dann würden sie heiraten und, ganz erwachsen, ihre eigenen Probleme haben. Darum machte ich den Mund auf und setzte hinzu, sag deinem Bruder, dass er ein Schwein ist und eins der wenigen Dinge, die ich im Leben noch gern tun würde, ist, ihm eine Tracht Prügel zu verabreichen, die er sein Lebtag nicht mehr vergisst. Ich würde ihm so lange die Fresse polieren, bis ihm seine Lippen in Fetzen herabhängen, damit ihm nie wieder jemand sagt, er habe den Mund seiner Mutter, weil, er hat nicht das geringste Recht, auch nur irgendetwas von seiner

Mutter zu haben. Hast du gehört?, Elisa. Hast du gehört? Du sagst deinem Bruder, er soll sich aufhängen von mir aus, aber wehe, er wagt es, mir noch einmal unter die Augen zu treten. Meine Enkel rückten zusammen und wichen vor mir zurück. Das Mädel ganz gewiss, um zu weinen. Ich schrie, macht, dass ihr verschwindet, macht, dass ihr verschwindet, alle miteinander! Américo eilte mir zu Hilfe. Einmal mehr erlebte er, wie ich tobte, wie ich die Lampe runterschmiss und kurz davor war, den Verstand zu verlieren. Ich bin ja bei Ihnen, Senhor Silva, ich bin ja bei Ihnen. Lass mich nicht allein, Junge, ich glaube, man überfällt mich, irgendetwas überfällt mich, fällt mich an, sie wollen mir etwas tun. Ich glaubte, in das Innere meiner Ohren drängten Unbekannte ein, Unbekannte, die in meine Ohren hineinpassten. Fast nahm mich Américo in seine Arme, und ich stammelte weiter, sie sind in dem, was ich höre, in den Stimmen der Leute, und wir können nichts gegen sie tun, wir sind ihnen ausgeliefert. Er sagte, das ist nur die Angst, ein Angstanfall, Senhor Silva, das sind keine Menschen, das ist die Angst, die es auf Sie abgesehen hat, sie will Sie erwischen. Doch wir werden nicht zulassen, dass das passiert.

Der Besuch ging, natürlich. Bestimmt sind sie in ihren schicken Sachen spazieren gegangen. Es war Samstag, und nach der gezeigten Leistung würden sie die Gelegenheit nutzen und einen Bummel machen, sich im Kino einen Film ansehen oder am Strand ein Eis essen. Senhor Pereira schlug in die gleiche Kerbe, lieber Freund Silva, ich erlebe das nun schon seit vier Jahren, das ist immer so. Meine Kinder sind auch ein paar Ekel, aber ich sage Ihnen, in unserem Alter und wo wir nun hier sind, da sind die Kinder von allen Ekelpakete. Wissen Sie, es ist nicht leicht, sich vorzustellen, wer hierherkommt. Und hätte Dona Marta geklingelt in der Nacht, würde es ihr jetzt womöglich bessergehen. Wir wissen ja, wer da draußen lebt und gesund ist, der rechnet nicht damit, dass ihm so was passiert. Ich fuhr mir mit der Rechten über die Augen, als wollte ich mir von der erstarrten Haut die Brauen wegwischen. Ich dachte, in einer der kommenden Nächte würden mich die Geier vielleicht mehr als gewöhnlich erschrecken, und ich würde aufwachen und danach wie Dona Marta nur noch dahinvegetieren, ohne Tod und Erlösung. Senhor Pereira redete unbeirrt weiter, sie hatte einen Anfall, die Ärmste, und die Klingel war runtergefallen, darum konnte sie niemanden rufen. Sie blieb die ganze Nacht hilflos allein. Ein Glück, dass sie überhaupt noch am Leben ist.

Ich verspürte nicht das geringste Mitleid mit meiner Tochter. Ich wollte, dass sie sich todunglücklich davonscherte, und ich spürte, wie sehr ich ihre Welt verabscheute, eine Welt, in der alles durchorganisiert war wie im Beruf, und eine der Sachen, die sie zu erledigen hatte, war ich, ebenso wie sie sich um die Reinemachefrau kümmern oder die Lichtrechnung bezahlen oder natürlich auch wissen musste, wie die Kinder in der Schule waren. Lediglich eine Aufgabe mehr. Ich sah zur Heiligen Jungfrau von Fátima und sagte zu ihr, Mariechen, du solltest eine Frau sein, die sich bewegen kann und alles, dann würden wir den Täubchen einen Fußtritt geben und im Garten eine Runde drehen. Ich lachte, ging zu Senhor Pereira, und wir machten uns einen Jux. Wir besorgten uns einen Zettel und eine Rolle Klebeband und brachten an der Statuette der Heiligen Jungfrau von Fátima eine Aufschrift an: Mariechen, umgeben von Täubchen. Jetzt wirkte sie makellos, mit diesem Gesichtsausdruck einer traurigen Närrin, die nicht weiß, was sie tun soll. Eine hochheilige Gottesmutter und weiß nichts, tut nichts, verschwindet an denselben weißen Wänden, an denen wir alle verschwinden. Alles nur Betrug. Sie sollte sich nützlich machen, als Putzfrau. Mit einem Eimer Seifenlauge kommen und schrubben, so müsste eine Heilige sein, damit man etwas mit ihr anfangen kann, arbeiten sollte sie. Senhor Pereira, der sogar an etliche Heilige glaubte und manchmal Gott fürchtete, amüsierte sich, als sündigte er in einer Raserei, die sich nicht zurückhalten ließ, um sich schließlich einzugestehen, dass an der Sache mit der Seele immer noch etwas dran sei. Das mit der lebendigen Seele, sagte ich noch einmal, das ist ein Riesenquatsch, um uns hinters Licht zu führen, damit wir wie die Schafe Befehlen gehorchen und uns von der Angst leiten lassen. Sie haben wohl vor nichts Angst?, fragte er. Doch, und ob. Ich habe Angst, hier noch einsamer zu werden, als ich es schon bin. Sie sind nicht allein, Mann, wir sind viele hier, und wir fühlen alle genau das, was auch Sie fühlen, erwiderte er. Ich schwieg. Er sollte nicht merken, was ich fühlte und wie wütend ich immer noch war, so wütend, dass ich über die Leiden von jemand anders, auch von ihm, nur lachen konnte.

Dann setzten wir uns in den Hof, um die kräftige Sonne zu genießen, die, so schien es, Feuerbrände auf uns schleuderte. Plötzlich streckte Senhor Pereira einen Arm in die Luft und rief einen Mann heran, der noch viel älter war als wir und mit dem ich mich noch nicht unterhalten hatte. Esteves, rief er, Esteves, komm her, ich muss dir was erzählen. Der Mann setzte sich zu uns, sagte guten Tag und lächelte. Senhor Pereira erzählte ihm, wir haben die Statuette unseres Freundes Silva, die Figur von der Heiligen Jungfrau hier, mit einer Aufschrift verziert, jetzt steht darauf, sie heißt Mariechen, umgeben von Täubchen, stell dir vor, die Heilige der Täubchen. Die beiden lachten wie die Verrückten. Er sagte noch einmal, sie heißt Mariechen, und eigentlich ist sie nur eine Puppe wie jede andere, meint Senhor Silva. Esteves sagte, ihr spielt also jetzt mit Puppen. Was redest du denn da, wir spielen mit dem, was sich findet, das ist wenig genug. Sie lachten noch einmal auf und verstummten. Wir waren wieder allein und spürten die Feuerbrände, die uns für eine Weile trösteten. Dieser Esteves war inzwischen aufgestanden und wirbelte unter den Leuten umher, mal stand er bei denen vorne, mal bei denen hinten. Dann, schon im Saal, stritt er sich mit jemandem. Wir verstanden nicht, worüber sie sprachen, aber es interessierte uns auch nicht. Als fiele ihm etwas ein, das er vergessen hatte, überraschte mich Senhor Pereira plötzlich mit der Frage, wissen Sie eigentlich, wer dieser Esteves ist? Mit demonstrativem Desinteresse und wie als Beleg meiner Unkenntnis verzog ich den Mund. Er sagte, das ist der unmetaphysische Esteves, ja, der aus dem Gedicht von Fernando Pessoa, das ist doch irre, verstehen Sie? Mir blieb vor Staunen der Mund offen stehen. Was erzählen Sie denn da?, erwiderte ich kurz darauf. Ohne Quatsch, der Mann ist der unmetaphysische Esteves aus Pessoas Tabakladen. Ich wollte ihm nicht glauben, reden Sie doch keinen Stuss, der Mann müsste ja fast hundert sein. He, Esteves, he, komm mal her, rief Senhor Pereira ganz aufgeregt. Esteves war energiegeladen ins Gespräch vertieft und reagierte nicht. Senhor Pereira sagte, glaub mir, er ist es. Er wird bestimmt hundert. Sie haben ja schon gesehen, wie gut er noch auf den Beinen ist. Unglaublich, ein Mythos unserer Dichtung. Da riss sich Esteves von dem Gespräch los, kam zu uns und fragte, was wir denn wollten von ihm. Senhor Pereira bat ihn, sich zu uns zu setzen, und forderte ihn vergnügt auf, Esteves, he, erzähl mal Senhor Silva, wie das kam, dass du in einem Gedicht von Pessoa vorkommst. Der Mann machte große Augen, lachte und antwortete, die Geschichte kennen doch alle schon, hab ich tausendmal erzählt. Senhor Pereira blieb hartnäckig, aber Senhor Silva nicht, er will mir nicht glauben, lass mich nicht als Lügner dastehen. So ein Quatsch, sagte ich, das Heim hier ist voller alter Spinner. Ich rutschte auf die Stuhlkante, um mir den flotten Greis von Nahem anzugucken. Meine Augen saugten sich regelrecht fest an ihm, und er bestätigte mir, ja, es ist wahr. Ich habe damals in Lissabon gelebt und bin immer in den Tabakladen gegangen. Das stimmt, ja. Meine Ohren verfielen ganz dieser unergründlichen Stimme, und ich sah nur noch dieses eine Gesicht. Das

Gesicht eines Mannes, der fünfzehn Jahre älter war als ich. Lächelnd, freimütig und reinen Herzens in derselben Sonne, die uns beschien, und es war so, als wäre vor mir der wunderbare, geniale und fesche Fernando Pessoa leibhaftig wiederauferstanden, es war, als hätte ein Gedicht feste Gestalt angenommen und wäre ans Tageslicht getreten, um mich anzurühren im Alltäglichen, das schließlich zu einem großen Zauber wird, den wir noch grade ertragen. Es war, als käme Alice aus dem Wunderland und erzählte uns, wie die sprechenden Kaninchen leben und was es mit den Abenteuern des So-tun-als-ob auf sich hat. Ich hörte ihn noch einmal sagen, dabei habe ich viel Metaphysik! Dass die Dichter uns die Seele rauben, ist nicht anständig, die Gedichte sind nämlich voller Lügen. Ich lächelte. Ich lächelte von Herzen wie nie zuvor in diesem Haus. Senhor Pereira sah mich strahlend an und versicherte triumphierend, ja, das ist jetzt hier das Haus der glücklichen Alten.

Haus der glücklichen Alten, so heißt das Schlachthaus, in das man mich eingeliefert hatte. Was für ein sarkastischer Name, der Gedanke ließ mich nicht mehr los. In diesem Haus waren der unmetaphysische Esteves, zufrieden mit so echtem Gefühl, und Senhor Pereira, in dem ich einen wirklichen Freund erblickte, und ich, der ich glaubte, dass ich gleich einen Anfall von irgendwas kriegen würde, nun auch noch diese Überraschung, das war zu viel für mich. Es war eine Neuigkeit, die mir gerade in meinem todesnahen Zustand eine unerwartete, radikale Lebensenergie zuführte. Donnerwetter, dass man als Mann von vierundachtzig Jahren noch so von etwas überwältigt werden kann und dass man dann ganz ungläubig dasteht, als würde man wieder zum Kind werden und würde über ein Eis am Stiel staunen. Ich bat noch einmal, Menschenskind, machen Sie mir nichts vor, sagen Sie mir die Wahrheit, Sie haben wirklich Fernando Pessoa gekannt? Er antwortete, es ist, wie ich sage, Senhor Silva, Ehrenwort, ich kannte ihn. Damals war ich ein junger Spund und hatte überhaupt keine Ahnung, dass aus diesem Mann unser großer Dichter werden würde. So was kommt vor im Leben. Du ahnst von nichts, und prompt steckst du in einer großen Geschichte. Na ja, oder einem großen Gedicht, das erzählt schließlich auch eine Geschichte, oder? Ich nickte und rutschte wieder nach hinten, denn die kleinen Feuerbrände hatten sich über meinen ganzen Körper ausgebreitet. Ich war so verwirrt, dass ich gar nicht mehr zuhörte, wie Senhor Pereira sich rühmte und mich verspottete, weil ich erst nach dreiundzwanzig Tagen bei den glücklichen Alten gemerkt hatte, dass wir mit einem Mythos der portugiesischen Dichtung unter einem Dach lebten.

Américo kam zu uns. Er beugte sich zu mir herab und raunte mir zu, in Doktor Bernardos Sprechzimmer sitzt Ihre Tochter und weint. Sie ist allein, Senhor Silva, sie vermag nicht, nach Hause zu gehen. Ich stand auf. Ich ging in Doktor Bernardos Zimmer und sah, dass meine Elisa so niedergeschlagen war, wie sie sich schon als kleines Mädchen fühlte, wenn ihr Denken von der Entwicklung der Dinge überfordert war und wenn ihr Herz nicht wusste, wie es dem Leiden ein Ende machen sollte. Ich umarmte sie und ich küsste sie. Trotz allem brauchte mich diese neunundvierzigjährige Frau noch immer. Sie war noch ein kleines Kind, wie wir es, meine ich, in den traurigsten Minuten des Lebens alle sind. Doktor Bernardo ließ uns allein, aber unterhalten wollte ich mich nicht mehr. Sie sollte nur begreifen, dass ich ihr, für kurze Zeit gewissermaßen, verzieh, es war das einzige Verzeihen, das ich ihr schenken konnte. Ein schnelles und kurzes Verzeihen. Als könnte auch ich mich einen Augenblick lang eines kleinen Herzens bedienen, um alles weniger stark zu empfinden oder irgendein Geizhals zu sein. Das erinnerte mich an den Tag, als Elisa auf der Schaukel saß und uns bat, sie anzustoßen, damit sie immer schneller immer höher käme. Ich tat es, und es machte mir Spaß mit ihr. Diese Umarmung und dieser Kuss damals waren ein einziges Anstoßen. Es lag darin mein Wunsch, dass sie im Leben noch viel Freude haben und noch höher schaukeln sollte. Allerdings reichte meine Kraft nicht, bis zum Abend mit ihr zusammenzubleiben. Als sie ging, hatte sie sich, wie ich glaubte, so weit beruhigt, dass noch ein Spaziergang, ein Kinobesuch oder ein entspannter Restaurantbesuch im Shopping-Center möglich war, dort würden sie noch gemütlich zusammensitzen und sich miteinander verbunden fühlen können, ganz, wie es sein sollte. Ich würde nie dazu beitragen wollen, dass meine Tochter mehr litt, als nötig war. Auch die Wut auf meinen Sohn, in die ich mich hineingesteigert hatte, war wohl vor allem eine übertriebene Reaktion auf Absichten, die er nie gehegt hatte. Das kam, weil ich so tief unglücklich, verletzt und durcheinander war bei dem Gedanken, was Familie letzten Endes bedeutet. Dieser Tag lag mir schwer auf dem Magen. Mir ging viel wirres Zeug durch den Kopf, bis hin zu der Überzeugung, ich müsse meine Kinder beschützen, doch erst, nachdem ich ihnen meine ganze Verachtung gezeigt und sie den Gefahren ausgesetzt hätte, durch die sie, wie mein Instinkt mir einredete, reifen würden und begreifen, was richtig und was falsch daran war, wie sie sich zwischen mich und Laura schoben, arme Laura, sie hatte am meisten verloren. Sie hatte sogar das Recht verloren, eine Meinung zu haben, aufzubegehren und diejenige zu sein, die die Kinder anschrie, damit sie endlich begriffen, was sie falsch machten, und wie wenig das, was sie taten, mit der Welt in Einklang zu bringen war, von der wir einmal geträumt hatten. Von einer anderen Welt zu träumen birgt noch größere Gefahren in sich. Es bedeutet, mit Ehrgeiz zu tun, was ohnehin unmöglich ist.

Dann kam Doktor Bernardo herein und wollte etwas verstehen, ein Psychologenlaster. Ich machte Anstalten zu gehen. Erklärte ihm, ich hätte den unmetaphysischen Esteves entdeckt und wäre noch gar nicht richtig wieder zu mir gekommen. Das ist doch nur ein Hirngespinst, war seine Reaktion darauf. Glauben Sie?, fragte ich. Ich weiß nicht, kann aber sein. Das kommt vom Neid, erwiderte ich, weil wir es nicht selber erlebt haben. Doktor Bernardo lachte und nickte. Sie haben recht. Wer würde nicht ein Vermögen dafür hergeben, in einem Vers von Fernando Pessoa verewigt zu sein! Im Hinausgehen dachte ich bei mir, der unmetaphysische Esteves mit seinen fast hundert Jahren ist die beste Heilige Jungfrau von Fátima im Haus. Das befreite mich ein wenig von dem vagen Gefühl, ich könnte mich an diesem Nachmittag zugrunde richten. Laura, wenn sie noch lebte, wäre wohl im Angesicht dieses Mannes vor Ergriffenheit in Ohnmacht gefallen. So war sie, grenzenlos begeisterungsfähig. Meine Laura hatte diesen Tag nicht mehr miterlebt, doch sie hätte bestimmt gern gesehen, dass ich ihn mir zunutze machte. Dieser Gedanke kam mir zum ersten Mal fast fünf Monate nach ihrem Tod. Meine Laura hätte mein Bestes gewollt, sie hätte gewollt, dass ich von dieser Entdeckung begeistert wäre, allein, aber in Vertretung von uns beiden. Wie wenn ich für uns beide etwas entdeckt hätte, was zu entdecken nur mir vergönnt war. Mir traten Tränen in die Augen. Ich lief zurück. Beschämt sah ich Doktor Bernardo an. Ich sagte ihm, ich würde gern das Grab meiner Frau besuchen. Er sagte kein Wort. Früher oder später würden wir alle in die Wirklichkeit zurückfinden, und dies war mein Augenblick. Ich wollte den Ort besuchen, wo sie war, und vielleicht würde ich zu Atomen zerfallen, weil ich es nicht ertrug. Oder ich setzte mich, wer weiß, mit unglaublichem Mut dorthin und bliebe eine Weile dort sitzen, um zu sehen, ob etwas in der Materie, die von ihr und von mir übrig blieb, wahrnehmen konnte, was ich ihr sagen wollte, nämlich dass es hier einen Mann gibt, der Pessoa gekannt hat, und dass ich ihm von ihr erzählen will, ja, von meiner Laura, und dass nur darin das Leben besteht. Es ist einzig nur das, eine neue Art, sich wehmütig nach etwas zu sehnen oder diese Sehnsucht zu überleben.

Doch es stimmte nicht, dass es nur das wäre. In dieser Nacht gab es große Aufregung im Haus. Die glücklichen Alten hatten so etwas noch nicht erlebt. Im obersten Stockwerk, im Flügel der Hirntoten, derjenigen, die nur noch darauf warten, dass sie aus dem Fenster auf den Friedhof fallen, gab es einen Brand. Ein sich rasch ausbreitendes Feuer, das aus den Wänden zu kommen schien, Mäuler an den Wänden spien kleine Flammen, wie wenn Wasser ausgeschüttet würde, und drei Menschen starben. Ich bekam nichts mit davon. Ich lag in tiefem Schlaf und wachte beim Feuer nicht auf. Erst danach. Als sich die Leute im Korridor drängten und darüber sprachen, was für einen Schreck sie bekommen hätten, und als manche der Alten in ständiger Angst weinten. Als auf einmal, in einem Sekundenbruchteil, Esteves selbst an meiner Tür vorbeiging und sagte, es ist eine Tragödie, es ist eine Tragödie. Da war ich hellwach, um vier oder fünf Uhr morgens, geweckt durch die gequälte Stimme des Mannes, der eine Tragödie verkündete. Ich lief auf den Korridor, und von dort konnte man im linken Flügel, eine Veranda weiter oben, die versengten Wände sehen, und wie die Luft durch den Qualm ganz schwarz war. Wir husteten und wussten nicht, ob wir auf die Straße laufen oder ins Zimmer zurückkehren sollten. Es war nicht so ein Feuer, das alles verschlang. Es war ein örtlich begrenzter Brandherd, als wäre er absichtlich gelegt worden, um denen die Luft zu nehmen, die die größten Schwierigkeiten hatten, welche zu bekommen. Senhor Pereira ging mit mir ins Zimmer. Er sagte, dass Américo und Doktor Bernardo, zusammen mit der Krankenschwester, jetzt alle ins Bett schickten. Sie sollen sich nicht der Gefahr aussetzen und nicht den Kopf verlieren. Er schloss die Tür von seinem Zimmer ab und kam mit aufgerissenen Augen zu mir. Er sagte, Sie haben es ja gesehen, Senhor Silva, Sie haben es ja gesehen. Ich wusste nicht, ob ich ihm recht geben sollte oder nicht. Ich wartete darauf, dass er Einzelheiten erzählte. Er fragte noch einmal, haben Sie nicht gesehen, wie sie das gemacht haben? Vor ein paar Jahren ist hier schon mal dasselbe passiert. Es ist ein Verbrechen. Sie leiten den Qualm in die Zimmer der Alten. Ja, sie leiten den Qualm hinein. Als ich hierherkam, hat mir schon mal jemand erzählt, dass sie das tun. Und zwar, wenn sie jemanden haben, der bereit ist, mehr zu bezahlen, um in das Haus reinzukommen. Entsprechend viele müssen sie sich dann vom Hals schaffen. Glauben Sie mir, was ich Ihnen sage, man muss mit ansehen, wie sie sich welche vom Hals schaffen, um andere, Besserbetuchte unterzubringen. Bei vielen der Alten hier ist das Geld irgendwann aufgebraucht, sie haben keinen mehr, der sich um sie kümmert, und nicht aus Nächstenliebe steckt ihnen jemand die Atemschläuche rein und wechselt ihre Bettwäsche. Wir verstummten. Jemand lief durch den Korridor. Wir ähnelten den bösen Jungs in den Abenteuerbüchern, die im Internat spielen. Wir hatten es mit einem Verbrechen zu tun, aber wir durften uns niemandem anvertrauen. Einfach absurd. Ich sagte noch, Senhor Pereira, Sie haben noch weniger Grips im Kopf als ich. Er schüttelte den Kopf und widersprach, seien Sie kein Dummkopf, Senhor Silva, seien Sie kein Dummkopf, die warten doch alle nur darauf, dass wir nicht mehr denken, wenn wir aber aufhören zu denken, sind wir tot.

5 Teófilo Cubillas

Teófilo Cubillas, der lächelnde Peruaner. Isaltino de Jesus betrachtete staunend das Poster und wollte seinen Augen nicht trauen. Es war der Teófilo Cubillas mit seinem Lächeln auf dem Poster, das O Norte Desportivo in den siebziger Jahren des vorigen Jahrhunderts den treuen Fans des FC Porto geschenkt hatte. Isaltino de Jesus erstarrte förmlich vor einer solchen Berühmtheit, und es kam ihm so vor, als würde damit das Leben ins Reine gebracht, es war dort gewissermaßen ins Reine geschrieben, so wie man es in den Schulheften tun konnte. Man schrieb im Unterricht eilig mit, kritzelte ungeordnet und unsauber etwas hin und machte sich danach die Mühe, alles noch einmal ins Reine zu schreiben, damit es ansehnlich genug aussah, um für einen langfristigen Wertzuwachs aufbewahrt zu werden. Ich denk, ich spinne, das ist doch Teófilo Cubillas, picobello eingerahmt, ohne jeden Knick, hing da an der Wand wie ein Kunstwerk und lächelte, der Sauhund.

«Das ist schon alt, kaum jemand erinnert sich daran. Aber hier sind wir alle alt, und wir sind nicht nur FC-Porto-Fans, sondern auch ewig dankbar. Hören Sie, wir wissen sogar, wo Peru liegt, nur die jungen Leute glauben, Fußball wäre zwischen Bananenstauden auf Madeira geboren», sagte Dona Leopoldina.

Isaltino antwortete nicht. Die Überraschung war für den Polizisten zu groß. Wie sollte er sich das erklären?

«Sind Sie FC-Porto-Fan? Ich will es hoffen. Nichts ist ekelhafter, als wenn jemand Benfica-Fan ist. Kein Benfica-Fan darf seinen Fuß in mein Zimmer setzen.»

«Nur keine Sorge. Ich bin aus Valongo.»

«Und näher gibt es keine Polizei mehr? Müssen sie euch von so weit herholen? Sind wir hier so am Ende der Welt?»

Wenn Isaltino im Büro seines Vorgesetzten das Vorgehen bei den von ihnen untersuchten Fällen diskutierte, hatte er jahrzehntelang ein Poster von Cubillas gesehen, das exakt wie dieses aussah. Mit Klebebandstückchen an der Wand befestigt, zigmal eingerissen, die Ecken abgerissen, voller Knicke, weil bei den Renovierungen im Laufe der Jahre immer wieder abgenommen, tausendmal gefaltet und immer wieder aufgehängt, mit Rauchflecken von den unvermeidlichen Zigarren des Inspektors. In Jaime Ramos' Büro hing das Poster wie erschlaffende welke Haut, höchst unrühmlich für egal welchen Peruaner, und umso mehr für diesen sympathischen, lächelnden Mann, dem Porto und Portugal so unendlich ans Herz gewachsen waren. 1972 bester südamerikanischer Fußballer, besser als Pelé. Isaltino de Jesus, der vorsichtige Polizist, dachte, es wäre vielleicht nicht unbedingt gut, wenn sein Chef hier reinkäme. Er würde sich so schmutzig fühlen, wie er selbst sich fühlte, gewissermaßen unfähig, die Großherzigkeit früherer Zeiten zu bewahren, gewissermaßen aus Nachlässigkeit gealtert, ein geradezu sorgloser Umgang mit den geliebten Ruhmeszeiten der

Jugend. Was für ein sonderbares Gefühl es war, ein Altenheim zu betreten und bei Cubillas eine Jugend zu entdecken, die man sich bei der Kriminalpolizei nicht bewahrt hatte. Dona Leopoldina sagte:

«Kommt der Ermittler gar nicht?»

«Nicht so eilig, Senhora», antwortete Isaltino. «Für das, was es zu ermitteln gibt, bin ich da, und ich weiß, was ich tue. Haben Sie keine Angst.»

«Ich habe keine Angst. Aber vielleicht wäre es nützlich, dass Sie sich mal den Boden ansehen, dort ist die Blutlache, und nicht an der Wand, da gibt es nichts zu sehen.»

Isaltino de Jesus brummte etwas. Die Respektlosigkeit der alten Frau nervte ihn, er kniete sich jetzt aber nieder, um sich den kleinen Blutfleck, der dort getrocknet war, anzugucken. Er machte ein Gesicht wie ein kluger Spürhund, so als wollte er schnüffeln und unglaubliche Spuren entdecken, tat dann aber nichts und brachte keinen Satz heraus, der Dona Leopoldina zufriedengestellt hätte. Der Alten ging es überhaupt nicht in den Kopf, warum er so durcheinander und verwirrt war. Sie verstand es nicht, und er erklärte es ihr nicht. Der Mann war etwas gereizt, was eigentlich gar nicht seine Art war. Nicht dass er die Ruhe verlor, er war nur nicht richtig klar im Kopf, ein Hauch von Nostalgie hatte ihn erfasst, und das bekam ihm gar nicht.

«Ich weiß nicht, ob Sie heute Nacht in einem anderen Zimmer schlafen müssen. Es ist wichtig, dass hier nichts verlorengeht. Wir müssen Beweismaterial sammeln und Spuren sichern», sagte der Polizist.

«Dann passen wir zu zweit nicht hier rein, ich und dieser vermaledeite Fleck? Ich will nicht woanders schlafen, nirgendwo. Ohne meine Matratze gehe ich nicht, ich bin zu alt, um als Findelkind rumzulaufen.»

Der Beamte stand auf und ging zu der griesgrämigen Alten, er wollte versuchen, etwas Autorität durchzusetzen. Sie ließ sich nicht einschüchtern und wich nicht von der Stelle.

«Sie können sogar zum Kreis der Verdächtigen gehören. Auf Ihrem Zimmerboden ist ein Blutfleck, und heute Nacht sind im Stockwerk darüber drei Personen gestorben. Meinen Sie nicht, dass ich guten Grund dazu hätte, Ihnen zu misstrauen?»

In diesem Augenblick erschien der Angestellte Américo Setembro an der Tür. Er hatte den Rest des Gesprächs mitgehört und war fassungslos. In seiner Erregung mischte er sich ein.

«Dona Leopoldina misstrauen? Herr Polizist, wollen Sie damit etwa sagen, Dona Leopoldina könnte schuld sein am Tod ihrer Mitbewohner? Wollen Sie sagen, dass …»

«Davon habe ich nichts gesagt. Was ich will ist, in Ruhe diese Spur untersuchen, und es ist einfach nicht möglich, in diesem Zimmer Ruhe herzustellen. Würden Sie beide bitte den Raum verlassen? Das hier ist Polizeiarbeit.»

«Ich bin nur gekommen, um den Inspektor hochzubringen. Ja, noch jemand, Senhor Jaime Ramos. Er darf eintreten. Bitte treten Sie ein. Das ist Inspektor Jaime Ramos. Ich weiß nicht, ob Sie sich kennen.»

«Wir arbeiten zusammen.»

Als Jaime Ramos in das kleine Zimmer eintritt, wird sein Blick wie magnetisch vom Poster mit dem lächelnden Peruaner im luxuriösen Rahmen angezogen. Es war auf schreckliche Weise die ewig junge Version des Posters, das bei ihm im Büro hing und das zusehends verfiel. Es war der zum Himmel schreiende Beweis dafür, dass sie alle einmal jung, schlank und beweglich gewesen waren, dass sie vor allem auf eine bessere Zukunft gehofft und vielleicht alles vergeigt hatten.

«Der Junge hat mal bei uns gehangen, damit er uns anlächelt. Weißt du noch? Wann habe ich zum letzten Mal wirklich sein Lächeln gesehen?», fragte Jaime Ramos.

«Bitte, Chef, schicken Sie die Frau raus, sie ist nicht gerade eine Hilfe.»

«Fort von hier, Américo. Diese Benfica-Fans gehen mir auf die Nerven», sagte Dona Leopoldina und stieß den überraschten Angestellten hinaus.

«Mann, sagen Sie bloß nicht, Sie haben diesen Leuten gesagt, wir wären Benfica-Fans! Mit solchen Gerüchten muss man vorsichtig sein», empörte sich der Inspektor.

«Ach, überhaupt nicht. Die Alte ist gaga. Sie läuft nicht mehr rund. Ich bin hier schon eine ganze Weile, und sie hört nicht auf zu reden, erzählt immer nur Schwachsinn. Sie ist eine Fanatikerin, eine Fanatikerin der alten Sorte.»

Die Männer blieben im Raum, knieten auf dem Boden und suchten im Blutfleck angestrengt nach einer Form, die ihnen weiterhelfen würde. Sie warfen bohrende Blicke auf den Fleck und redeten viel Blödsinn. Sie erwarteten von dem Blutfleck eine Offenbarung, wie wenn man in der Form einer Wolke ein Kaninchen erkennt, ein Haus, ein menschliches Gesicht oder die Umrisse von Portugal. Plötzlich richtete sich Inspektor Jaime Ramos auf und erklärte abschließend:

«Das hier ist nichts. Und da oben ist alles verbrannt, verflucht, wir haben drei Todesfälle aufzuklären, und das hier ist bloß ein Kratzer, den irgendwer abgekriegt hat. Gehen wir, wir vergeuden hier nur unsere Zeit.»

Schmollend blickten sie noch einmal zur Wand hinauf, und wie aus einem Mund stießen sie Verwünschungen gegen den Fußballspieler hervor, so als hätte sie das Lachen in seinen Augen tief beschämt. Auf dem Poster waren die durchdringenden Augen des dunkelhäutigen Peruaners noch immer deutlich gezeichnet. Er sah aus wie jemand, der alles im Leben erreicht hatte. Wie jemand, der nie verloren hatte.

Dona Leopoldina erfuhr, dass sie wieder rein durfte in ihr Zimmer, und trat erhobenen Hauptes ein wie eine Dame, die ihre Rechte durchzusetzen weiß. Sie fasste gründlich ihren Cubillas ins Auge, um zu sehen, ob ihn auch ja niemand beschädigt hatte. Sie sah den Peruaner unverwandt an und studierte seine Gesichtszüge, als könnte er ihr verraten, was die zwei Polizisten gemacht und worüber sie gesprochen hatten. Sie wollte keine Antwort, es war nur, um sich Gewissheit zu verschaffen darüber, dass sich die beiden Benfica-Schleimer nicht an ihrer großen Liebe vergriffen hatten. Sie legte die Hand an die Brust. Setzte sich aufs Bett und lächelte. Dona Leopoldina verstand nichts von Fußball, und sie hätte einen Spieler nicht vom anderen unterscheiden können, selbst wenn der eine für Porto und der andere für Benfica spielte. Dona Leopoldina lächelte, weil sie an den 8. März 1974 zurückdachte, als sie schon spät in der Nacht heimkam und ein Mann in einem schicken Wagen ganz nahe an ihr vorbeifuhr. Es war ein junger Mann, ja, und sie war fünfzehn oder sogar zwanzig Jahre älter als er. Aber er war wohl reichlich unbesonnen in der Nacht damals, wie ein wildes Tier, das verletzen oder verletzt werden wollte. Er fing ein Gespräch mit ihr an, und sie, unglaublich, sie sagte, dass sie unverheiratet sei und Jungfrau, seit ihrer Kindheit träume sie von einem Mann und die Zeit verrinne, ohne dass aus dem Verlangen ein greifbarer Körper hervorwüchse, irgendjemand. Teófilo Cubillas stieg mit der einsamen Frau die enge Treppe eines großen Hauses hinauf. Dort verbrachte er einige Stunden, in denen es nicht nur Geschlechtsverkehr gab, sondern in denen er auch in einem eigenartigen Portugiesisch mit ihr darüber sprach, wie es war, wenn man aus Peru in ein Land kam, das Portugal hieß, wobei sie beide nicht ahnten, wie nahe das Ende der Diktatur in diesem Land war. Sie erinnerte sich, dass sie sagte, Demokratie würde wunderbar sein, selbst wenn sie nur für die Männer wäre. Das war eine vernünftige Vorstellung für jemanden, der immer Frau gewesen war und die Welt nie jenseits der phallokratischen Zielsetzungen einer derart muskulösen Gesellschaft wahrgenommen hatte. Als das Gesicht des Mannes im Fernsehen war, begriff sie dann, dass er ein großer Spieler und, Irrtum ausgeschlossen, mit ihr im Bett gewesen war. Er hatte ihr nicht gesagt, was er beruflich machte, und hatte sich einen anderen Namen ausgedacht, Pablo. Er hatte gesagt, er heiße Pablo Soundso. Doch er war es, der lächelnde Peruaner war der Mann, mit dem Dona Leopoldina ohne Bezahlung und ohne Scham zusammen gewesen war, mit der schmerzlichen Begierde, die mädchenhafte Reinheit zu verlieren. Und er sagte:

«Ich habe Geburtstag.»

«Und das ist mein Geschenk.»

Misstrauisch wollten alle im Haus der glücklichen Alten wissen, warum Dona Leopoldina dieses Poster eingerahmt und dort als Reliquie eines Lebens aufgehängt hatte. Sie rief dann: «Es lebe Porto», und das war mehr als genug, damit man sie für eine närrische, schon senile Fanatikerin hielt. Es war das Alter, das sich in dieser besonderen Narretei widerspiegelte, und weiter nichts.

Alle lauerten, etwas ängstlich, die Türen klappten auf und zu, und im Korridor patrouillierten wieder und wieder die Polizisten vorbei. Jaime Ramos und Isaltino de Jesus und noch ein paar, die von allen Seiten kamen und nach etwas suchten, das rechtfertigen würde, dass sie so viele waren, als wäre die Menge erforderlich, um die Alten zur Ruhe zu bringen und ihnen eine erbarmungswürdige Lebensqualität zu garantieren. Einer der zudringlichsten Alten war António Jorge Silva. Jaime Ramos sagte zu ihm:

«Haben Sie etwas gesehen, ist es das?»

«Ich habe nichts gesehen, ich habe geschlafen. Erst danach hörte ich, wie Esteves sagte, es sei eine Tragödie.»

«Warum gehen Sie dann nicht ins Bett? Wir machen unsere Arbeit und brauchen auch nicht mehr lange.»

«Herr Polizist, meinen Sie, wir sind alt und taugen zu nichts mehr?»

«Das habe ich nicht gesagt. Sie verstehen nicht. Wir haben zu tun.»

«Und ich darf nicht zusehen? Ich bin kein Kind. Ich habe schon vieles gesehen.»

«Wie heißen Sie?»

«António Jorge Silva.»

«Senhor António Jorge Silva, wirklich und wahrhaftig, je weniger Leute hier sind, desto besser können wir arbeiten. Wissen Sie, es ist eine Frage der Konzentration.»

Senhor António Silva zog sich ein paar Schritte zurück, danach kam er langsam wieder näher. Jaime Ramos und Isaltino de Jesus warteten darauf, was ihnen der Verrückte, der so halsstarrig darauf bestand, in ihrer Nähe zu bleiben, sagen wollte. Der Mann trat ganz nahe heran und sagte mit einem Gesichtsausdruck, als lieferte er eine fundamentale Information:

«Es war kein Platz mehr für neue Alte. Verstehen Sie? Es war kein Platz mehr für noch jemand.»

Der Angestellte Américo Setembro stand jenseits der Innengalerie des Hauses und klatschte in die Hände. Er wollte die Alten in die Zimmer scheuchen, so wie man es mit Hühnern macht. Senhor António Silva gehorchte eilig. Er hatte schon gesagt, was er wollte, und sein aufgeregter Blick erklärte alles Übrige. Wenigstens seiner Ansicht nach. Die zwei Polizisten warfen sich einen Blick zu, und nach wenigen Sekunden waren sie schon woanders und gingen anderen Überlegungen nach, denn die Leute im Oberstock des Hauses schienen schon allesamt den Verstand verloren zu haben. Und Senhor Silva setzte sich aufs Bett, im Glauben, er hätte das Ei schon gelegt. Früher oder später würde es im klugen Kopf der Polizisten bestimmt ausgebrütet werden.

Die versengten Wandflächen ragten schweigend empor. Dort, wo man auf den Tod wartete, war schließlich alles ganz still. Selbst das, was man sagte, verlor jeden Sinn und wirkte nur als ein Widerhall des Schweigens, als nichts, als absolut gar nichts. So dachten die Polizisten, und alle schwiegen in der Erinnerung an irgendetwas, das mit einem der drei Verstorbenen zu tun hatte. Manche waren schon seit langem vergessen, ohne dass sie je ein Wort oder ihren Willen äußerten, sie waren nur noch Beschäftigungen. Sie beschäftigten, und dann nicht mehr.

6 Schönheit des Edelmanns und Hunger des Elenden

Am fünfzehnten Januar neunzehnhundertachtundzwanzig war João Esteves ein junger Mann von zwanzig Jahren, der kein leichtes Leben führte. Seine Eltern fristeten im Norden des Landes ein elendes Dasein, derweil er einen herrischen Onkel ertragen musste, der es geschafft hatte, in der Hauptstadt Fuß zu fassen, das heißt, er machte Geschäfte mit diesem und jenem und richtete, trotz eines Bergs von Schulden, ein paar Läden in Lissabon ein, war dort aber in Sicherheit vor scharfen Krallen und beseelt von großem Siegeswillen. Drei. Drei Läden, die eine zahlenmäßig ernstzunehmende Kundschaft hatten und die erwarten ließen, dass der dicke Mann die Chance hatte, munter Geld zu verdienen. João Esteves' Mutter, die Schwester des Dicken, hatte schon ein paarmal angefragt, ob sie nicht ebenfalls in die Hauptstadt kommen konnte, sie wollte dort als Putzfrau und Wäscherin arbeiten und würde alles auf sich nehmen, um dem Regen, der Kälte und der Armut des Nordens zu entkommen. Aber der Unternehmer war nicht zu großen Wohltaten aufgelegt, den Neffen hatte er bei sich untergebracht, weil der ein junger Bursche war, der noch das ganze Leben vor sich hatte. Doch die Verantwortung für die Familie zu übernehmen, das war für ihn eine Last, die er sich nicht aufbürden wollte, und bei jedem Gespräch über diese Frage stellte er sich taub und ging nicht darauf ein. Keine Briefe und keinen Besuch, die Sache war erledigt, denn das hier in Lissabon, das war kein Zuckerlecken, und er hatte einfach nicht den Kopf dafür, um zum Familienoberhaupt von allen zu werden. Am fünfzehnten Januar neunzehnhundertachtundzwanzig schien João Esteves nur ein unbefangener, unbekümmerter Bursche zu sein, denn die Jugend seiner zwanzig Jahre glättete sein Gesicht selbst dann, wenn er unausgeschlafen war. Seine Großherzigkeit angesichts der in Selbstmitleid zerfließenden Familie, andererseits der aufrichtige Wunsch, ihr zu helfen, ließen ihn glauben, dass er das fundamentale Element war, um kosmisch die besten Energien auszustrahlen für das Blut der Esteves, die unter beklagenswert geringen Einkünften litten. Schließlich war es sein Lohn, der auf die Bank kam, um zwischen ihm und den Eltern aufgeteilt zu werden, und es war natürlich der kosmische Einfluss, die ganze Mystik in einem Zauberkunststück, das darin bestand, dass man das Geld an einem Ort hinterlegte und dass es danach an einem anderen Ort war, dabei aber unabänderlich innerhalb weniger Tage verschwand. Dieserart, ohne sich allzu sehr den Kopf zu zerbrechen, damit er die Zukunft für möglich halten konnte, betrat João Esteves wieder einmal den Tabakladen Alves und kaufte die von seinem Onkel verlangte Zeitung. Er betrat den Tabakladen mit einem artigen Lächeln und begrüßte Senhor Fernando Pessoa, der gerade ein kurzes Gespräch mit dem Ladenbesitzer führte, dann begrüßte er den

Ladenbesitzer selbst und bat ihn um die Zeitung wie immer, mit dem hellen Leuchten wie immer, das in erster Linie fröhliche, seinen körperlichen Vorzügen gedankte Schönheit war, würdig eines Aristokraten. In der Genetik, sollte João Esteves später durch den Kopf gehen, kennt man solche ironischen Merkwürdigkeiten, sie schmückt uns mit der Schönheit eines Edelmanns und lässt uns den Hunger der Elenden durchleiden. Offenbar schämte er sich seiner Armut noch mehr, wenn die eleganten Edelfräuleins nach ihm verschmachteten. Er fühlte sich noch lächerlicher als ein Haustier, das sich die feinen jungen Damen wünschten und das sie bestimmt problemlos kaufen konnten. Und umstandslos verließ João Esteves den Tabakladen, ohne sich dessen bewusst zu sein, dass er in den fruchtbaren Boden der Schöpfungskraft Fernando Pessoas den Samen eines Gedichts für die Ewigkeit gelegt hatte.

Er wusste den Namen des Dichters, wusste, dass er in einem Büro arbeitete, immer korrekt gekleidet, mit Krawatte und Hut, wobei Letzterer sehr viel besserer Qualität war als der seine. Dieser Pessoa stand gelegentlich in dem Tabakladen, warf höchst gefährliche Blicke auf die Zeitungen, Blicke, die Jagd auf die Wörter machten, als könnte es in der Druckerschwärze auf diesem Papier Dinge geben, die ihn wirklich etwas angingen und irgendeinen Hunger befriedigten. João Esteves konnte sich nicht vorstellen, was das sein mochte. Er vermutete, ohne jedoch lange darüber zu grübeln, dass sich die Büromenschen für alles interessierten, weil sie für alles gebildet waren und vielleicht Interessen entwickelten und, es musste mit dem Geldverdienen zu tun haben, weil sich das Leben klar und deutlich zwischen denen aufteilte, die für ihren Unterhalt etwas taten, und denen, die nichts dafür taten. Die Büromenschen mit den schlaffen Körpern von Leuten, die sich nicht viel bewegen, bewegten viel mit dem Kopf. Sie waren gebildet und taugten für unsichtbare Dinge, was etwas ganz anderes war als im Laden herumzulaufen, Kisten zu schleppen und in den Regalen bis nach ganz oben zu klettern, wo die Schwächsten, zimperlich, wie sie waren, das Gleichgewicht verloren.

Ein paar Tage später, nicht lange danach, betrat João Esteves den Tabakladen, und Senhor Alves ließ ihn eine Minute länger warten. Nur eine Minute. Er sagte zu ihm, dass dieser Fernando Pessoa, der gewöhnlich im Laden vorbeikam, hin und wieder Gedichte schreibe, und sie beide kämen in einem Text von ihm vor. Er hat es mir gesagt, aber nicht gezeigt, erklärte Senhor Alves, der noch hinzufügte, das würde ich sogar gern lesen, aber ich habe ihn noch nicht überzeugen können, ich weiß nicht, ob er noch daran feilen will, denn ein Gedicht braucht seine Zeit, um zu reifen. Fernando Pessoa selbst hatte den Ladenbesitzer gefragt, wie dieser junge Mann von neulich heiße, der mit der glänzenden Haut, er habe ihn schon öfters hier gesehen, makellos, immer so vielversprechend und unternehmungslustig. Der Ladenbesitzer antwortete, das war der Esteves. Er erzählte ihm von Esteves, er habe eine gute Erziehung und komme immer ganz früh, genau zu der Zeit, die für furchtlos arbeitende Menschen typisch sei. Der Dichter Fernando Pessoa erinnerte sich an den Namen, ja, den Namen wisse er schon, und er stimmte ihm zu, dass er gute Manieren habe. Danach versank er kurz in seinen Gedanken und verabschiedete sich. Als er wiederkam, wenige Tage danach, konnte er nicht an sich halten und erzählte von der Niederschrift des Gedichts mit der sichtlichen Freude eines Menschen, der einen kostbaren Text entdeckt hatte. Der Besitzer des Tabakladens sagte dreimal, ach, Herr Doktor, Sie müssen mich das lesen lassen, es macht mich richtig stolz, dass ich in die Literatur eingegangen bin. João Esteves fragte ihn dann: Und er ist wirklich ein Schriftsteller? Senhor Alves antwortete, genauso, wie wir Zweibeiner sind, halten Sie sich das mal vor Augen, ein Schriftsteller, der hier reinkommt wie irgendwer und der sich sogar von uns inspirieren lässt, Mannomann, wir sind eine Inspirationsquelle. Fernando Pessoa, dachte João Esteves, ein Schriftstellername. Danach erwog er, ob denn das Gedicht, eine Angelegenheit, von der er nicht den leisesten Schimmer hatte, nicht ein langweiliger Scheißdreck sein müsse. Er blickte sich um, und ihm fiel das Durcheinander im Laden auf, die Unordnung überall, und wie hässlich der Besitzer aussah, und er stellte fest, dass ringsum rein gar nichts sonderlich Schönes zu schauen war, wie sollte ein Gedicht schön sein, wenn es mit dem Gedanken an all das hier geschrieben war?

Ich, wie alle Menschen, die jemanden verloren haben, mit oder ohne Glauben, ich dachte, dass Laura an irgendeinem Ort sein müsse, gleichsam in einer letzten Zuflucht eines Bewusstseins, das erkennbar wäre, aber auch mich erkannte, und ich starrte den unmetaphysischen Esteves mit dem festen Entschluss an, ihn schleunigst dorthin zu schicken, wo Lauras Ort jetzt war. An den Ort, wo sie ihn treffen würde. Nach unserem Gespräch dachte ich für einen Moment, wenn der fast hundert Jahre alte Mann starb, könnte er Laura unterwegs treffen. Wie lächerlich für einen von Abstraktionen freien Mann wie mich, dass ich an die Lüge vom Leben nach dem Tod dachte und dass ich mir den üblichen Schwindel zusammenphantasierte, mit dem wir vor dem Verhängnis, vergänglich zu sein, unseren Frieden finden wollen. Wenn dieser Esteves nach dem Tod mit meiner Laura zusammentreffen wird, dann nur, weil man ihn zusammen mit ihr begraben, weil das Fleisch von beiden dort verfaulen und ihr Knochenrest zu guter Letzt in derselben wurmigen Erde zermahlen wird. Jedenfalls erhob er sich, besonders groß und immer noch bewundernswert gelenkig, und lief auf den Hof, um zusammen mit anderen Leuten über andere Dinge nachzudenken und zu sprechen. Ich verspürte den unbesiegbaren Instinkt, ihn tot sehen zu wollen, indem ich ihn nach unserem faszinierenden Gespräch an Ort und Stelle zu Boden warf, damit er mir tatsächlich das Gefühl vermittelte, dass ich ihn Laura vor die Füße werfe. Dieser widerliche Kerl mit seinem hundert Jahre alten Stolz vergnügte sich jetzt mit allen möglichen Leuten, machte immer noch ein leichtfertiges, sorgloses Gesicht, und auf eigensinnige Weise enttäuscht, glaubte ich tatsächlich, er hätte die Metaphysik verloren. Er benahm sich, als wenn nichts wäre, der Schwachkopf, unbedacht gegenüber den Gefahren, die in seinem Alter unausbleiblich sind. Hatte nichts aus dem Leben gelernt, ganz im Gegenteil, alles in allem ein Omen, um uns im richtigen Moment noch gewaltsamer auszulöschen. Wie unbesonnen dieser Mensch letztlich war, und wie auf halber Strecke befindlich zwischen mir und Laura. Wie immer schneller mein Zwiegespräch mit ihr verstummte, gerade wegen meines Willens, ihm Dauer zu verleihen und sie zurückzugewinnen, selbst wenn es nur wäre, um Laura noch einmal das Gedicht Fernando Pessoas vorzulesen, das wir so viele Jahre lang immer und immer wieder gelesen hatten, um den Pessimismus zu erlernen, ohne dass wir je Pessimisten geworden wären, wir haben lediglich Verständnis dafür gewonnen.

Ich ging zum Friedhofstor. Eine Zeitlang hatte ich geglaubt, dass ich nur dann auf den Friedhof gehen würde, wenn Doktor Bernardo mich begleitete, aber es wäre nicht meine Art, diese Strecke von fünfzig Metern in der Begleitung von jemandem zurückzulegen, der mich wie ein Hündchen zum Spaziergang ausführte. Ich verließ die glücklichen Alten und bog rechts ab, dann noch mal rechts, und schon war da die Friedhofsmauer. Das Tor befand sich weiter unten. Ich wusste, dass auf dem Friedhof Lauras Grabstein stand, nach einer kleinen Kapelle immer weiter rechts. Ich kam nicht zur Mauer, auch nicht zum Tor, ich überquerte nicht einmal die winzige Straße, die zwischen Friedhof und Heim liegt. Ich blieb auf der anderen Seite davon stehen und betrachtete die Marmorsäulen und die schrecklichen religiösen Standbilder, die wie alles andere als friedenstiftende

Märtyrer wirkten. Ich sah die Blumen an und bedachte, wie sie zugrunde gingen, vertrockneten und darauf warteten, ersetzt zu werden. Erst danach ging ich ein paar Schritte näher heran. Da begannen meine Beine zu zittern, und ich begriff, dass es mir immer noch unmöglich war. Ich würde niemals den Mut aufbringen, diesen Ort allein zu betreten, weil ich mir vorstellte, dass ein solcher Schritt jedes Stück meiner Haut abreißen, jedes Stück meines Fleisches verbrennen würde, und ich erschrak, wie schließlich Kinder erschrecken, die sich nicht verteidigen können und nicht einmal das Ausmaß der Gefahr ahnen, von der sie bedroht werden.

Senhor Pereira sagte zu mir, das sei nur natürlich, die Menschen reagierten manchmal so. In seinem Fall sei es nicht das Gleiche gewesen, das Verhältnis, das er zu seiner verstorbenen Frau hatte, habe auf Toleranz und nicht auf Liebe beruht, und deshalb ließe sich sein Beispiel nicht auf mich anwenden. Ich war in mein Zimmer gegangen und hatte Mariechen die Täubchen abgebrochen. Senhor Pereira sah es ungläubig mit an und bat mich, ihm das zu erklären, er sagte, reden Sie klar mit mir, Senhor Silva, ich verstehe gar nichts. Ich sagte alles noch einmal, ich wurde wütend, und diese Täubchen klebten an der Wolke, auf der Mariechen stand, und fingen an, mir auf die Nerven zu gehen. Ich habe sie abgebrochen. Das ist ein wertloses Stückchen Keramik. Mit der Kraft von zwei Fingern bricht man die Täubchen völlig mühelos ab, und damit hat es sich. Senhor Pereira lachte laut und sagte, ein Glück, dass nicht auch die Hirten dort festkleben und zum Gebet niederknien, wissen Sie, eigentlich ist das so üblich. Ich antwortete, wie schade, es hätte mir eine noch größere Freude gemacht, hätte ich Mariechen von diesem ganzen Ungeziefer befreien können. Das arme Mädchen, man verleiht ihr sogar einen freudigen Gesichtsausdruck, aber dann reagiert sie nicht, benimmt sich, als wäre das Klo besetzt. Schließlich lächelte ich ebenfalls, mir gefiel meine Bosheit, und genau das gab ich rührend ehrlich zu. Ich mag diese Bosheit, wir können nicht alt sein und empfindlich auf alles reagieren, wir müssen hier und da auch mal rebellieren, verdammt, wir müssen zu einer Vergeltung bereit sein, zu einem Kampf, damit die Welt nicht denkt, sie brauche sich nicht um unsere Schmerzen zu kümmern. Er lachte wieder, und ich zeigte ihm die Täubchen, die ich in der Jackentasche hatte, und wir staunten beide. Ein dummes und unpassendes, aber unbeherrschbares und kostbares Erstaunen des reifen Alters. Wir entwarfen einen Plan, was wir mit diesen winzigen, kindischen Täubchen anstellen konnten. Wir mussten sie für irgendeine Rache einsetzen, für einen Kampf, wie ich schon sagte. Sie sollten mehr wert sein, als dass man sie verächtlich in den Müll warf. Nichts dergleichen, sie durften nicht verächtlich behandelt werden. Im Geschäft des schwierigen Überlebens, zu dem wir verurteilt waren, besaßen sie einen hohen Stellenwert. Wir waren gewissermaßen gefährlich, offenkundig gefährlich für die Welt.

Die Männer waren dabei, die zwei Zimmer im oberen Stockwerk, die gebrannt hatten, neu zu streichen und sie so gut wie möglich instand zu setzen. Senhor Pereira lief mit einem Täubchen in der Hand umher und amüsierte sich wie ein beschissener Vollidiot. Er ging zu den alten Frauen und zeigte ihnen in aller Perversheit, was er bei sich hatte. Er sagte, hören Sie, ich werde Ihr Täubchen vernaschen. Das war ebenso kindisch wie unglaublich. Die alten Frauen teilten sich in zwei Lager, in die einen, die lachten, und die anderen, die wütend wurden und zornig mit ihren Stöcken herumfuchtelten. Er lief von einer Seite zur anderen und konnte sich nicht einkriegen vor Lachen, es war für ihn der absolute Gipfelpunkt des Spaßes. Ich hatte große Lust, diesen noch mehr zu pervertieren, als es ihm gefallen dürfte, ich wollte die stets überraschte Reaktion der Opfer erleben. Da tauchte Esteves auf und wollte wissen, was das für ein Durcheinander war. He, Pereira, was hast du da, fragte er. Senhor Pereira öffnete ganz langsam die Hand, als könnte das Teil wirklich fliegen und ihm entwischen, und sagte, ich vernasche jetzt das Täubchen der Alten. Esteves lachte und fand darin den nötigen Blödsinn, um eine ganze Weile an nichts anderes zu denken. Die beiden traten vor mich, sie lachten und neckten mal diese und mal jene. Sie weihten sogar die alten Männer in die Angelegenheit ein, und plötzlich kam es vor uns zu einem ruhmvollen Augenblick. Dona Leopoldina, die Kratzbürste, die sich darüber ärgerte, dass man ihr im Zimmer eine Blutpfütze hinterlassen hatte, von der man nicht wusste, was sie zu bedeuten hatte, ausgerechnet direkt vor ihrem geliebten Cubillas, aß ein paar winzige Schokoladenplätzchen, die in einer Schachtel mit Silberpapier und ein bisschen Strass lagen, solch Weiberkram, den die Frauen so lieben, und der unmetaphysische Esteves, den Senhor Pereira zum Lachen verleitet hatte, wandte sich an Dona Leopoldina und sagte zu ihr, iss Schokolade, kleine Gaunerin, iss Schokolade, und die dumme Gans hatte keine Ahnung, aus welchem Gedicht das stammte. Nie würde sie sich vorstellen können, welcher geniale Dichter dort gerade als ein Wunder der Literatur vorüberflog, eine unglaubliche Epiphanie dessen, was die Literatur vom wirklichen Leben hatte. Von unserem eindrucksvollen wirklichen Leben.

Dona Leopoldina warf das inzwischen leergegessene Schächtelchen mit den exquisiten Juwelen Esteves ins Gesicht, und der wich zurück, wollte von nichts etwas wissen, und wiederholte tausendmal, was er schon zusammen mit Senhor Pereira gesagt hatte, iss Schokolade, iss Schokolade, gottverdammich, es war wirklich wahr, dass es in der Welt keine Metaphysik mehr gab, die an den elementaren Glanz dieser Idee heranreichte. Dona Leopoldina sprang zornfunkelnd wie eine Bestie auf und nahm ein paar Sachen, die ihr gehörten, von einem Tischchen. Mit tiefster Verachtung wandte sie sich von uns ab und steigerte sich plötzlich in einen geradezu wahnhaften Ärger hinein. Sie blieb im Korridor stehen, schaute zurück, um sich zu vergewissern, dass wir auch ja alles mitbekamen, und kratzte sich voller Hohn am Hintern. Ganz umstandslos kratzte sie sich am Arsch, als wolle sie uns sagen, wir könnten ihr mal an der Pupe schmatzen, und sie schrie, hoch lebe Porto. Senhor Pereira sagte, sieh einer an, dieses Luder meint, wir können sie mal.

So war es, die Alte mit diesem ungeheuren Arsch, der bestimmt in fürchterlichen Unterhosen steckte, legte die Hand an die verbotene Stelle und glaubte, sie hätte sonst was vollbracht, dann stolzierte sie davon, als hätte sie uns eine Lektion erteilt. Sie sagte, Porto für immer. Die blöde Kuh schrie, Porto für immer. Senhor Pereira hat uns erzählt, Cubillas hätte sie entjungfert, und diese Trophäe wäre eines Peruaners würdig, der Arsch von ihr, wollte er sagen. Esteves lachte und antwortete, darum juckt es sie dort auch so.

Américo kam und wollte klar Schiff machen. Er verstand nicht recht, was eigentlich los war, aber es war nicht zu übersehen, dass wir die anderen störten und für Unruhe sorgten. Er wollte uns verjagen und uns auseinanderbringen, jeder sollte für sich allein rumblödeln, zusammen stellten wir nur Unfug an. Sie benehmen sich wie die Kinder, sagte er, nicht verärgert, sondern in der Absicht, die Ordnung wiederherzustellen. Haben Sie denn kein Schamgefühl im Leib, Männer in Ihrem Alter, Sie benehmen sich wirklich wie die Kinder! Wir waren zwei verrückte Alte, die aus ihrer Verrücktheit irgendeine Lebensverheißung gewannen.

Später schloss ich mich in meinem Zimmer ein, schaute auf das ramponierte Mariechen und weinte. Das Leben war überhaupt nicht so, wie es sein sollte. Es achtete nicht meinen Schmerz, und alles, was an diesem Tag geschehen war, sollte mir nur zeigen, das Hirngespinst eines Festes konnte oder durfte mich nicht überwältigen. Mariechen würde offensichtlich nicht für mich eingreifen und mir auch nicht antworten, die Ärmste, konnte nicht einmal hier hergucken, wo ich auf dem Bett lag. Ich gab ihr ein Täubchen zurück, legte es wie tot auf dem Nachttisch ab. Das hatte nichts zu bedeuten, lediglich, dass es nicht mehr lustig war. Dass der Tod nicht lustig war und dass wir alle sterben würden, das war es, woran ich denken musste. Was würde Laura von mir denken? Mich am Leben erhalten, anstatt den Körper austrocknen zu lassen, bis er stirbt, ihn zwingen, darauf zu verzichten, mich zu ertragen. Was für ein Fluch, denn er würde meinem Willen, allem ein Ende zu machen, nicht gehorchen. Als Américo mich besuchen kam, setzte ich mich hin, ohne meine Tränen vor ihm zu verbergen. Ich muss der größte Jammerlappen des Hauses sein, sagte ich. Das stimmt nicht, Senhor Silva, auch andere weinen, sogar ich weine, wie soll man nicht weinen, wenn einem die Tränen übers Gesicht rinnen, selbst gegen unseren Willen. Ich gestand, nur der Tod würde mir Ruhe bringen. Er wollte etwas anderes sagen, einen Vierundachtzigjährigen für einen weiteren Tag motivieren. Aber er brachte nichts heraus. Stattdessen fiel ihm Mariechen auf, die kindliche Zurschaustellung, und er sah das Täubchen, das ihr lächerlicherweise auf die Füße gefallen war. Wir beäugten uns. Mein Gesicht war noch tränennass, und er blickte finster drein, versunken in seine traurigen, unergründlichen Gedanken. Mit einem Mal lächelten wir. Mariechen hat die Täubchen verloren, sagte ich. Er erwiderte, heilige Muttergottes, welche Respektlosigkeit herrscht in diesem Zimmer, also wirklich, Senhor Silva, Sie verkaufen noch unsere Seelen alle an die Hölle. Finden Sie?, fragte ich. Sie sind ein schrecklicher Mensch, Senhor Silva, schrecklich. Ich lächelte wieder, und zwar so, dass wir beide lächelten und beinahe glücklich waren. Wir leben in einer Welt, die Beweise geringschätzt und sich lieber von Spekulationen leiten lässt. Was wollen Sie damit sagen?, fragte er mich. Dass mir Mariechen zeigt, dass sie nur eine Figur ist, alles andere ist Spekulation. Und er wollte wissen, warum ich sie Mariechen nannte. Na ja, begann ich, das ist keine große Sünde, wirklich nicht, Junge, so sind wir einfach bessere Freunde. Senhor Silva, Sie wollen wohl, dass der Winter sehr kalt wird, das passiert dann nämlich. Sie stochern in den gefährlichsten Dingen herum, dadurch wird alles noch schwieriger. Ich wollte sogar auf den Friedhof gehen, wozu eigentlich, sehen, wie er letztlich ist. Nicht dass ich es noch nicht wüsste, aber ich weiß nicht, wie er ist, seit dort meine Laura liegt. Er legte mir die Hand auf die Schulter. Ich weiß, dass dort nur Steine, Erde und Würmer sind, die alles zerfressen, doch ich verspüre diese merkwürdige Angst, dass ich denke, ich werde sie entdecken. Ich werde ihren Leichnam entdecken, wer weiß, vielleicht schon entstellt und nicht wiederzuerkennen, ein Monster wie in einem Horrorroman, als hätte man vergessen, sie mit Erde zu bedecken. Weil ihr Tod mich erschreckt. Das geht nicht vorbei, Américo, das geht nicht vorbei. Ihr Tod geht nicht vorbei. Américo wartete ein paar Sekunden, damit ich mich beruhigte. Er wollte eine reine Stille erreichen, wie ein unbeschriebenes weißes Blatt Papier, auf das er einen würdigeren Satz schreiben könnte, und er sagte, eines Tages wird Ihnen diese

Trauer guttun. Die Erinnerung an Ihre Frau wird Ihnen ein Lächeln auf die Lippen zaubern, denn das ist es, was die Trauer bewirkt, sie baut eine Erinnerung auf, die wir stolz als Trophäe des Lebens bewahren. Eines Tages, Senhor Silva, wird Ihre Frau eine Erinnerung sein, die nicht mehr weh tut und Ihnen allein nur Glück bringt. Das Glück, dass sie mit Ihnen eine unglaubliche Liebe gelebt hat, die Sie nicht mehr quälen kann, sie bringt Ihnen dann nur noch das Glücksgefühl, dass Sie so etwas erlebt, dass Sie so etwas verdient haben. Ich bin sogar neidisch auf Sie, Senhor Silva, weil ich einunddreißig bin, und immer noch unverheiratet, mir bleibt nicht mehr die Zeit für fünfzig Jahre einer großen Leidenschaft.

Das war das Geheimnis, das nur die Zeit bewahrte. Nur die Zeit würde ein solches Wunder offenbaren. Die Zeit und die Empfindsamkeit eines Menschen, der sah, dass vor seinen Augen die Zeit zu Ende ging, jeden Tag.

7 Portugal erben

Wir haben alles mit der Kirche gemacht, weil die Konventionen damals viel strenger waren, als es uns in der Unbedarftheit unserer Jugend lieb sein konnte. Noch prägte uns das kastrierende Erbe einer Erziehung, die von uns den Besuch der Messe verlangte, doch die größte Schwierigkeit war, sich darüber hinwegzusetzen, welches Benehmen die anderen von uns erwarteten. Jedenfalls entdeckte Laura rasch das allgemein verbreitete Verlangen der Bräute, als glücklicher Pfannkuchen ganz in Weiß mit Rüschen und vielen Schichten Stoff zu erglänzen und am Arm des Vaters mit dem strahlendsten Lächeln von allen zum Altar zu schreiten. Dann gaben wir uns das Jawort und unterschrieben alles in ziemlicher Eile. Wir baten nachdrücklich um eine möglichst kurze Zeremonie, die unserem dringenden Verlangen entsprach, ein Ehepaar zu werden und unseren ehelichen Pflichten nachzukommen. Der Pater sah die Sache mehr von der romantischen Seite und spendete uns, begeistert über unsere Freude, seinen Segen. Anschließend blieben wir mit der Familie und ein paar Freunden zusammen, um den Tag mit Beglückwünschungen und Lachen, Festessen und Rundfunksendungen zu verbringen, weil wir wissen wollten, was an diesem Sonntag in der Ersten Liga los war. Wir waren im Jahr neunzehnhundertfünfzig.

Noch heute habe ich den Kommentar der alten Leute im Ohr, Väterchen tut das alles, damit Benfica den Ruhm der Nation mehrt. Das war, als hätte man mit dem Herzen eine Sportarmee aufgestellt, eine Nationalmannschaft also, die auch mit dem Herzen angenommen wurde, nachdem das mit Sporting in die Hose gegangen war. Das Regime war ganz stolz auf die afrikanischen Importe im Kader, als Europa noch nicht erkannt hatte, wie vorteilhaft es war, zur Verstärkung der Mannschaften Schwarze zu holen. Alle wurden nun gleichermaßen Benfica-Anhänger, wobei, eigentlich waren sie alle nur deshalb für Benfica, weil niemand mehr gegenhalten konnte und alle für einen Rekordmeister schwärmen wollten, und man kann sich gar nicht vorstellen, mit welcher Begeisterung sich der Diktator den Fußball der roten Adler ansah. Ein Fußball, verkörpert in Eusébio, das war einer von uns, dieser grandiose schwarze Panther, der für den Ruhm Portugals rannte. Ich, der immer FC-Porto-Fan war, mochte Eusébio ebenso, man konnte ihn gar nicht nicht gernhaben. Ich hatte ihn unheimlich gern, und er war, natürlich mit dem Herzen, auf Väterchens Seite, was beträchtlich dazu beitrug, mein nicht immer hellsichtiges Misstrauen gegen das Regime einzuschläfern. Da Porto für den Lokalpatriotismus und Benfica für den nationalen Ruhm bereitstanden, schienen die Verhältnisse ausgewogen zu sein, da war nichts an ihnen auszusetzen.

Aber im Jahre neunzehnhundertfünfzig lagen die Dinge noch nicht so ganz klar, meine ich. Was richtig war und was falsch war schwer zu unterscheiden. Denn Benfica war ja noch nicht Rekordmeister, und Salazar wirkte noch nicht als der Ekelbatzen, den das Volk auf Anhieb durchschauen konnte. Wir wussten ja nichts. Um den Krieg waren wir drumrumgekommen, und es sah so aus, als wäre das Leben im Land der fünf Wappenschilde hinter dicken Mauern geschützt, eine mannhafte Brust, die sich an der Grenze allen ausländischen Bösewichtern wehrhaft entgegenreckte. So haben wir geheiratet. Wir waren beseelt von Elan und Hingabe an die Zukunft eines Landes, das Stolz und Mut gewann. Als die Kinder damals lernten: Holla ho, holla hi, ich und du, und er und sie, alle Männer, alle Frauen, hoch der Altar immerdar, Portugals Pimpfe und Portugals Mädel, hoch lebe Salazar, hoch lebe Salazar, alle fanden, so lernt man richtig, und in der Schule betete man, damit Gott und die Muttergottes mit dem ganzen Gefolge von Heiligen stets über den Köpfen einer gottesfürchtigen und wohlerzogenen Volksgemeinschaft schwebten. So ertrug man mit störrischer Geduld die Armut, weil wir alle stark waren, wahrhaftig, wie stark unser Volk war, als es diese unfreie Zeit durchlebte, die nie zu enden schien, die wir aber auch noch nicht in Frage zu stellen vermochten. Es gab Wohlanständigkeit, mit ein paar Massakern vermischt, ja gewiss doch, aber es war eine Wohlanständigkeit voller Zuversicht und Optimismus, der allen Gehorsam und Achtung vor der Gemeinschaft einflößte, weil wir Pflichten hatten vor der Gesellschaft und überzeugt waren von der Idee des Opfers, vom Glauben, dass uns das Opfer läutern würde, dass Reinheit möglich war. Wir würden alle von Kopf bis Fuß würdig sein,

ein Ehrenwort war für uns noch ein Ehrenwort, was für eine sonderbare Sache das war mit dem Ehrenwort, man kam irgendwohin und sagte mit todernster Miene, bei diesem Versprechen geht es um unsere Ehre, und alle erschauerten, denn man bekundete das Heiligste, was es gab. Niemand zweifelte an dieser Wahrheit, und noch weniger machte man sich darüber lustig.

Hoch lebe Salazar, hoch lebe Salazar, unbefleckte Maria, Maienmond, Lilien- und Rosenmond, Mariä Mond, Mariä Herz, gib uns deine Liebe, heilige Maria.

Laura und ich, wir dachten zuerst, nichts könnte uns etwas anhaben. Wir dachten, wir könnten uns im gesellschaftlichen Räderwerk anstrengen und nützlich machen, mit einem Dach über dem Kopf, wo unsere Kinder mit unserem stolzen portugiesischen Namen geboren würden. Wir glaubten zuerst, selbst von der Kirche ginge eine ruhige und natürliche Güte aus. Darum näherten wir uns mehr dem religiösen Leben und bemühten uns zu glauben, dass die Spekulation mit den Seelen und die Unwahrscheinlichkeit des Unsichtbaren nur dazu dienten, uns einer besseren Menschheit entgegenzuführen, dort würde man die schlimmen Irrtümer, die schuld waren an unannehmbaren Grausamkeiten, ausrotten. Ich besuchte die Sonntagsmessen mit Laura, und wir hatten große Hoffnungen bei dem Gedanken, dass es besser sei, ein Leben zu zweit so zu beginnen, mit dem Segen der Kirche, und all die Gläubigen um uns herum hatten den Anschein, als wären sie bereit, uns aus Nächstenliebe zu helfen, mit einem Ausdruck im Gesicht wie von Menschen, die uns lieb hatten und uns in unserem Elend beistehen würden, und darum hatten wir sie auch lieb.

Danach erlebte ich das ganze Gegenteil davon. Religiös sein heißt, dass man feige wird im Kopf. Dass man Angst vor dem bekommt, was man nicht sieht, dass man sich vor der Dunkelheit fürchtet, weil die menschenfressende Bestie auf der Lauer liegen kann, um uns an den Haaren zu ziehen. Auf Gott warten ist so, wie auf Peter Pan warten, und er soll mit der Fee Glöckchen kommen, in ihrem Minirock, der für unschuldige Kinder so unangemessen sexy war. Das menschliche Wesen besteht nur aus Fleisch und Knochen und dem ungeheuren Willen, die Dinge komplizierter zu machen, als sie ohnehin schon sind. Ich lernte, wie sich die Gläubigen mit unglaublich vielen Vorurteilen und Stigmatisierungen gegenseitig das Fell über die Ohren zogen. Und an dem Tag, als wir unser erstes Kind verloren, erfuhr ich, dass wir allein waren auf der Welt. Auf dem Fußboden eines Zimmers, ohne jede Hilfe. Ich ging noch zum Pater und bat ihn, uns ins Krankenhaus zu bringen, er solle sich beeilen, weil die Fruchtblase geplatzt sei und Laura sich nicht rühre. In dieser Gegend gibt es keine Autos, sagte ich zu ihm, das ist ein armes Viertel, hier hat keiner so ein Ding. Wie geht es ihr denn, kümmert sich denn keine Hebamme um sie? Sie verblutet, Pater, Laura verblutet an unserem Kind. Der Mann sagte ein paarmal, dass alles nach Gottes Willen geschehe, womit er mir sagen wollte, alles wird gut. Ich solle mir deshalb keine Sorgen machen. Dann ging er fort, mit zwei alten Frauen, an ein Auto war überhaupt nicht zu denken. Unser Kind lag schon in Lauras Schoß, und sie war bewusstlos, bewusstlos geworden vom Schmerz, offenen Auges den Säugling sehen zu müssen, der keinen Lebensschrei von sich gab.

Es war nicht die Schuld des Paters, auch nicht die der Kirche oder Gottes. Es ging nur um den traurigen Zufall, dass wir elend in einem Land des Elends lebten, das von uns nichts als Ehrgefühl und stumme Opfer erwartete. Wir hatten unser erstes Kind geopfert und hatten zwei Münzen in der Tasche übrig behalten, die für vier oder fünf Suppen reichten, den Rest des Monats waren wir unserem Schicksal überlassen. Die anderen bekreuzigten sich, beteten und brachten mich zu einem Stuhl, wo sie mir das Kruzifix hinhielten, das wir auf der Kommode hatten. Sie erwarteten, dass Gott oder Peter Pan in mein Leben treten und einwandfreie Erklärungen für das Geschehen liefern würde. Sie erwarteten, dass man immer noch das Leben liebte, das aus Schmerz und Lernen bestand, aus Schmerz und Hoffnung, aus Schmerz und Mut, aus Schmerz und Bürgerrecht, aus Schmerz und Zukunft, aus Schmerz und Gott und Salazar.

An diesem Tag war das Allerwichtigste, Laura zu retten. Egal, was die katholische Kirche sagte, ich verzichtete lieber auf ein Kind, das ich nicht kennengelernt hatte, und führte weiter ein Leben zu zweit, an der Seite der Frau, die immer eine Erklärung hatte für alle Unvollkommenheiten meines Wesens und ihnen beizukommen wusste. Tatsächlich liebte ich Laura weit mehr als dieses Kind, das für immer verloren war. Dabei hatte ich Glück. Erschrocken stellte ich das Kruzifix wieder auf die Kommode und ging auf die Weiberschar zu, die um meine Frau herumwuselte. Ich wollte wissen, ob sie am Leben blieb und ob sie schon die Nabelschnur durchschnitten hatten, damit sie sich vom Tod befreite und ganz auf der unerschöpflichen Seite des Lebens blieb. Und so war es. Laura brauchte ein paar Stunden, bis sie wieder zu Bewusstsein kam und mein trauriges, aber unmissverständliches Lächeln wahrnahm. Wir hatten obsiegt. Wir zwei. Der schon gereifte Ort der Liebe. Der tätige Ort. Sie weinte und akzeptierte wie ich, dass wir mit schärferen Krallen uns stärken und den Weg künftig abkürzen würden. Dass nichts von dem, was man uns gesagt hatte, uns auf diese Tragödie vorbereitet hatte. Und nichts von dem, was man uns sagen würde, sollte uns noch einmal täuschen in unseren Absichten und unserem Tun.

Portugal war lange ein Land, dessen Kinder in Frankreich geboren wurden. So gottverdammt viele von ihnen. Ich dachte, inzwischen war es so um neunzehnhundertzweiundsechzig, dass wir in Frankreich gerettet wären, dass wir so dem Hunger und dem Joch einer Arbeit entgehen würden, deren Lohn nicht ausreichte, um jeden Tag einen Strahl Sonne zu erhaschen. Aber unsere Frankreichträume würden nie zu etwas führen. Wir wussten nicht, wer uns sicher hinbringen könnte, ehrlich gesagt hatten wir einfach nicht das nötige Kleingeld dazu, ja schlimmer noch, uns fehlte der Mut, über die grüne Grenze zu gehen, Laura war gerade wieder schwanger geworden. Wir konnten nicht ohne Papiere nach Frankreich, und ebenso wenig durften wir ein Risiko eingehen, dieses Kind sollte nicht auch Opfer werden. Als Laura entband, von schlimmen Ängsten gepeinigt, kam unsere Elisa inmitten von Glück und Enttäuschung zur Welt. Du hättest eine Französin werden können, Elisa, eine Französin, obwohl uns die Widernisse sehr stolz machten, sie erlaubten es dir, Portugiesin zu werden und damit Portugal zu erben. Portugal gehört dir, meine Tochter, es gehört dir, auch wenn es schwer ist zu verstehen.

Zum Benfica-Kader gehörten Eusébio und Yaúca, Costa Pereira und José Águas, Santana und der großartige Coluna. Und sie haben Real Madrid abgebürstet, für uns den Europapokal der Landesmeister gewonnen und verkündeten überall, wer nicht für Benfica sei, wäre kein guter Familienvater. Wir wollten keine Franzosen sein, wir wollten, dass die Portugiesen glücklicher werden, denn darum ging es, dass die Spanier und General Franco eins auf die Schnauze bekamen, denn der war ein Dreckskerl. Wie der, den wir am Hals hatten.

Laura sagte immer, sie würde auch ein zweites Mal in der Kirche heiraten, nur damit sie das Recht hätte, sich als glücklicher Pfannkuchen zu kleiden, und damit sie den Chorgesang hören könnte, der im unglaublichen Widerhall des Raums wie ein Vogelschwarm klang. Wie schön das war, so schön, dass Menschen niederknieten, um sich das Jawort zu geben. Das war, als würde man verstehen, dass alles auf göttliche Weise geschah, erhaben über jeden Zweifel. Jahre später lachten wir darüber. Und hoben, seit neunzehnhundertfünfzig, Die armen Liebenden auf, das Buch von Eugénio de Andrade. Vitorino Nemésio sagte, dass es ein großes Buch sei, und wir waren begeistert, vereint in einer Liebe und einer Hütte, die alles zu beschützen schien, weil auch unsere Finger, wie es im Gedicht heißt, zu Vögeln würden und zu gleißendem Licht. Wenn wir noch einmal heiraten würden, Laura, müsste Eusébio der Pfarrer sein. Nur so, nur so. Und wenn ein FC-Porto-Anhänger so etwas sagte, heißt das, dass Eusébio wirklich einmalig war und dass uns das Regime krank machte wie ein Virus. Wir reagierten nicht, wir trotteten durchs Leben wie eine Schafherde, immerfort an der Nase herumgeführt.

8 Der europäische Silva

Also eine große Leuchte sind Sie nicht, Senhor Silva, wirklich nicht, sagte der europäische Silva zu mir. Sie Arschgeige, Sie, was suchen Sie denn hier?, fuhr ich ihn an. Hoppla, Sie haben einen Ton an sich ... erzählen Sie mir nicht, dass hier eine Revolution gegen gute Manieren ausbricht, erwiderte er. Auf einem Stuhl im Hof, draußen in der Sonne, wo wir aus dem Haus spazieren gingen, saß dieser Cristiano Mendes da Silva, der sprechende Papagei des Krankenhauses, der Schwachkopf von Silva. Das kann man so nicht stehenlassen, was Sie da über das Regime gesagt haben, da wäre noch einiges anzumerken, und als Porto-Fan sind Sie ehrlich gesagt auch eine ziemliche Niete, wenn Sie von Eusébio so eine hohe Meinung haben. Daraufhin ich, o Mann, Sie reden und reden hier und sagen mir gar nicht, was Sie hier eigentlich zu suchen haben. Mit einem unausstehlichen Grinsen im Gesicht musterte er mich und erklärte, tja, ich bin hier gelandet wie alle anderen, ich wohne jetzt hier, ist das nicht normal? Ich dachte, ich krieg einen Herzanfall. O ihr Heiligen von einem, der keine Heiligen hat, und du, Mariechen meines Lebens, sagt mir bloß nicht, ich werde es jetzt auf meine alten Tage noch schwerer haben als bisher. Sie sind doch noch grün hinter den Ohren, Sie müssen doch noch auf die Weide. Aber nicht doch, ich bin jetzt Rentner, und solange man noch was hat davon, will man schließlich einen Service haben wie im Hotel. Ich sitz doch nicht allein zu Haus, putze und koche mir ein Süpplein, was glauben Sie denn, Senhor Silva. Ich bin jetzt sechsundsechzig. Ich genieße meinen Lebensabend, wenn man so will. Zur Abwechslung gibt's hier mal einen Gast, der noch halbwegs bei Verstand ist, oder? Nicht so ein unbelehrbarer Kommunist wie Sie, das sind Sie doch!

Das hatte ich immer gehasst, wenn man mich einen Kommunisten nannte, weil, eigentlich wollte ich mich immer raushalten aus der Politik. Zum einen, weil ich meinte, dass Politiker allesamt Speichellecker sind, zum anderen, weil ich meinte, man wolle gar nicht, dass ich mitmache, außerdem hatte ich Angst davor mitzumachen und letzten Endes glaubte ich allmählich, wer sich mit Politik abgibt, wird von so vielen Sachen korrumpiert, dass man als Politiker, ob man will oder nicht, überhaupt nicht ein guter Mensch sein kann. Dann machte mir der europäische Silva noch den Vorwurf, ich würde eh immer nur unverständliches Politchinesisch reden. Das ließ ich nicht auf mir sitzen. Ich habe nur versuchen wollen, Ihnen mein Leben zu erzählen, was mir wichtig gewesen ist und wie ich meine Entscheidungen getroffen habe. Aber nennen Sie mich nicht Kommunist, hören Sie, nennen Sie mich nur Silva, es reicht mir, Gestrüpp zu sein, das sich übers ganze Land ausbreitet, wissen Sie nicht mehr? Und er, dann weiß ich eben nicht, ob wir alle Silvas und bis ins Mark erklärt sind. Ich aber, ich erinnere mich nur zu gut. Regen Sie sich nicht künstlich auf, ich habe Ihre Geschichte und die Ihrer Frau schon verstanden, ich wollte Sie nicht beleidigen, mir fällt es nur so schwer, hier zu sitzen und mir diese Sachen über Benfica und Ihre Naivität gegenüber dem Regime einfach so mit anzuhören. Ich hatte nie was am Hut gehabt mit Eusébio, Affe der, kommt hierher, um Tore zu schießen. Dabei hatte er gleich wieder wegwollen, hätten sie ihn doch nur gehen lassen, es war hier nicht schlecht ohne ihn. Sie ließen ihn aber nicht, und da blieb er, um Porto abzuschießen. Und Porto abschießen, Senhor Silva, das ist immer schlecht. Ich wusste nicht mal, ob ich lächeln sollte, und war heilfroh, als Senhor Pereira kam. Der setzte sich zu uns und fragte, wer denn der neue Freund sei. Schwierige Frage, denn fast im selben Moment kam es aus mir rausgeschossen, das sei der europäische Silva, ein Schwachkopf von sprechendem Papagei. Aber Senhor Pereira wollte es genauer wissen, noch so jung, und kommt hier so jung noch ins Haus, um die weißen Wände anzustarren. Sie trauen sich wirklich was, Senhor Cristiano. Nennen Sie mich bitte Silva, sagte der. Das geht nicht, Silva ist schon der hier. Der Blödmann quengelte, aber uns kann doch keiner den Namen wegnehmen, Senhor Pereira, wirklich nicht, ich bin auch ein Silva, und es hat keinen Sinn, dass man mir einen anderen Namen gibt. Da lächelte Senhor Pereira so fröhlich, wie er immer zu sein schien, und verteidigte sich, kein Mensch will Ihnen Ihren Namen wegnehmen, lieber Freund, aber wir wollen Sie unterscheiden, und das könnte kompliziert werden, wo ich es doch gewohnt bin, das Leben zu vereinfachen. Und um bei der Wahrheit zu bleiben, verrate ich Ihnen noch, ich bin auch ein Silva, Álvaro Silva Pereira, nur damit Sie nicht meinen, Sie hätten etwas, was ich nicht habe, wie den Verstand zum Beispiel. Eine Sekunde lang blieben wir ruhig sitzen, nur eine Sekunde. Andere neue Gesichter kamen vorbei, zusammen mit Doktor Bernardo, der ihnen Erklärungen gab. Sie wurden uns nicht vorgestellt. Der europäische Silva sorgte für Unterhaltung, indem er zum Thema zurückkehrte, dem Faschismus. Nachbar Silva, er steckt noch in uns, es ist sehr schwer, die Erziehung, die wir als Kinder erhalten haben, aus dem Kopf rauszukriegen. Wir können alle riesengroße Intelligenzbolzen sein, grandios ausgebildete, unabhängig denkende Erwachsene, aber die Erziehung, die wir als Kind erhalten haben, prägt uns fürs ganze Leben, und die faschistischen Ticks kommen, kaum zu merken, immer wieder zum Vorschein. Ohne dass wir dessen gewahr werden. Senhor Pereira unterbrach ihn und sagte, Senhor Cristiano, statt hier über Gott und die Welt zu palavern, sollten sie sich lieber entspannen, Mensch, entspannen Sie sich. Ich stand auf und ging mir eine Jacke holen. Der Nachmittag hatte sich merklich abgekühlt, und ich war schon immer recht temperaturempfindlich gewesen. Reißen Sie mir nicht aus, rief mir der Europäer hinterher, und nehmen Sie es mir nicht übel, wenn ich grad auch mal von mir rede, aber keine Angst, ich bin ja viel jünger als Sie. An der Tür, als ich aus dem Hof in den Saal trat, traf ich auf einen Menschen mit großen, lichterfüllten Augen. Wir standen voreinander, und er sagte, guten Tag, Senhor, gestatten, Anísio Franco. Ich werde hier wohnen. Ohne zu antworten, blickte ich an ihm vorbei. Ich hatte die Nase gestrichen voll von Neulingen. Innerlich schäumte ich, er sollte zum Teufel gehen, dieser Anísio Franco mit dem Licht in den Augen.

Aber Anísio Franco stellte sich bald als die große Neuerwerbung der glücklichen Alten heraus. Er war zweiundachtzig, hatte irgendwie eine Panikattacke erlitten, und als man die Röntgenaufnahmen auswertete, entdeckte man ein paar Probleme mit dem Herzen. Da meinten die Ärzte, er dürfe sich nicht aufregen und dürfe nicht weiter so arbeiten wie ein Besessener. Am nächsten Nachmittag saßen wir alle an derselben Stelle wie immer zusammen, und ich war voller Achtung vor diesem Mann. Aus ihm sprach eine Begeisterungsfähigkeit, wie sie hier niemand sonst noch hatte. Er war von dem Glauben erfüllt, dass ihn die Gesundheit nicht im Stich lassen würde, und hegte noch viele Pläne. Ich staunte nur, weil ich nicht begriff, wie man in diesem Alter noch Pläne haben konnte. Ich hatte nur einen: alles zu vergessen, gegen Lauras Tod zu protestieren und mich davon zu überzeugen, dass nach dem Tod eines geliebten Menschen wenigstens auch die Erinnerung an die Liebe verschwinden sollte. Er schüttelte den Kopf und lächelte. Ganz und gar nicht, Senhor Silva, ganz und gar nicht, was mich am Leben erhält, ist einzig der Wille, Neues zu erfahren, und dieses Wissen für die anderen niederzuschreiben. In Büchern zu hinterlassen, was man entdeckt hat, weil ein Buch ein Schatz für die Ewigkeit sein kann. Ich nickte, ja, das verstand ich. Bücher gingen auch mir über alles, ich hatte mein

Leben lang gelesen. Der Mann da war so quicklebendig und dürstete nach mehr Leben, weil ihm noch ein paar Seiten, ich weiß nicht, wie viele, an einem Buch über geschichtliche Ereignisse in Portugal fehlten, das den anderen zu hinterlassen für ihn ein großes Glück wäre. Sie wissen ja, dass die Welt ganz anders aussehen würde, wenn wir alle die Spur von etwas Gutem hinterließen, so gering sie auch sei. Und Sie, Senhor Silva, fragte mich der europäische Silva, Sie haben uns noch gar nicht erzählt, was Sie aus Ihrem Leben letzten Endes gemacht haben. Ich zögerte, ich wollte nicht noch einmal von mir sprechen. Dieses Gerede endete immer damit, dass man mir moralische Ratschläge für mein Leben erteilte, und ich hatte die Nase voll von den Pfaffen, die einem bei Sachen reinredeten, die nur einen selbst etwas angingen. Ich hatte genug von Analysen und Schlussfolgerungen, so oder so entschied das Schicksal. Weil es vor allem der Instinkt war, der mir die nötige Klugheit gegeben hatte, damit ich überleben konnte, oder auch nicht. Dann aber antwortete ich, ich war Frisör. Als ich heiratete, war ich Frisörgehilfe. Und dreiundsechzig, nach der Geburt meiner Tochter, sagte mir mein Chef, ich soll meinen Meister machen. Damit ich meinen eigenen Laden aufmachen kann. Und, haben Sie?, fragte Senhor Pereira. Ja, habe ich, und zwar mit dem Geld, das er mir geliehen hat und das ich in den Jahren darauf dann abgestottert habe. Solche Menschen gibt es nicht mehr, sagte der Europäer, solche, die unser Leben im Auge behalten und sich um uns sorgen, wie wenn sie die Verantwortung für uns tragen. Das ist eine gesellschaftliche Verantwortung, verstehen Sie. Früher gab es das, wir haben alle aufeinander aufgepasst. Erzählen Sie doch keinen Quatsch, sagte Anísio, es war noch nie anders als heute, den Neid haben wir schon von den alten Lusiaden geerbt, und was einem Volk im Blut steckt, das ändert sich nicht. Aber Camões musste nicht Bandarra sein, er brauchte keine Prophezeiung und wollte auch kein Visionär sein. Und unser Prophet Bandarra hat meistens auch nur im Nebel gestochert. Vergessen Sie nicht, es war der Nebel, der ihn am Weissagen hinderte. Nichts hat er vorhergesagt, so ist es. Einen Scheißdreck hat er vorausgesagt. Er war eher ein Dichter. Anísio lachte und sagte, Sie haben recht, da schreibt einer irgendwelche Spinnereien, und die Leute brauchen Jahrhunderte, um daraus Prophezeiungen herauszulesen. Mir brauchen Sie auch nichts von Prophezeiungen zu erzählen, sagte ich, ich will von Hypothesen und experimentellen Fortschritten nichts mehr hören. Hätte ich studieren können, dann wäre ich, so sehr ich auch die Literatur liebte, Wissenschaftler geworden. Da steht alles weiß auf schwarz oder schwarz auf weiß, entweder es ist oder es ist nicht. Da schaltete sich der Silva-Schafskopf wieder ins Gespräch ein und phantasierte, wir würden alle Wissenschaftler werden, der Menschheit nützen und dem Fortschritt dienen. Wir würden alle dem Fortschritt dienen. So ein Scheißwort, Fortschritt. Und der Erfolg und alles, womit der Kapitalismus den Konkurrenzkampf zwischen uns anfacht? Da meldete sich Senhor Pereira wieder, Senhor Silva, Sie haben nicht zu Ende erzählt. Sie wurden also Unternehmer, oder was? Ja, ich wurde Kleinstunternehmer. Ein gutgeführter Frisörladen wirft genug Geld ab, damit man sein bescheidenes Auskommen hat. Ich habe eine Tochter, die Geographielehrerin geworden ist, und einen Sohn, der Finanzökonomie unterrichtet, er hat sogar einen Job in Griechenland gefunden, gar nicht schlecht für ein Arbeitsleben als Frisör, bei dem auch ein paar armselige Ersparnisse zusammengekommen sind. Ich bin für meine Anstrengungen belohnt worden, ich habe genug gearbeitet, um im Alter selbständig und ohne finanzielle Unterstützung von außen leben zu können. Der europäische Silva legte noch drauf, und als Dichter, geben Sie zu, Sie haben eine Dichterseele, Sie haben bestimmt Gedichte geschrieben und sie Eugénio de Andrade gezeigt, der die Herzen der Portugiesen zum Schmelzen gebracht hat. Der Gedanke daran war mir peinlich. Meine Gedichte waren auf Zetteln verlorengegangen, die die Zeit recycelt hatte, es hatte ihnen an Qualität gefehlt, sie waren nur Ausdruck des starken, trügerischen Wunsches gewesen, etwas zu sein, was sie nicht waren. Nichts zu machen, ich wurde in das Schubfach Möchtegerndichter gesteckt, und das ärgerte mich. Ich wurde zimperlicher und schwächer dargestellt, als ich war. Die Herzen der Portugiesen zum Schmelzen bringen, was für ein blödsinniges Bild. Verdammt, ich habe lediglich große Achtung vor der Dichtung, protestierte ich, das heißt noch lange nicht, dass ich Dichter wäre oder es werden wollte. Ich war Frisör, und ich habe Bücher gelesen, wie es alle tun sollten, um über den Kleinkram der Alltagsroutine hinauszudenken. Trotzdem lebe ich wie jeder andere Mensch unter denselben unsicheren Existenzbedingungen, immer bedroht vom existentiellen Absturz. Die drei kriegten wegen meines Wutausbruchs den Mund kaum wieder zu. Bis Anísio sagte, Sie hätten zu mir ins Museum kommen müssen. Ich hätte Sie sofort eingestellt, und Sie hätten sich für unsere Geschichte begeistern können. Eine Sekunde lang dachte ich, wie anders mein Leben verlaufen wäre, wenn ich in Lissabon gelebt hätte. Ich wäre Hauptstädter geworden, wäre rausgekommen aus dem Alltagstrott, bis ein globalisierter, kosmopolitisch denkender Mensch aus mir geworden wäre. So blieb mein Denken auf den Stadtrand begrenzt, gestand ich mir ein, auf die Provinz, zu weit weg von den Dingen, um an Entscheidungen beteiligt zu sein. Meine Geschichte ist die fast aller Menschen. Es ist keine Geschichte, sie bietet nichts Neues. Ich habe es zu keinem Heldentum gebracht, außer dem, dass ich alt geworden bin und meine Liebe bewahrt habe, was viele nicht geschafft haben, obwohl sie es vielleicht genauso gewollt hätten wie ich. Ich sah Anísio mit dem Licht in den Augen an und sagte, entschuldigen Sie wegen der Sache gestern. Ich war unhöflich, das kommt vor bei mir. Nicht dass ich Sie nicht habe begrüßen wollen, mir war nur kalt, und ich wollte schnell eine Jacke holen. Dann bin ich aber doch nicht mehr runtergegangen. Ich war plötzlich so müde und habe mich hingelegt. Mit einem Lächeln nahm er meine Entschuldigung an. Macht nichts. Und es machte wirklich nichts. Es war ein kindisches Missverständnis gewesen und schon vorbei.

Senhor Anísio Franco war Konservator im Nationalmuseum für alte Kunst gewesen. Er wusste, dass auf einer der Tafeln des heiligen Vinzenz von Nuno Gonçalves jemand abgebildet war, der Salazar ähnelte. Er zeigte uns eine Abbildung und sagte, wie schade, dass wir nicht die Originale vor Augen haben, wenn man nämlich genau hinschaut, erkennt man, dass die anderen Tafeln alle ganz glatt sind und durch die Farben und die meisterliche Ausführung sehr ruhig wirken. Aber hier, im Gesicht von einem dieser Pappenheimer, gibt es ein gewisses Etwas, das an Salazar erinnert, wobei in der Farbgebung ein gewisser Misston liegt, es sieht ganz so aus, als ob die Stelle im Nachhinein verändert und verfälscht worden ist, damit der Mann an jemanden erinnert, der hier eigentlich gar nicht hingehört. Es gibt eine Legende in Bezug auf die Tafeln, die besagt, dass alle großen Portugiesen diesen Gesichtern allmählich ähnlich würden. Alle lusitanischen Gesichtszüge sind dort bereits wiedergegeben wie in Vorahnung der Gesichter der kommenden Staatslenker. Und nur wegen des unglücklichen Zufalls, dass Nuno Gonçalves' Hexerei nicht auch ihn erreicht hatte, wollte Salazar natürlich nicht außen vor bleiben. Anísio lachte und fuhr fort, damals erzählte man, der Diktator habe sich die Tafeln irgendwann unter die Finger gerissen und einen Maler beauftragt, ihm mit Gewalt seinen Platz in der Geschichte zu sichern. Seht ihr, wie hier jemand wegretuschiert ist?, fragte Anísio und deutete auf die Abbildung, ehe er selbst die Antwort gab, dafür ist jemand zu sehen, der unbedingt mit aufs Bild wollte. Diese Machtmenschen trauen sich was, dass sich unsereinem die Haare sträuben. Komisch ist es aber doch, findet ihr nicht? Wir staunten, als wir das Buch mit den Farbabbildungen, das er uns mitgebracht hatte, herumreichten. Allzu groß war die Ähnlichkeit der Gestalt ganz links in der Gruppe zwar nicht, aber sie hatte etwas Unheimliches, worin eine Reminiszenz an den Diktator liegen mochte. Wir machten große Augen, und der europäische Silva freute sich am meisten. Er meinte, es sei eine phantastische Kontamination, und philosophierte über die gerade gehörte Verschwörungstheorie. Alles kontaminiert alles, alles leidet. Senhor Pereira sagte, ja, es sei altbekannt, dass sich in der Natur alles gegen alles verschwöre, und nicht nur dort, Senhor Cristiano, nicht nur dort. Ungehalten wies dieser ihn zurecht, ich heiße Silva, ist das so schwer zu merken? Nur um noch etwas Gift beizumischen, fragte ich, ob es nicht vielleicht Almada Negreiros höchstselbst gewesen sein könnte, der Salazar dort hineingemalt habe. Kann ja wohl nicht wahr sein, Almada Negreiros da mit reinzuziehen, das Genie. War nur Spaß, sagte ich. War nur Spaß. Dass dieser Mann die Anordnung der Gemälde entschlüsselt hatte, war die eine Sache, aber dass er sich so weit zum Diener des Regimes gemacht hätte, das nun auch wieder nicht. Anísio erhob sich sogar vom Stuhl, um Almada zu verteidigen, und ich stellte fest, dass wir ihn beide bewunderten, womit Anísio noch ein weiteres Thema für Gespräche auf unsere alten Tage beisteuerte. So weit dazu, wir könnten noch viele Hypothesen aufstellen, aber Schwamm darüber, was Almadas mannigfaltiges Engagement für Salazar betrifft. Wir waren alle Mitläufer. Wir alle. Anísio schloss mit den Worten, vergessen Sie nicht, Senhor Cristiano, ich bin auch Anísio da Silva Franco, woraus man lernen kann, dass wir viele Silvas sind. Der Europäer prustete, he, noch einer, und glaubt doch tatsächlich, ich wüsste das nicht.

Plötzlich fiel mir ein, dass wir Anísio noch nichts vom großen Helden des Heims erzählt hatten. Es war geradezu unverzeihlich, so lange über alles Mögliche zu sprechen, ohne uns daran zu erinnern, dass es auch im Haus der glücklichen Alten einen lebenden Mythos gab, bei dem man vor Staunen den Mund nicht mehr zubekam. Esteves. Der elegante und ewige unmetaphysische Esteves, der immer noch lebte, der redete und seine Abenteuer erzählte, als wären die Bücher durch ihn noch nicht am Ende angelangt. Als fänden der Tabakladen und Álvaro de Campos und Fernando Pessoa durch ihn eine Fortsetzung. Wie zu erwarten, wollte Anísio es erst nicht glauben. Er dachte, wir wollten ihm einen Bären aufbinden, um ihn wegen der Wichtigtuerei mit der Geschichte von den Sankt-Vinzenz-Tafeln vom Sockel zu stoßen. Nicht im Geringsten, Anísio, es ist die blanke Wahrheit. Donnerwetter, her mit dem Mann. Senhor Pereira, Sie wissen doch meistens, wo er steckt. Ich? Ich weiß so viel wie Sie. Er muss in seinem Zimmer sein. Ob er nicht noch irgendwo unterwegs ist?, fragte ich. Ich weiß nicht. Er ist bestimmt noch vergnatzt und hat sich aus dem Staub gemacht. Er ist auch noch ohne fremde Hilfe gut auf den Beinen und macht um den Friedhof einen großen Bogen. Mir ging durch den Kopf, dass João Esteves so etwas wie ein Eusébio der portugiesischen Literatur oder die Heilige Jungfrau von Fátima der Dichtkunst ist, er würde zugrunde gehen, wenn man ihn zu denen verfrachtete, die keinen Ausblick mehr in den Garten haben und mit einem Bein im Grab stehen, besser gesagt: liegen. Er ist beinahe hundert, sagte ich.

Also, Esteves, wie alt sind Sie eigentlich genau? Er antwortete, das Zählen fällt mir nicht mehr so leicht, aber hundert werde ich bestimmt, ich weiß nicht genau, ob ich schon neunundneunzig bin. Senhor Pereira mischte sich ein und sagte, ja, Sie sind neunundneunzig, Esteves. Ihr neunundneunzigster Geburtstag war schon, daran erinnere ich mich. Beim nächsten Mal werden Sie hundert. Er antwortete, na ja, kann sein. Muss wohl so sein. Senhor Pereira bemerkte, Senhor Silva, als unser Freund Esteves neunundneunzig geworden ist, waren Sie schon bei uns im Haus. Ich gab zurück, nicht dass ich wüsste. An den Geburtstag konnte ich mich nicht erinnern. Er ergänzte, das war in der Zeit, als Sie den ganzen Tag mit düsterer Miene herumgelaufen sind, da haben Sie noch nicht viel mitbekommen. Anísio verstummte, richtig geschockt plötzlich. Es war so, als würden wir den zweiten Teil des *Tabakladens* lesen, oder diesen Tabakladen vor achtzig Jahren besuchen und uns mit den Genies einer der geschichtsträchtigsten Geschichten der Nation verbrüdern. Ist das ein Hammer, sagte Anísio, wie konnten Sie all die Jahre hier herumlaufen, und so viele Literaten und Philosophen in den Universitäten und Schulen der Welt haben Sie nicht entdeckt. Achselzuckend antwortete Esteves, das ist doch kein Wunder. Er selbst habe ja keine Zeile geschrieben und nicht damit gerechnet, dass das Gedicht, das der andere geschrieben hatte, etwas taugt, erinnerte er sich. Ich bin gar nicht auf die Idee gekommen, ein Gedicht über jemanden, den man im Tabakladen grüßt, könnte etwas Großes sein. Ich war noch oft in Senhor Alves' Laden. Aber dann ist Alves gestorben. Das war nicht viele Jahre später, ja, schon kurz danach. Im Viertel hieß es, Doktor Pessoa habe seinen Tod bedauert, und das glaube ich. Ich habe ihn nie danach gefragt, weil ich ihn zwar noch ein paarmal sah, ihn aber überhaupt nichts fragte. Ich war ein Kunde wie er, und mir fehlten die Worte für ein Gespräch mit so jemandem. Ich sagte guten Tag zu ihm und ging meines Weges, und manchmal, ehrlich gesagt, hatte ich sogar das Gefühl, er hätte mir etwas geraubt. Weiß ich, was. Weil ich mir nicht vorstellen konnte, was er über mich geschrieben hatte, und mir war, als hätte er mit mir eine Intimität hergestellt, ohne mich dafür um Erlaubnis zu bitten. Ich war nicht schwul und hatte auch keine Angst vor irgendwem, aber ich hatte Respekt vor ihm, weil er Doktor war, und ich hatte mich daran gewöhnt, an ihm vorbeizugehen, ohne ihn zu belästigen. Diese Grenze habe ich nie überschritten. Ich war feige, und eigentlich finde ich es schade, dass ich mich nie getraut habe. Neunzehnhundertdreiunddreißig kam der Laden auf die Titelseite der Zeitschrift *Presença*. Stellen Sie sich das vor. Fünf Jahre, nachdem das Gedicht geschrieben wurde. Das war mein Gedicht, der Tabakladen auf dem Umschlag der größten portugiesischen

Literaturzeitschrift, maßgeblich geleitet von José Régio. Erst vierunddreißig erfuhr ich davon, und fünfunddreißig starb Pessoa dann. Ich fühlte mich, als wäre ich in der Metaphysik untergegangen. Ich wusste nicht, ob ich protestieren sollte, weil er mich betrogen und als Mensch ohne Tiefe dargestellt hatte, oder ob ich ihn umarmen sollte, um ihm für das Wunder zu danken, dass er Dinge so sagen konnte, tiefinnerliche Dinge, als könnte man sie sehen. Und ich hatte recht. Da war zwischen uns eine Intimität, eine Verbindung für immer, die mich ein wenig in die Hände dieses Mannes gegeben hatte. Als hätte er über etwas in mir die Herrschaft, über den Stolz vielleicht. Diesen paradoxen Stolz, dass er sein Auge auf mich geworfen hatte, dass er mich in einem Vers reinhaben wollte und dass er mich zugleich unglücklich gemacht hatte, weil ich von da an nicht mehr träumen konnte, ungebunden und glücklich zu sein. Das Leben war eine Liste von Gewalttaten gewesen, und als solches sollte es nachweisbar bleiben, Gewalttaten, an die wir uns in endlosen schlaflosen Nächten erinnern würden. Fernando Pessoa war tot, und das Gedicht sorgte für immer dafür, dass wir Freunde waren, mit den Abschiedsworten, wie sehr er meinen Anblick genieße. Irgend so eine Lüge, oder auch nicht, die ihn all die Tage, wenn wir uns sahen, trotzdem nicht veranlasst hat, mich zu rufen oder mir ein freundliches Wort zu sagen.

9 Die Zeit ist nicht linear

Der Friedhof ist Ort eines unbequemen Lebens. Er behauptet Leben an der Schwelle des Wahrnehmbaren, gelebt vor den Augen desjenigen, der sich gewöhnt an die geringste Bewegung. Die Abnutzung des toten Ortes jedes Menschen, das Ausbleichen der schon farblosen Fotografien in der Sonne, auf denen die Gesichter langsam im Papier versinken, als gingen sie fort. Es gibt eine minimale Offenlegung, gleichsam die mögliche Kommunikation mit dem, der nicht mehr kommuniziert und nicht mehr existiert, sondern dort eine armselige materialisierte Erinnerung hinterlässt an den, der gewesen ist. Das ist nur eine weitere närrische Seite dessen, was man dort wahrnehmen kann, weil, was im trägen Boden wirklich vor sich geht, sich nur mit der Apokalypse aller Sinne vergleichen lässt, bis hin zum Erlöschen der geringsten Gnade, gelebt zu haben. Es gibt kein versöhnliches Schweigen der Grabsteine, was für eine dumme Vorstellung. Es wäre unnütz zu hoffen, dass der Tod zum Lufthauch gehöre, der über die Gräber weht und die verwelkenden Blumen abstaubt. Die verwelkenden Blumen, abgeschnitten oder losgerissen von ihren Wurzeln, als würden sie gegen ihren Willen ebenfalls geopfert, zum Lobe von jemandem.

Welch närrische Hoffnung, das wäre der Tod. Von wegen. Der Tod ist mehr die senkrechte Stellung der Grabsteine, die wie auf dem Kopf stehende Tische sind. Tische, die nicht für Gäste gedeckt sind. Diese entwicklen, ohne Erlaubnis, eine grenzenlose Gier, die die Seele bis zum letzten Rauch befreit. Für uns ist dort nur das zum Stillstand gekommene, duftende Bild. Ich würde dort keine Entscheidung für die winzigen Dinge danach treffen. Ich würde mich nicht verführen lassen, eine Blume, eine Grabinschrift, ein Foto auszusuchen, auf dem ich heiterer aussähe und womit die Vorübergehenden aufgefordert würden, Mitleid zu haben mit meinem Ende und vielleicht zu beklagen, dass ein so sympathisches Gesicht ausgelöscht wurde. Ich würde nicht zulassen, dass das Danach diese absurde Folklore wäre, mir käme es darauf an, ein ernstes Problem mit der Zeit zu akzeptieren. Zu akzeptieren, dass nur die Beherrschung der Zeit uns vor dem Wahnsinn retten kann. Und die Seele war etwas, das ich sagte wie jemand, der nichts sagte. Ich würde nie im Ernst davon sprechen. Sie war nur ein Bild. Eine Metapher, um eine bittere, schwer zu haltende Rede zu verschönern.

Über den Friedhof zu laufen ist das Letzte, was uns alten Leuten in den Kopf kommt. Es ist, was uns wirklich unwiderruflich alt macht und von den anderen unterscheidet. Wir freunden uns mit dem Tod an. Als erschmeichelten wir das Vertrauen dieses Unbekannten, damit er uns bezaubert, wer weiß. Oder damit wir erkennen, wie wir ihm noch einmal entkommen können. Verschiedene, einander ergänzende Dinge, denn unsere Gefühle schwanken zwischen dem

Bedürfnis, aus der Sackgasse des Lebensendes herauszukommen, und der Tragik, die das annimmt. Der Mut hat hier und da ernste Fehler. Und wir, die wir keineswegs aus Eisen gemacht sind, versagen vielleicht allzu sehr, was uns nicht zu Feiglingen macht, wir sind dieselben wie immer. Dieselben verletzlichen, verwirrten Menschlein wie immer. So viel Kultur und Überfluss, wenn der Tod naht, die frustrierende Gleichheit und dieselbe Wissenschaft. Wir sind alle von einer ähnlichen rigorosen Unwissenheit. Und so weist uns keiner einen leichteren Weg, mit schöneren Aussichten, der vorteilhafter ist und nicht so einsam, es ist ein unsinniger Weg, bei dem weggeht, wer in Wahrheit nicht den Ort verlässt.

Wir gewöhnen uns langsam daran, auf dem Friedhof zu sein, in der eigentümlichen Ruhe, in der man die Dinge dort lässt. Wir fangen an, auf die Zeichen zu achten. Wir lernen die Gedenktafeln lesen, die Fotos ansehen und erkennen, wer darauf schon belastet ist. Wir denken an Menschen zurück und denken daran, wie leicht es war zu leben, ohne an sie zu denken, und wie grausam es werden wird, eben weil es so ist. Wir sehen sie auf einem Bild, erinnern uns an die Sympathie in den Augenblicken, da wir einander nah waren, und dann denken wir daran, wie groß der Abstand ist zu jenen Augenblicken, zu den Gefühlen und vor allem zum Gedenken. Und wir merken, wir hätten uns nicht an diesen Menschen erinnert, wäre da nicht der Zufall gewesen, dass wir ihn in so waagerechter Lage, ohne dass er uns aus dem Weg gehen kann, wiedererkannt haben. Was ist dies wohl anderes als die Grausamkeit der Lebenswege. Ein grausames Soll und Haben des Lebens. Eine Grausamkeit des Gefühlshaushaltes, zu der wir fähig sind. Unfähig, alles und alle zu bewahren, unfähig, für alles und alle da zu sein.

Die Stelle, wo Laura liegt, ist nicht anders als die anderen. Sie hat nichts Besonderes, und wenn ich sie nicht kennen würde, könnte ich mich nicht davon überzeugen, dass sie Besseres verdient hätte. Nichts in meinem Schmerz erwartete, dass es eine Lichtreklame gäbe, um anzuzeigen, wo die Liebe meines Lebens zu Staub wurde. Es kam mir jedoch sonderbar vor, dies konstatieren zu müssen. Dass die begrabene Laura genauso aussah wie die anderen, die dort massenhaft liegen. Sie hatte die Fähigkeit verloren, in einem Saal auf natürliche Weise Aufmerksamkeit zu erregen. Wenn sie eintrat, ahnten alle ihre Gegenwart voraus und suchten nach ihr. Unverzüglich nahmen sie ihre funkelnde Energie wahr, eine innere Schönheit, die sich in der Haltung und einer bezeichnenden Offenheit äußerte. Dort nicht. Sie lag unter den weißen Steinen, so wie unter anderen weißen Steinen die anderen lagen. Vielleicht eine Ungerechtigkeit gegenüber dem, was sie im Leben gewesen war. Und darum wäre es nicht erstaunlich gewesen, wenn ihr Grab ganz andere Dimensionen gehabt hätte, um den Leuten zu zeigen, welchen Unterschied es zwischen den Toten gab. Doch das rührte nur von meiner Wehmut her. Nur von meiner Wehmut. Jeder andere Friedhofsbesucher würde dasselbe fühlen, wäre er zufällig von meinen üblichen schwärmerischen Träumereien erfasst.

Ich riss den kindischen Zettel ab, den ich der Statuette der Heiligen Jungfrau von Fátima angeklebt hatte. Ich riss ihn ab und warf ihn in den Müll. Américo setzte sich mit mir auf mein Bett und lobte, was ich getan hatte. Er wusste, so etwas bedeutete, dass ich mich in meinem Verhalten mäßigte und mich mit dem Schicksal langsam versöhnte. Das wusste auch ich. Das erste Jahr war vorüber, und der Schmerz saß zwar tief, aber vielleicht bildete sich langsam die wehmütige Erinnerung heraus, von der er mir erzählt hatte. Diese wohltuende Wehmut, die nicht mehr verletzen, sondern die Vergangenheit feiern will. Es stimmte, dass ich die Vergangenheit nicht geringschätzen durfte. Aus dem Strudel der Schwierigkeiten kam ich bei der Bewertung meines Lebens schließlich zu einem positiven Saldo. Vielleicht war es gerade darum so brutal, den Verlust von so vielem, was man erreicht hatte, ertragen zu müssen. Doch auch ohne den Zettel blieb die Figur weiter mein Mariechen, und das würde so bleiben. Américo lachte, und ich setzte noch hinzu, was mich anstinkt, Junge, ist Anísios Religiosität, hast du das schon mitgekriegt? Und ob, Senhor Silva, so viele Heilige, wie der im Zimmer stehen hat, da kommt man sich vor wie in einer Kapelle, sogar für die heilige Messe müsste es reichen. Man kriegt es richtig mit der Angst, erklärte ich weiter, bei all den Gestalten da drinnen, die wie Gespenster an den Wänden lehnen. Ich weiß genau, wie schwierig es ist, mit Mariechen klarzukommen, und sie ist allein hier, ohne ihre Täubchen, wäre sie mit ihren ganzen Heerscharen hier, das würde was geben! Jedenfalls sind Sie ein guter Mensch, oder jedenfalls, besser gesagt, ein faszinierender Mensch. Worin ich ihm gern zustimmte. Da wir in diesem Punkt einer Meinung waren, sprach ich Américo auf eine andere Angelegenheit an. Vielleicht war es anmaßend von mir, mich in solche Fragen einzumischen, weil ich auch verstand, dass er noch im Berufsleben stand und sich schützen musste, aber es stimmte auch, dass er immer mehr von all unseren Leiden und unseren wenigen Wünschen erfuhr, er wusste, was uns die Tage abverlangten, und wir, wir wussten nichts von ihm. Wir nahmen uns weitgehend aus seiner Liste von Freunden heraus, während wir ihn entschieden zu unserer Liste zählten. Er lächelte. Zuerst lächelte er nur flüchtig, ohne dass er sich mit der Angelegenheit abgeben wollte. Ich ließ nicht locker. Weißt du, Junge, wir sind hier wie die Haustiere untergebracht, eingeschränkt und pflegebedürftig, das ist wahr, und wir haben tatsächlich Ähnlichkeit mit kleinen Kindern, weil unsere Vorstellungen durcheinandergeraten. Wir sind zu erschöpft, um mit allem weiterzumachen, wir irren uns ständig, begehen Dummheiten, die man von Erwachsenen nicht erwartet, und doch sind wir erwachsen, vor allem, wenn wir uns in aller Ruhe hinsetzen, und wir haben die Erfahrung eines ganzen Lebens, in dem wir schon so viel gesehen haben, im Kopf. Manchmal, wenn die Altersschwäche, der wir allmählich erliegen, richtig zunimmt, könntest du unsere Freundschaft ein bisschen mehr nutzen, weil wir Lichtjahre von deinem Alter entfernt sind, aber wir haben eine Vergangenheit, die, allgemein gesagt, deine Gegenwart und deine Zukunft ist.

Er lächelte und sagte nichts. Er war Single, ohne Liebschaften, als hätte ihn jemand verloren, der ihn nicht wiederfinden konnte.

Doktor Bernardo ließ mich rufen und beglückwünschte mich zum sympathischen Zusammenleben im ersten Jahr. Er umarmte mich – für meinen Geschmack eine allzu intime Geste – und hielt eine kurze Ansprache, ich weiß nicht, ob er das bei allen macht, doch er meinte, mein Aufenthalt im Haus der glücklichen Alten sei ein gelungenes Beispiel für Integration und Kameradschaft. Er gestand mir, Senhor Pereira und Cristiano Silva, außerdem Anísio Franco und João Esteves und auch Américo Setembro hätten ihm mitgeteilt, dass sie mich gernhätten und dass sie bei mir die Kunst des guten Gesprächs und der guten Laune lernten. Doktor Bernardo freute sich, als beruhe der Sieg über meine anfängliche Griesgrämigkeit auf seiner Wissenschaft. Recht bedacht, ging mir dann durch den Kopf, war ich ein leicht zu zähmender Gast. Das stellte viele meiner Erwartungen in Bezug auf das unwiderrufliche Verlangen nach einem unmittelbaren, unumkehrbaren Ende der Welt in Frage. Ich fand, dass ich vor allem ein wohlerzogener Mann war. Das ist meine summarische Autobiographie: ein wohlerzogener Mann. Das ließ mich ein Problem nach dem anderen überwinden, was nötig war, um niemanden zu beschuldigen und sich niemandem entgegenzustellen. Dann erhob sich Doktor Bernardo, kam wieder auf mich zu und wartete, bis auch ich aufgestanden war. Um mich zu verabschieden, damit ich ein weiteres verdienstvolles Jahr im Heim bliebe. Er umschlang mich mit einer weiteren Umarmung, und ich ging hinaus. Es kam mir wie eine etwas dick aufgetragene Geste zu einem Berufsjubiläum vor.

Nach dem Mittagessen setzte sich Anísio zu mir, um zu sehen, wie es mir geht. Ich fühle mich wohl, sagte ich zu ihm, ich fühle mich wohl. Er wollte wissen, ob wohl fühlen bedeutet, mit düsterer Miene herumzulaufen. Ich antwortete, die Zeit sei nicht linear. Richtet euch darauf ein, ihr Dulder der Welt, die Zeit ist nicht linear. Die Zeit verdirbt in Zyklen, die unterschiedlichen Logiken gehorchen, die aufeinanderfolgen und den Dulder wie jeden anderen Menschen wieder zurück an einen bestimmten Ausgangspunkt versetzen. Das ist leicht zu verstehen. In dem Moment, wenn wir wollen, dass die Zeit kürzer wird, vor einem Ereignis zum Beispiel, zählen wir zuerst die Tage, manchmal sogar die Stunden, dann die triumphalen Wochen, die langen Monate und danach die Lehrjahre. Um dorthin zu gelangen, müssen wir aber die Zeit auch auf andere Art fühlen. Wir verlieren jemanden, und wir müssen den ersten Winter allein hinter uns bringen, dann den ersten Frühling, den ersten Sommer und den ersten Herbst. Und in diesem ersten Jahr müssen wir unsere Geburts- und Jahrestage und alles überstehen, was uns Gelegenheit zu Glückwünschen gibt, den Hochzeitstag, Weihnachten, Neujahr, sogar die Erdbeersaison, die Zeit des Kastanienfeuers, des Nieselregens, den ersten Schritt eines Enkels, die Rückkehr eines Satelliten zur Erde, die Nachrichten aus Brasilien, kurzum, alles. Auch die erste Autofahrt allein muss man hinter sich bringen, das erste Telefongespräch, das man mit diesem Menschen nicht führen kann. Die erste Reise, die wir ohne ihn unternehmen. Die Bettwäsche, die wir zum ersten Mal wechseln. Die Fenster, die wir aufmachen. Die Suppe, die wir kochen und ohne den anderen essen. Die Fernsehnachrichten, die wir unkommentiert lassen. Ein Buch, das man in absoluter Stille liest. Die Zeit bewahrt unzerstörbare Kapseln, weil wir, so viele Tage auch aufeinanderfolgen, immer zu einem Punkt kommen, an dem wir uns zu irgendeinem Anfang zurückwenden, um zum ersten Mal etwas zu tun, was uns unbarmherzig peinigen wird, weil in diese Kapsel auch die klare Vorstellung projiziert ist, wie sehr wir den Verlorenen geliebt haben, das klare Bild seines Gesichts, das manchmal verlorengeht, aber immer wieder neu auftaucht, sogar der Klang dieser Stimme, wie sie unseren Namen ruft oder, was noch grausamer ist, wie sie ich liebe dich sagt, mit einem unglaublichen Lachen, das uns tausendmal im Leben Kraft geschenkt hat.

An diesem Nachmittag kam der Postbote und lehnte sein Fahrrad an die übliche Stelle. Er kam Américo entgegen, der hin und her lief, um die Alten spazieren zu führen. Der Postbote gab Américo ein Bündel Briefe, zu denen auch der gehörte, den ich für Dona Marta sorgfältig gefälscht hatte. Für diesen Brief hatte ich mehrere Stunden gebraucht. Nicht, weil er lang gewesen wäre, das war er nicht, er war kurz wie alles im Leben, sondern weil es darauf ankam, dass er etwas gut Überlegtes sagte, etwas, das ihr guttäte, ein zuverlässiger Brief, der der stillen Alten garantiert eine Freude bereitete. Américo sortierte rasch die Briefe, weil die meisten an das Heim als Institution und nicht an die Insassen gerichtet waren. Plötzlich stockte er. Ich sah sofort, wie er erstaunt auf den Brief des verschwundenen Ehemanns Dona Martas blickte. Des Ehemanns, der seine Frau bisher so schlecht behandelt und sie vergessen hatte. Américo blickte durch die Fensterscheiben in den Saal, wo Dona Marta an der Wand lehnte. Sie saß nicht einmal. Sie stand mit dem Rücken zur Wand, um den Leuten bei dem, was sie sagten oder taten, zuzusehen. So sah Américo Dona Marta und erbebte kurz, weil er seine Unruhe nicht beherrschen konnte. Dona Marta, die jeden Tag auf die Post wartete, hatte den Briefträger kommen sehen, und nun blickte sie zu Américo hinüber, schaute, ob Américo sie stören würde, obwohl er so versteinert aussah, worauf wartete er denn? Normal war, dass der junge Mann jeden Tag die Briefe in dreißig Sekunden sortierte und den Saal betrat, um hier und da Umschläge hinzulegen. Aber an diesem Tag tat er es nicht, er tat auch nichts anderes. Er tat nichts. Inzwischen schüttelte sich Dona Marta ungeduldig. Sie schüttelte sich so ungeduldig, dass die anderen es bemerkten und Américo zuriefen, er solle ihr irgendwie helfen. Américo tat, was er für das Beste hielt. Er lief zu Doktor Bernardos Sprechzimmer und holte ihn, damit er die Verantwortung für den besonderen Brief übernahm. Das Blut erstarrte Doktor Bernardo in den Adern, und der Zweifel stand ihm ins Gesicht geschrieben. Er trat in den Saal, ergriff die arme Dona Marta, der schon fast Schaum vorm Mund stand, beim Arm und bat sie, mit ihm zu kommen. Doktor Bernardo, mit Américo im Schlepptau, wollte, dass die alte Frau mit ihm ins Sprechzimmer ging, natürlich, um sie zu beruhigen und sie beim Lesen des Briefs im Auge zu behalten. In diesem Augenblick war ich so unvorsichtig, den drei einen Schritt nachzulaufen. Wie ein kopfloser Verbrecher kam ich ihnen zu nahe. Wie ein Riesendummkopf, der sein Verbrechen nicht vergessen konnte. Dona Marta schwankte mit dem ganzen Körper. Sie stützte sich auf den verwirrten Doktor Bernardo und sprach. Mit vor Hass funkelnden Augen starrte sie mich an und sagte, du warst es, der mich geschlagen hat. Sie sagte es noch einmal, du warst es, der mich geschlagen hat, du Ausgeburt der Hölle.

Dona Leopoldina, die Hysterikerin von der Blutpfütze, stand ärgerlich auf, als sagte sie, ich hab euch gewarnt, ich hab' euch gewarnt. Ich weiß nicht, was ihr in den Kopf gekommen war, jedenfalls flatterte sie auf mich zu, erregte im Saal eine allgemeine Hysterie, so dass ein paar Alte ängstlich hinausliefen, während andere bestürzt hereinkamen und wissen wollten, was passiert war. Dona Leopoldina zog zeternd über alles und jeden her, nicht einmal Doktor Bernardo konnte sie zur Ruhe bringen. Dona Marta, deren Schütteln sich nicht beruhigen wollte, da ihr die Gedanken noch weniger Halt gaben als der Körper, hielt den Brief fest umklammert und drückte ihn ans Herz, als flöße er ihr durch die Brust unendliches Leid und zugleich Glück ein.

10 Zu kleine Augen, um etwas so Großes zu sehen

Es kränkte mich tief, dass dieser Cristiano Silva bei den glücklichen Alten eingezogen war. Es kränkte mich, als wenn mich eine Plage verfolgte. Nein, schlimmer noch. Es kränkte mich, als wenn ich die Nacht von damals noch einmal durchlebte, jene pervers groteske Nacht, in der ich mich fühlte, als wollte man sich über mich und Lauras Tod lustig machen. Der sprechende Papagei, der mich im schlimmsten Moment meines Lebens gepeinigt hatte, war gekommen, um auch meinen Tod zur Posse zu machen. Doch an diesem Tag trat er in mein Zimmer und sagte, in uns allen gibt es eine fehlerhafte Seite. Daran ist nichts zu ändern, es gibt sie, und ab und zu gewinnt sie die Oberhand. Ich schaute durchs Fenster und blickte auf die im Garten vorbeiradelnden Kinder. Ich sagte, als ich das erste Mal hier war, wollte man mir einreden, das Glück bestehe in diesen vorbeiradelnden Kindern, als würde es einem neuen Bewohner dieses Zimmers genügen festzustellen, dass immer noch Menschen geboren werden und dass es immer noch jemanden gibt, der am Anfang steht. Ich aber, Senhor Cristiano, ich bin ein Romantiker, und man lernt nicht von heute auf morgen, ohne Liebe zu leben. Wie man es von mir erwartete. Was hätte ich denn Ihrer Meinung nach tun sollen? Hierherkommen, den Kindern zuschauen und mich glücklich fühlen? Das gibt es nicht. Sosehr ich es mir wünschte, und ich habe mir diese Ruhe tatsächlich gewünscht, doch unser Kopf versinkt in den Knochen, und wie es aussieht, macht er alles kaputt. Ich habe nachts ins Dunkel gestarrt, und ich hätte schwören können, dass Raben und Geier zum Fenster hereinflogen und mir das Fleisch von den Knochen hackten. Wenn ich dann ganz verwirrt und in Panik aufsprang, hatte ich das Gefühl, ich wäre nirgendwo, ich war nur noch die personifizierte Beobachtungsgabe, um zu sehen, was sich hier abspielte. Verstehen Sie? Ich war nur ein Schauen, eine Sichtweise. In diesem Moment fiel mir alles aus der Hand. Ich strengte mich an, die Kontrolle über mich wiederzuerlangen, aber nichts gehorchte mir, weil nichts der trügerischen Logik meines Kopfes folgte. Senhor Pereira kam in mein Zimmer und fragte, wie es mir gehe, und ich hatte feuchte Augen und wusste nicht, ob ich wieder einmal wie eine verpetzte Memme losheulen sollte. Senhor Pereira sagte, das war jetzt aber wirklich eine Überraschung, aber alle glauben noch, dass es eine Erklärung gibt. Ich antwortete, es war drei Uhr früh, ich hatte einen Albtraum gehabt. Ich musste ihr etwas sagen, ich weiß nicht mal mehr genau, was. Aber sie verstand nicht, sie erschrak, und danach erschrak ich. Ich wollte nur, dass sie still war. Sie wollte nämlich schreien, und ich hatte Angst.

Das Leben hier ist eher schwierig als einfach. Was soll das heißen?, fragte Senhor Pereira. In Wirklichkeit ist das Leben immer eher schwierig als einfach, denken Sie nur an die Maschine, die der Körper ist, und wie sie Tag und Nacht arbeitet, um Ihnen all diese Abenteuer zu erlauben. Das ist eine Komplikation. Anísio meinte, es gebe für alles eine Lösung. Wir würden wieder alle in Frieden leben, weil Dona Marta nicht einmal zu erklären wüsste, was damals geschehen sei, und es gebe keinen größeren Beweis als das aufrichtige Bekenntnis zu meinem Irresein.

Dona Marta machte im Sprechzimmer Doktor Bernardos den Umschlag auf und sagte immer wieder, das sei von ihrem Mann, ihrem Liebsten. Das ist von ihm, das ist von meinem Mann. Er hatte bestimmt viel zu tun, wissen Sie, ich habe im Haus alles in Unordnung zurückgelassen. Man hat mir keine Zeit gelassen, und weil wir Felder und Vieh haben, macht es Arbeit, dafür zu sorgen. Doktor Bernardo, mein Mann ist gut für mich, weil er ein starker Mann ist, und jünger als ich, und darum sorgt er für das, wofür ich nicht mehr sorgen konnte. Doktor Bernardo sagte, Dona Marta, denken Sie nicht mehr an das Vieh oder an das ungewaschene Geschirr, das Sie in der Küche stehen lassen haben, das ist jetzt nicht mehr Ihr Problem. Sie blieb dabei, also hören Sie mal, Doktor Bernardo, so etwas aus Ihrem Mund? Sollte ich denn wollen, dass in meinem Haus Chaos ist, damit die Leute sagen, dass ich eine Schlampe bin? Er ließ nicht ab, aber es gibt jemanden, der daran denkt, Dona Marta, es gibt jemanden, der daran denkt und es tut. Ihre einzige Aufgabe ist jetzt, glücklich zu sein und das Leben zu genießen. Sie stockte plötzlich. Sie schien zu stutzen und starrte den Arzt an. In einer Hand hielt sie den schon offenen Umschlag, in der anderen den Brief und schaute immer noch unverwandt auf Doktor Bernardos Gesicht. Dann sagte sie, die Leute hier genießen nichts. Ich muss an mein Haus denken und wie hübsch es jetzt bestimmt ist, das war es immer. Wenn ich nämlich bedenke, was es bedeutet, hier zu sein, würde ich mich am liebsten auf die Erde legen, um zu sterben, das sage ich Ihnen. Américo kniete vor der Frau nieder und versuchte, sie zu beruhigen. Er zeigte das geradlinige Lächeln, das schon die Ruhestellung seines Mundes war, und wir hofften, dass es einen guten Instinkt in ihm bedeutete. Schließlich auch einen Spiegel der Metapher für das Ich-weiß-nicht-was, das die Seele ist. Den Spiegel der Seele, ohne Vermittlungen. Absolut natürlich. Sie bat ihn, lies mir den Brief vor, Junge, lies, ich habe meine Brille nicht dabei, und ich kann nichts erkennen. Was schreibt er? Sagt er, dass er mich besuchen kommt?

Warum bist du hierhergekommen und erzählst mir das, Américo? Ich dachte, Sie wollten es wissen, Senhor Silva. Ja, ich wollte es unbedingt wissen. Und ich bin da, um es Ihnen zu erzählen. Danke. Haben Sie keine Angst, Dona Marta erzählt wirres Zeug, und ich habe nicht den Eindruck, dass sie irgendwas gegen Sie vorbringen wird. Ich fragte wieder, warum bist du hierhergekommen und erzählst mir das, Américo? Er schlug die Augen nieder, wirkte hilflos und angestrengt, starrte auf den Boden und antwortete nicht. Es gab etwas zu antworten, das er für sich behielt. Danach sagte er mir, es wäre ihm nur so vorgekommen. Es war gewissermaßen ein Wunsch, mehr als eine Pflicht. Vielleicht. Ich ergänzte, vielleicht ein Freundschaftsdienst. Er wies das beinahe zurück, aber nicht direkt, um nicht grob zu wirken. Er sagte lieber, er verstehe, dass ich verwirrt war, als ich zu den glücklichen Alten kam. Ich dankte ihm noch einmal und bat ihn um Entschuldigung, weil ich dazu beitrüge, dass er noch trauriger werde. Er sagte, es wär nichts. Das ginge schon vorbei. Er lief auf den Korridor, er wollte sehen, ob das Leben zur Normalität zurückkehrte.

In dem Brief stand nur, dass seine Liebe zu ihr grenzenlos sei und dass er eine Zeitlang daran gehindert worden sei, von sich hören zu lassen. Drei Jahre. In ihrer Verwirrtheit wusste sie wohl nicht mehr, wie viel Zeit das war. Doch nun seien die Hindernisse überwunden, und Dona Marta werde jede Woche Liebesbriefe bekommen. Um mein Herz abzutöten, sollte Dona Marta allwöchentlich Liebesbriefe bekommen, und sie würde mich fortan mit demselben Hass behandeln, mit dem sie mich bei Erwachen aus ihrem autistischen Zustand behandelt hatte. Sie sah mich, sie wünschte mir den Tod, und dann versteckte sie sich auf dem Hof, ganz nah bei den buntesten Blumen, um die zuckersüßen Worte zu lesen, die ich stundenlang ausprobiert hatte, um sie ihr zu schicken. Um mein Herz abzutöten, ließ ich die Frau all das über die Liebe lesen, was ich lieber hätte vergessen müssen.

Doktor Bernardo ließ mich wieder zu sich rufen und begann damit, er sei überrascht darüber, wie wir meinen ersten Jahrestag bei den glücklichen Alten begangen hätten. Ich schwieg, weil ich mich so tief in meinem Leben schämte wie noch nie. Ich empfand die Scham eines unartigen Kindes, das mutwillig etwas getan hat, was nach einer strengen Lektion verlangt, damit es ihm hilft, groß zu werden. Und ich wurde nicht erwachsen, ich war erwachsen gewesen. Darum war die Lage für mich noch schwerer zu ertragen, und ich fand kein einziges vernünftiges Wort, das mir geholfen hätte, leichter zu atmen. Zum Glück war Doktor Bernardo nicht allzu streng zu mir. In diesem Ereignis lag etwas Schicksalhaftes. Die Alte hatte wieder gesprochen, und obwohl sie nun noch weiter von der Wirklichkeit entfernt war, fühlte sie sich glücklicher als je zuvor, und auch ich änderte mich gründlich in dieser ganzen Zeit. Ich hatte die ursprüngliche Unbekümmertheit verloren und wurde ein zuverlässiger Bewohner. So ist es nicht, Senhor Silva. Ich blickte nicht hoch, antwortete nicht, wusste nicht, was ich mit Recht antworten konnte.

Sie müssten ein Gläubiger sein, sagte Anísio. Wo alles bei Ihnen so gut läuft, sollten Sie Gott danken. Wir waren nicht in lustiger Stimmung, aber ich lächelte aus Sympathie. Eine Sympathie, die aus tiefer Enttäuschung kam. Ich antwortete, ich lege mich ein bisschen hin, ich bin müde. Und der europäische Silva hielt mich zurück, er sagte, Freund Silva, flüchten Sie sich nicht davor, flüchten Sie sich nicht vor uns, bleiben Sie hier, wir machen ein bisschen Jux, und das entspannt sich gleich. Dona Leopoldina lief an uns vorbei, und als sie uns wie eine Herde bösartiger Bestien verschwörerisch zusammenstehen sah, stieß sie ihren Schrei aus: Es lebe Porto, und das genügte, dass uns kollektives Gelächter überwältigte. Der europäische Silva sagte, das ist spitze, he, Freund Silva, das ist spitze. Anísio brüllte, he, Senhor Pereira, kommen Sie her, kommen Sie her, Sie haben schon was Schönes verpasst. Senhor Pereira kam und fragte, was denn? Ihr guckt ganz schön blöde. Ich antwortete, setzen Sie sich zu uns, Senhor Pereira, Sie wissen ja, dass die Neuigkeiten alle hier passieren.

Senhor Pereira setzte sich zu uns, lächelte kurz und sagte, es freut mich, Sie so fröhlich zu sehen, denn das Leben ist kurz. Mich beeindruckte diese Fürsorglichkeit. Es war sehr großmütig, mir so etwas zu sagen, wo ich doch ein verbitterter, liebloser Alter war. Ich bin bestimmt rot geworden. Ich fühlte mich wie ein Weichei und bin bestimmt rot geworden. Ich gab nicht einmal eine Antwort. Ich ließ zu, dass sich der europäische Silva in das Gelärme einmischte und dem Gespräch eine andere Richtung gab. Wir sprachen schlecht von der Kirche, auf die hatten wir uns eingeschossen. Senhor Pereira fragte, sind wir immer noch bei dieser Geschichte, massakrieren wir immer noch Anísio? Ich sagte, er meint, ich müsste ein Gläubiger sein. Ho, ho, Anísio da Silva Franco, da trauen Sie sich ja was. Denken Sie dran, der da reißt der Heiligen Jungfrau von Fátima die Täubchen ab und brät sie erbarmungslos in der Pfanne. Ich entgegnete, mein Mariechen ist ein gutes Mädel, ich mag es nicht, wenn die Täubchen ihr auf der Wolke lasten. Wir lachten, und Senhor Pereira drängte, also, Anísio, nun erklären Sie doch mal, woher Sie die Gewissheit nehmen, dass sich da oben über den Wolken jemand um uns kümmert.

Anísio Franco war um eine schnelle, pfiffige Antwort nie verlegen. Von wegen. Zunächst erklärte er uns, er unterscheide sehr genau zwischen Kirche und Glauben. Er meinte, dass die Kirche eine Mafia von Interessengruppen sei. Der europäische Silva unterbrach ihn und sagte, ein paar Arschlöcher sind das, die Kirche ist eine Institution mit einem fetten Wanst, die es sich auf dem Platz neben Salazar bequem gemacht hatte. Wie immer, sagte Anísio, stets auf der Seite der Unterdrücker, die ganze Logik der Kirche beruht nämlich auf Unterdrückung. Eine andere Sprache kennt sie nicht. Und Senhor Pereira sagte dazu, so ist es auch nicht gut. Das sagte er, weil es ihm ein bisschen peinlich war, dass er an den lieben Gott glaubte und heimlich ein paar Messen besuchte. Wir wussten Bescheid. Senhor Pereira ging manchmal zur Messe, als würde er vor unseren Augen sündigen. Was für ein Revolutionär. Der europäische Silva sagte, bei dieser ganzen Scheiße bin ich ein gottverfluchter Kommunist. Ich lachte. Langsam verrauchte meine Wut, dass er mich Kommunist genannt und mich so mir nichts dir nichts in eine Schublade gesteckt hatte, wie man nichts, und niemanden in eine Schublade stecken darf. Anísio erklärte weiter, es gebe genug Wunder in der Welt, dass wir denken könnten, über uns wache Gott. Doch der Mensch sei so klein, dass es schwierig sei, die Größe solchen Geschehens zu sehen. Das sei so, als hätten wir zu kleine Augen, um etwas so Großes zu sehen. Was für eine komische Vorstellung, dass, was die Augen sahen, nicht ihrer Größe entsprach. Also, Anísio, dass Sie an den lieben Gott glauben, finde ich sogar ganz hübsch, aber dass Sie so glauben, mit so vielen Einbildungen, das finde ich geradezu blöd. Senhor Pereira bekannte, es sei etwas tief Inneres zu glauben, und es lasse sich nicht erklären, das fühle man nur. Der europäische Silva protestierte mit einem Lachen. Er meinte, wenn man fühle, dass es Gott gebe, sei das so, als fühlten wir, dass wir jemanden liebten und unser ganzes Leben glaubten, diese Liebe werde erwidert, um später zu entdecken, dass der andere nur aus Trägheit und Bequemlichkeit mit uns zusammen war. Wenn man etwas fühle, was es nicht gebe, sei das gewissermaßen Sehnsucht nach uns selbst. Vieles sei nur Sehnsucht. Viele Gefühle. Das ist wie ich Ihnen sage. Wissen Sie, auch wenn wir uns nach der ruhigen Zeit zurücksehnen, die vor der Revolution war. Also, Senhor Cristiano, Sie wollen doch nicht etwa wieder vom alten Regime reden. Das nicht, aber es ist wichtig, an diese Geschichten zu denken, antwortete er. Wir hier sind alle Faschisten. In unseren Köpfen steckt ein unüberwindlicher Faschismus, wenn wir meinen, früher sei es gut gewesen. Das ist der übriggebliebene Faschismus, der von der Sehnsucht nach der Vergangenheit herrührt. Wissen Sie, wenn wir meinen, Salazar würde aufräumen und der Jugend Ordnung beibringen, so ist das natürlich, weil wir nämlich Angst haben vor der neuen Zeit. Es ist nicht unsere Zeit, und wir müssen uns verteidigen. Wenn wir sagen, früher sei die gute alte Zeit gewesen, hängen wir nur unseren wehmütigen Erinnerungen nach, wir wollen eigentlich sagen, früher waren wir jung und dachten, die Welt würde uns gehören, und wir hatten keine Rückenschmerzen und kein Rheuma. Das ist eine wehmütige Erinnerung an uns selbst, nicht unbedingt an das Regime, und noch weniger an Salazar. Ich hörte meinem Nachbarn Silva zu und wusste nicht, was ich denken sollte. In einem Augenblick nannte er uns Kommunisten, und im nächsten waren wir gleich Faschisten. Ich fragte, macht das gute Menschen aus uns? Er freute sich, natürlich sind wir gute Menschen, Senhor Silva, wir sind nicht von Natur aus mit irgendeiner Politik verseucht, wir haben ein bisschen von allem, aber hauptsächlich haben wir Sehnsucht nach früher, weil wir alt sind, und als wir jung waren, waren wir so stark und voller Hoffnung, dass es uns von vielem kurierte. Der Faschismus der Gutmenschen. Was sagen Sie?, fragte Senhor Pereira. Der Faschismus der Gutmenschen. Davon gibt es hier reichlich. Er tut fast keinem mehr weh, und er soll auch keinem mehr schaden. Aber er ist ein Gefühl, das sich still in uns versteckt, weil wir wissen, dass es ihn vielleicht nicht geben dürfte. Aber es gibt ihn, weil die Vergangenheit in diesem Sinne stärker ist als wir. Wer wir waren, wird für immer in dem enthalten sein, der wir sind, so sehr wir uns auch ändern mögen oder Neues erlernen.

Anísio, Sie lässt man ja gar nicht mehr zu Wort kommen, wie sollen Sie da erklären, warum Sie an Gott glauben und ob er irgendwann zu Ihnen gesprochen hat. Anísio wehrte mit den Händen ab, um seine Gleichgültigkeit zu bekunden, und sagte, ihr seid alle verrückt. Ich werde mich hier nicht aus dem Fenster lehnen, damit ihr euch über mich lustig macht. Wir lachten alle, und die Sonne war an diesem Spätnachmittag unglaublich wärmend. Oder vielleicht hatte ich mich erst jetzt genügend beruhigt, um zu merken, dass es ein herrlicher Tag war. Wir schwiegen eine Weile, mit Gott oder ohne Gott, unter dem wunderbaren Licht, das uns so gut tat wie Pflanzen. Ich lächelte in mich hinein. Es war ein Festmahl des Lichts.

Danach besichtigten wir Anísios Zimmer, und es stimmte, es war mit vielerlei Heiligtümern vollgestopft, die an allen Seiten hinunterpurzelten. Es machte ihm wenig aus, dass wir den fehlenden Platz und diese weit aufgerissenen Augen kritisierten, die uns mit Haut und Haaren auffraßen. Es waren Antiquitäten. Künstlerisch sehr wertvolle Figuren, die er während seines ganzen Lebens erworben hatte. Beinahe hätte man ihm untersagt, so viel Plunder ins Heim mitzubringen, aber es waren ja Heilige, und der Glaube ist immer ein Aushängeschild der Heime, unseres konnte da keine Ausnahme machen. Ein Heim mit speziellen Bindungen an das Göttliche bietet bessere Gewähr im Seelenhandel. Anísio kümmerte sich mit größter Aufmerksamkeit um seine Statuetten, damit keine hinunterfiel oder im Gespräch verächtlich gemacht wurde. Wir fanden das amüsant und respektierten seinen Raum, indem wir uns ruhig verhielten, in einer Reihe auf dem Bett saßen wie auf einer Bank, um einen Film zu sehen. Was für Typen. Wir vier dort alle zusammen, wir waren wie aus einer Komödie von früher.

Als uns der europäische Silva davon erzählte, dass wir Faschisten und gleichzeitig Kommunisten wären, versetzte ich mich in frühere Zeiten und hatte manches vor Augen. Ich kam auch zu dem Ergebnis, dass uns der größte Teil dessen, woran wir glauben, Angst macht, und das veranlasst uns, den Mund zu halten. Ich erinnerte mich gut an das, was er mir in der Nacht damals gesagt hatte, als ich ihn kennenlernte, dass wir alle frei seien und die fürchterlichsten Grausamkeiten denken dürften. Was uns nicht daran hindere, dass die Gesellschaft gute Menschen in uns sehe und dass wir würdevoll wie die besten Familienväter auf die Straße gingen. Ein Mensch solle nach seinen Taten beurteilt werden, und es komme wenig darauf an, ob er wie ein Weib bei sich zu Hause an den lieben Gott glaubt oder ob er sich als echter Kerl mit den Gangstern zusammentut, egal, ob mit der Kirche verbrüdert oder mit der Regierung. Wir seien alle gleichermaßen Bürger derselben Sache. Mit den wie Antennen ausgefahrenen Überlebensinstinkten vorankommen. Das sei die zuverlässige Ausstrahlung, die Propaganda, auf die wir nicht verzichten dürften, überleben, uns und die Unsrigen absichern und sich bis in den Tod hinein einen Weg bahnen. Das sei der mögliche Wesenskern des Glücks, durchhalten, solange es geht.

11 Der vor Metaphysik überschäumende Esteves

Die Inspektoren der Kriminalpolizei tauchten wieder auf. Wegen des Brandes, den wir im Haus gehabt hatten, machten sie finstere Gesichter. Der Tod von drei Menschen, selbst wenn sie nur auf das Nichts wartende Körper waren, war immer noch etwas Ernstes. Ich ging auf Senhor Pereira los, he, Mann, warum haben Sie mir das eingeredet, dass Raum freigemacht werden müsste? Sie haben mir den Hals unter die Guillotine gelegt. Er hieß mich, ruhig zu bleiben. Anísio fragte, was hat er Ihnen eingeredet? Darüber?, fragte er, über den Brand? Was wissen Sie, Senhor Pereira? Anísio, halten Sie lieber den Mund, hier treiben sich Polizisten herum, und ich will keinen Schlamassel. Und ich fügte hinzu, noch dazu waren Sie einer derjenigen, die damals mit dabei waren, wir wissen nicht mal genau, ob Sie da nicht reingezogen werden können. Ihn beunruhigte das Gespräch, und ich brachte mich in meilenweiter Entfernung vor den Beamten in Sicherheit. Ich hatte nicht das geringste Interesse, gefragt zu werden, was ich ein paar Wochen zuvor gesagt hatte. Dann liefen wir auf den Hof hinaus, doch wir kamen nicht so einfach davon. Einer von ihnen erkannte mich, dieses Arschloch, obwohl es schon ewig her war, und er sagte mir gleich guten Tag. Wir antworteten im Chor, damit sich niemand verriet. Er sah mich an, gerade mich, und fragte noch, Sie hatten mir etwas gesagt, ich weiß bloß nicht mehr, was. Wie erschrocken klappte mir die Kinnlade runter. Er blieb hartnäckig, Sie haben mit uns gesprochen und uns etwas gesagt, erinnern Sie sich nicht? Der andere Beamte trat heran und stellte sich neben ihn. Er wartete darauf, dass ich etwas sagte, ich antwortete aber nicht. Ich riss bloß den Mund auf, ohne ein Wort herauszubringen. Er fragte, fühlen Sie sich nicht wohl? Ich antwortete, wenn ich bitte ein Glas Wasser bekommen könnte. Der zweite Beamte drängte den anderen beiseite, und ich hörte, wie er meinte, das sind alte Leute, die sagen nichts Brauchbares mehr, lass sie in Ruhe. Sie gingen in den Saal. Senhor Pereira fragte mich, haben Sie Durst? Ich sagte, jetzt habe ich welchen. Anísio lächelte und sagte, für etwas ist es ja gut, dass wir alt sind, wir stellen uns dumm, und sie können uns mal. Wir lachten leise, als hielten wir uns für oberschlau. Dann kam der europäische Silva und erklärte, Dona Leopoldina habe die Nase voll von diesen Männern, und sie habe gleich vorneweg gesagt, sie wüsste überhaupt nichts von einer Blutpfütze. Das war eine Glanzleistung, diese blöde, böse Alte drehte der Kriminalpolizei eine Nase. Und sie redeten auf Doktor Bernardo ein, er möge doch bitte schön ein vernünftiges Gespräch mit den Heiminsassen zustande bringen. Er wiegelte ab, es sei doch schon so viel Zeit vergangen, und die Leute hier seien wegen ihres Alters vergesslich, und es sei nur natürlich, dass sie mehr vergäßen als Jüngere. Senhor Pereira stieß mich an, als wolle er zum Ausdruck bringen, was wahr ist, ist wahr. Es stimmte, die glücklichen Alten waren daran interessiert, die loszuwerden, die gestorben waren, die nur noch an Maschinen angeschlossen waren und durch Schläuche ernährt wurden. Ich verlor die Geduld. Ich wusste nicht, ob ich sie anbrüllen sollte, damit sie endlich die Augen öffneten. Eines Tages, dachte ich, sortieren sie auch uns noch aus, um uns endgültig auszuräuchern.

Und Dona Leopoldina kam auf den Hof, und Senhor Pereira rief sie herbei und fragte sie, ob sie sich an unserem Vorhaben beteilige, diese zudringlichen Kerle zu verscheuchen. Sie aber hatte mit uns nichts am Hut und lehnte unser Freundschaftsangebot ab. Lassen Sie sich behandeln, lassen Sie sich behandeln, Sie Ferkel! Wir lachten, und sie kratzte sich immerzu am Hintern. Der Abend kühlte endlich ab, und das Heim geriet in eine widersinnig lebhafte Stimmung. Diese Alte bekommt noch Schwielen an den Händen vom ständigen Kratzen, sagte Anísio. He, Dona Leopoldina, lassen Sie die Sauerei, Sie sind wirklich ziemlich säuisch, rief er ihr zu. Was für ein Tohuwabohu! Die Polizisten und alle kamen angelaufen und wollten sehen, was da auf dem Hof los war. Alle bedrängten nun einander und sehnten sich nach einer energischen Tat. Ein paar lachten, hüstelten und hielten es fast nicht mehr aus, während Dona Leopoldina bei ihrer unappetitlichen Nummer blieb, und eigentlich wollten alle sie nur anstacheln, auf einen Schelmen anderthalbe zu setzen. Américo kam auf den Hof und schaute etwas dämlich aus der Wäsche, weil er seinen Augen nicht trauen wollte. He, Dona Leopoldina, rief er, haben Sie endgültig den Verstand verloren, was haben Sie bloß getrunken? Senhor Pereira antwortete, sie ist in Senhor Silva hier verliebt, das ist es, und prompt paradiert sie an ihm vorbei und zeigt sich in ihrer ganzen Pracht. Donnerwetter, die Alte schien geradezu Feuer aus den geblähten Nüstern zu sprühen. Plötzlich rang sie nach Luft, und es sah ganz so aus, als würden ihr ihre Wutanfälle gleich den Garaus machen. Ich hatte schon Angst, sie würde ihre albernen Späßchen noch so weit treiben, dass sie am Ende alle viere von sich streckte. Américo rannte zu ihr, packte sie und hielt sie fest. Mit der Hand fächelte sie sich Luft zu und wurde plötzlich vor Scham ganz rot im Gesicht. Nun lachten auch die Polizisten und tuschelten miteinander. Dass sie immer noch da waren, machte mir fast nichts mehr aus. Fast, nicht ganz, denn ich war schon drauf und dran, mich abzuducken, damit sie mich nicht mit noch mehr Fragen löcherten und womöglich in meinem griesgrämigen Wesen den Grund für die Schlechtigkeiten fänden, die uns die Wirklichkeit verderben. Blödmänner die, dachte ich, sehen grad so aus wie welche, die hinter jedes Geheimnis kommen. Fragt sich nur, ob man in einer Welt verschüchterter Alter mit ihren verworrenen Vorstellungen wirklich weiterkommt.

Inzwischen hatte Mythos Esteves seinen hundertsten Geburtstag hinter sich. Schon seit einiger Zeit sahen wir ihn nur noch selten. Seit man ihn aus seinem Zimmer geschoben hatte, hatte er sich zurückgezogen und beteiligte sich nicht mehr an Gesprächen. Er war vergnatzt. Sie hatten ihn in eines der Zimmer im Obergeschoss verlegt, mit Blick auf die Toten und mit einer Topfpflanze als Bettnachbarn, Senhor Medeiros. Der Ärmste war eine Reliquie des Heims, seit Jahrhunderten in seinem Schweigen vergraben. Man wusste nicht, was er wohl denken mochte den ganzen Tag, alle Tage, wenn er, auf der linken Schulter liegend, die Augen fest auf die Eingangstür richtete, als wolle er das Jenseits oder eigentlich gar nichts mehr sehen. Wir gingen hoch, um es uns anschauen, und verstanden, welche Welten die trennten, die wie wir noch in den Zimmern auf der Gartenseite wohnten, und die, die ans Ende des Korridors abgeschoben waren, wofür Senhor Medeiros ein typisches Beispiel war. Américo sagte, kriegt keinen Schreck, kommt rein. Der hier bekommt nichts mehr mit, sein Gehirn ist ausgeknipst, er sieht vermutlich alles so, als hätte er ein paar nette Zigaretten geraucht. Ich glaubte das nicht. In seinen Augen stand Wasser, Wasser, das sie immerfort tränen ließ, und er richtete die Augen auf den, der gerade eintrat. Er bewegte nicht den Kopf und krümmte nicht einmal einen Finger, der ganze Körper war abgeschaltet, seine Augen aber folgten uns nach und fixierten sogar unseren eigenen Blick. Ich hatte den Eindruck, dass er in seinem Innern eingesperrt war, ohne Bewegung und Stimme, und dass die Zeit so auf die schlimmste Art verrann, ganz langsam. Es war allzu langsam, unmöglich, dass er nicht litt und nicht durch Schicksalswut und Rachedurst verbitterte. Senhor Pereira fragte, wie isst er eigentlich? Américo antwortete, durch die Schläuche, Senhor Pereira, durch die Schläuche. Und Esteves war da, er machte den Weg frei, damit wir hereinkommen konnten, und käute innerlich den Kummer darüber wieder, dass man ihn nicht mit jemand anders zusammengelegt hatte und dass er den Kindern nicht mehr zusehen konnte. Das hier ist für Leute, die den letzten Sprung springen sollen, und dann schlafen wir dort, wo man es haben will. Américo widersprach, sagen Sie doch nicht so etwas, Senhor Esteves, die Fenster lassen sich gar nicht öffnen, und das Zimmer hier ist sogar besser als die anderen, es hat mehr Platz. Sie haben bloß das Pech, dass Senhor Medeiros keinen Mucks sagt, die anderen Gäste schwatzen miteinander, und die Zeit vergeht schneller, so dass ich ihnen manchmal sogar sagen muss, sie sollen still sein. Esteves setzte sich ans Kopfende seines Betts und protestierte weiter, aber ich wollte nicht, dass die Zeit vergeht, im Gegenteil, ich wollte, dass sie nicht vergeht. Was macht es einem Mann von hundert Jahren aus, dass die Zeit vergeht? Mir kommt es darauf an, dass sie nicht hartnäckig weiter vergeht, sondern ruhig bleibt, die verfluchte Zeit. Und dass sie mich meine Runden drehen und mich noch die Dinge sehen lässt, die zum Leben gehören, hier sieht man ja nur noch, was zum Tod gehört. Wir überwanden uns, uns ebenfalls hinzusetzen, und Esteves tat uns leid, er hatte ja nur zu recht. Es war absurd gewesen, ihn hierherzuverlegen. Womöglich hatten sie es satt, darauf zu warten, dass er sich auf diese immer noch heitere und überhaupt nicht dringende Art aus dem Leben verabschiedete. Ein Kerl, der auf diese Weise alt wird, ist eine harte Geduldsprobe. Es muss jemanden geben, der ihn erträgt, weil er sich nie mehr genau festlegen lässt. Der Tod legt alles fest, natürlich. Er machte ein böses Gesicht, und Américo fiel die Aufgabe zu, das Haus zu verteidigen. Er sagte, das sei eine Frage der Gewohnheit. Bald werde er sich dort besser fühlen als irgendwo anders. Esteves sagte, ja, natürlich, wenn die Leute erst mal tot sind, gewöhnen sie sich schnell daran. Da geht es Knall auf Fall, da gibt es keine Wahl, und man wird selbst ausgewählt. Esteves sagte, dass schon viel Zeit vergangen sei und dies bedeute eine Missachtung seines hundertsten Geburtstags. Ein so schönes Datum, ein so großer Sieg seines Geistes über das Leben, und die glücklichen Alten muteten ihm die Beleidigung zu, ihn in der Friedhofsgalerie einzuquartieren, damit er sich überzeugen ließ, schneller das Feld zu räumen. Wir mussten an Esteves' Geburtstag zurückdenken. An den unglaublichen Geburtstag des unmetaphysischen João da Silva Esteves, und wir kamen aus dem Staunen über den glanzvollen Jahrestag gar nicht mehr heraus. Ein Kuchen musste gebacken werden, ein Lied gesungen, und sogar umarmt musste er werden, dieser Freund Fernando Pessoas, ein lebender Vers des kostbarsten portugiesischen Gedichts. Wir werden etwas unternehmen für dich, João, wir werden etwas unternehmen für dich.

Esteves stand nicht auf. Er blieb am Kopfende seines Betts sitzen und wartete darauf, dass auch wir uns alle beruhigten. Américo blieb bei mir, beide warteten wir darauf, dass er damit herausrückte, was er uns sagen wollte, und er erklärte, ich habe Angst, mit Senhor Medeiros allein hier im Zimmer zu bleiben. Ich weiß, dass er einem leidtun kann, und ich würde ihm nur zu gern helfen, aber mich erschrecken seine angstvollen Augen, habt ihr schon gesehen, wie die voller Angst sind? Américo sagte, Senhor Esteves, sie sind müde, die Augen. Esteves machte eine Handbewegung, er wollte nicht unterbrochen werden. Was mich aufregt, das ist nachts, spät nachts, wenn eine Stille herrscht, als wäre da nichts, und die Tür ist geschlossen, damit aus dem Korridor kein Licht hereinkommt und wir nicht merken, ob die Schwester draußen rumläuft, weil jemand versorgt werden muss. In so einem Augenblick ist es am schlimmsten, wenn er ein bisschen stöhnt. Er stöhnt ganz leise, als wäre sein Körper ein tiefer Brunnen und er befände sich ganz unten und versuchte, nach oben zu kommen. Plötzlich seufzt er. Ein ganz schwacher, todtrauriger Seufzer, wahrscheinlich atmet man so, wenn man aus dieser Tiefe heraufgekommen ist. Als würde er sich drinnen in seinem Körper festklammern, um nicht abzustürzen. Um in seinem eigenen Körper hochzuklettern. Ein paarmal bin ich aufgestanden, habe die kleine Lampe hier angemacht, bin zu ihm gegangen und habe ihn angesehen. Ich schwöre, der Mann hat sich fast bewegt. Er hat mich so eindringlich angestarrt, dass ich wusste, er strengt sich an, um mir etwas mitzuteilen. Ich habe ihm noch ein paarmal gesagt, dass alles in Ordnung ist. Er wollte sich unbedingt bewegen. Immer, wenn ich aufstand und um sein Bett herumging, um zu meinem eigenen zurückzukehren, sah ich, dass seine Augen mich noch bohrender verfolgten, so als bäten sie mich, nicht seinen Gesichtskreis zu verlassen. Esteves rückte ein Stück zurück und fühlte sich ein wenig erleichtert. Er hoffte, dass ihm irgendetwas half, dass ich ihm half. Das ist schrecklich, ich sage euch, dieser Mann lebt in einem ständigen Horror, und ich habe Angst, weil ich nicht verstehe, was er will und was ich für ihn und für mich tun kann, ich werde verrückt, wenn ich hierbleibe.

Als ich Senhor Medeiros zum ersten Mal sah, kam es mir vor wie eine Ironie des Schicksals, das Zimmer mit ihm zu teilen. Er war der völlig unmetaphysische Medeiros. Verstehen Sie? Scheinbar geschieht nichts mit ihm. Er ist jenseits von Gut und Böse, und nur noch die Zeit geht ihn was an. Aber dann habe ich gemerkt, dass das nicht stimmte. Dass in so einer Topfpflanze noch genug Metaphysik für viele nächtliche Agonien steckt. Es regt mich auf, hier mit ihm eingesperrt zu sein und zuzusehen, wie er zugrunde geht, und ich weiß nicht, was zum Teufel ich tun oder denken soll. Ich bin älter als er. Ich bin älter als er und kann immer noch Arsch und Hose unterscheiden. Was meint ihr? Wenn das keine Gewalt im Alter ist! Das ist Gewalt im Alter. Wisst ihr, warum? Weil der Körper unser Feind ist. Weil es der Körper ist, der uns angreift. Wir haben es am Ende mit dem schrecklichsten Tier zu tun, dem Tier in uns, mit der Bestie, die wir selber sind. Die entscheidet, dass der Moment gekommen ist, in dem unsere Sinne allmählich abgeschaltet werden, und die entscheidet, wie und wann wir welchen Schmerz oder welchen Wahnsinn erleiden müssen. Ich bin nämlich hundert Jahre alt, ich könnte fast euer Vater sein, und ich sage euch eins, alt sein heißt, gegen den Körper zu leben. Die widerliche Bestie, die wir sind und die uns nicht mehr erträgt. Die Gewalt im Alter.

Unser völlig metaphysischer Esteves war im Überalter. Er setzte sich an den Tisch mit ein paar Alten rund um ihn und sah, dass ein weißer, schöner Kuchen auf ihn wartete. Er lächelte. Er freute sich. Es war nicht viel nötig, und man musste auch kein großes Brimborium machen. Eine kleine Aufmerksamkeit genügte, um ihn von dem hässlichen Gedanken abzubringen, man wolle ihn loswerden. Wichtig war das Gefühl, dass man ihn hier immer noch sehr gern hatte, dass ihn viele von uns liebten, über die albernen Gespräche hinaus. Wir mochten ihn. Ich lehnte mich bei Anísio an und wollte ein Stück Kuchen essen, und wir wollten nicht reden. Offenkundig staunten wir immer noch sprachlos über das Wunder, eine solche Persönlichkeit unter uns zu haben. Immer noch staunten wir, als wäre es ein unglaubliches Wunder, dass João Esteves einmal in Lissabon gelebt und den Tabakladen Alves' mit einer solchen Selbstverständlichkeit besucht hatte, dass er mit Fug und Recht in ein Gedicht von Fernando Pessoa gehörte. Anísio sagte schließlich, was für ein verdammter Glückspilz. Wir lachten nicht mal. Wir waren sprachlos und ließen uns einfach von dieser unheimlich phantastischen Geschichte mitreißen.

Der andere Silva stellte sich auf die Zehenspitzen und wollte, dass wir ein Lied anstimmten. Américo bat, es solle ganz leise sein, in einem Altenheim durfte man schließlich keinen Lärm machen, aber der andere Silva sagte, auf geht's, singen und lachen wir. Alle wurden unruhig, und Esteves wusste nicht recht, was er sagen sollte. Er wartete darauf, dass alle wieder gingen und er den Kuchen anschneiden und sich von der Überraschung erholen konnte. Hören Sie mal, Freund Esteves, sagte Senhor Pereira zu ihm, Sie glauben doch nicht, dass wir kein Fest für Sie ausrichten? Sie kennen offenbar die Freunde nicht, die Sie hier haben. Dann stimmte der europäische Silva das Geburtstagslied an, und begeistert vom gutmütigen Lächeln des wunderbaren Esteves sangen alle mit. Doktor Bernardo kam, gesellte sich zu uns, klatschte in die Hände und benahm sich, als wüsste er nicht, dass man in Altenheimen keinen Lärm machen durfte. Darum sangen wir nun alle lauter, klatschten kräftiger in die Hände und feierten so fröhlich wie möglich die hundert Jahre von Esteves' tiefer Metaphysik. Hundert Jahre, ein Jahrhundert, Donnerwetter, ein Mann, der ein ganzes Jahrhundert hinter sich hat. Was für ein Biest von Körper, nicht zu fassen. Es gab dort keinen Feind. Darüber mussten wir uns Sorgen machen, er aber, er gerade, nicht.

12 Das Loblied auf das schöne Leben als armer Schlucker

Dienstag, fünfter September neunzehnhundertsiebenundsechzig. Wenige Minuten vor Ladenschluss, als ich bereits den Boden gefegt und das Licht ausgeschaltet hatte, stürzte ein verängstigter Mann herein und starrte mich an. Ich hätte irgendwie reagieren können, hätte denken können, dass es ein Überfall sei, dass er mich womöglich umbringen wollte, dass er ein Böser war. Wenn die einen die Guten sind, müssen andere die Bösen sein, so linear war das Denken, das man den Portugiesen verkaufte. Doch der Mann schien genauso wenig zu wissen, was er tun oder sagen sollte, wie ich. Er starrte mich keuchend an, mit Schrecken in den Augen wie ein Flüchtender. Ich hätte irgendwie reagieren können. Ich hätte ihn hinauswerfen können, hätte voller Angst um Hilfe rufen können oder hätte ihn fragen können, was er bei mir suchte. Und er hätte es vielleicht zwischen den mühsamen, krampfhaften Atemzügen erklären können. Hätte mir vielleicht erklärt, warum er an diesem Dienstagabend kurz vor Feierabend in meinen Laden gestürzt war.

Ich sah den Mann an, der stumm vor Angst vor mir stand, zeigte ihm die Hinterkammer des Frisörladens, wo Besen und alte Lappen, Eimer und anderer Kram verstaut waren. Sofort schlüpfte der Mann hinein und hockte sich wortlos hin. Er brachte auch dort kein Wort heraus und versuchte, seinen schweren Atem zu beruhigen. Sekunden später, nur wenige kurze Sekunden später, erreichten die schrecklichen Bestien diesen Teil der Straße. Sie sahen sich überall um und hielten die Nase in die Luft. Ich setzte mir meinen Hut auf und trat auf die Straße. Nur eine Stufe. Mit einem Fuß war ich auf der Straße, der andere war noch in der Luft, wie in plötzlicher Zeitlupe, und der angsteinflößende Mann mit blauen Augen fragte mich, Sie machen um diese Zeit Feierabend? Ich sagte, guten Abend, Senhor. Sein Benehmen wurde dadurch nicht besser. Er fragte noch einmal, machen Sie immer um diese Zeit Feierabend? Ich antwortete, ja, es ist sechs. Ich blieb stehen. Ich hatte den Hut abgenommen und hielt ihn an die Brust. An der Tür nebenan, um sechs Uhr drei, trat Senhor Feliciano auf die Straße, mit einer Bewegung, die der meinen haargenau glich. Wenn ich den Frisörladen schloss, schloss er die Schusterei. Ich sagte, dann bis morgen, Feliciano! Er sagte, gute Nacht, Freund António, bis morgen! Der PIDE-Mann schnaubte und fragte ihn, Sie gehen schon? Ich drehte den Schlüssel um. Ich drehte den Schlüssel um, damit ich weiter davon entfernt war, meinen Laden noch einmal zu betreten. Ich drehte den Schlüssel mit einem kaum wahrnehmbaren Zittern der Finger um, mit großer Angst, und tat einen Schritt. Der PIDE-Mann musterte mich wieder. Ich verabschiedete mich, gute Nacht, Senhor. Er antwortete, gute Nacht, als hätte ich ihn fast schon überzeugt, diesen Widerling. Dann ging ein Ruck durch ihn, und er rief, warten Sie! Ich blieb stehen, drehte mich um und sah ihn fragend an, und? Sie haben hier nicht zufällig ein gefährliches Subjekt davonlaufen sehen? Ein gefährliches Subjekt, wiederholte er, da ich schwieg. Nein, Senhor, reagierte ich endlich, ich hab niemanden gesehen. Seit fünf ist es ruhig auf der Straße. Ich habe niemanden gesehen, nein, Senhor. Eine Sekunde, bevor es zu spät gewesen wäre, verabschiedete ich mich wieder mit einer schwach angedeuteten Verbeugung von ihm und wandte mich ab. Eine Sekunde, bevor mein Gesicht rot anlief. Ich machte ein paar Schritte, er sagte nichts mehr, und ich konnte um die Ecke biegen und nach Hause gehen, ohne dass ich mich noch einmal umgesehen hätte. Ein Jahrzehnt früher hätte mir dafür die nötige Courage gefehlt. Man hätte mich allzu leicht durchschauen können, und ich hätte nicht einmal eine Münze versteckt, von der ich nicht wusste, woher sie stammte. Niemals aber hätte ich gar, mit seinem ganzen Wert, einen Menschen versteckt! Dieser Wert war, wo ich selbst doch so schwach in allem und stets schutzlos gewesen war, zu groß, als dass ich ihn hätte beurteilen können. In meinem Frisörladen saß, über sein, nun aber auch über mein Schicksal wachend, noch der Mann auf der Flucht. Ein viel jüngerer Mann als ich, der sich keineswegs an die Diktatur gewöhnt hatte und sie unterminierte, so gut er konnte, hier und da eine Bresche schlagend, damit wenigstens bekannt wurde, dass das Volk unzufrieden und sterbenskrank war. Das war das Schlimmste, was man tun konnte, denn was Salazars Estado novo am wenigsten vertrug, war Widerstand. Die Manifestation einer abweichenden Idee als Zeichen unserer Anstrengung, nicht immer nur mit der Masse mitzulaufen. Ich hatte schon seit geraumer Zeit zu Laura gesagt, dass man uns einen Maulkorb verpasste, weil der Diktator glaubte, dass er schon wüsste, was gut für uns ist. Komm, kleiner Portugiese, bleib hübsch ruhig in deiner Ecke, zum Denken bin ich da, schließlich bin ich gelehrt und Doktor. Er hielt uns tatsächlich alle für lammfromme Dummköpfe, die brav die Lobeshymnen singen, und keine Widerrede! Salazar glaubte wirklich, schlimmstenfalls wären alle wie ich, in erster Linie Familienvater, dessen größte Rebellion darin bestand, sich von der Kirche loszusagen, und selbst das ganz diskret, nur so weit wie möglich. Denn die Kinder hatte ich taufen lassen und meine Proteste runtergeschluckt. Wer damals nicht getauft war, war in der Gesellschaft schlecht angesehen und wurde bei unzähligen Gelegenheiten zurückgesetzt. Wir ließen den Kopf der Kinder nass machen in der Kirche, weil sie keine Schwierigkeiten kriegen sollten. Überzeugt davon, dass sie, wenn sie wollten, das Wasser auf dem Kopf später abtrocknen könnten, und das haben sie schließlich ja auch getan.

Ich kam nach Hause und tat, als wäre nichts geschehen. Zu Laura sagte ich kein Wort über die Sache. Sie war in ihrem Herzen menschlich genug, um zu verstehen, was ich getan hatte, doch die schon am Tisch sitzenden Kinder waren noch so klein und verlangten so nach Sicherheit und Unterhalt, dass sie immer überängstlich und vorsichtig bei allem war. Ihr wäre lieber gewesen, da bin ich mir sicher, wir wären immer auf Nummer sicher gegangen. Das war ihre

Art, an der Welt teilzuhaben. Nie anecken. Keine Unordnung dulden oder gar selber stiften. Darum mochte sie auch nicht, wenn ich mit ihr über Politik diskutierte. Über Politik sollte zu Hause nicht gesprochen werden. Wir sollten uns an Gedichten, Folklore und Fados erfreuen, sonntags wollte sie mit mir spazieren gehen und mit den langsam groß werdenden Kindern spielen, so war unser Leben, bloß nicht die Haifische reizen, die uns beißen konnten. Verliebt, wie ich war, ließ ich mich erweichen und riskierte nichts, weil ich ihre Vorsicht durchaus achtete, diese mütterliche Klugheit, die die Familie in den Mittelpunkt stellte. Dabei ließ ich es zu, dass die Gesellschaft unter diesem Geflecht ehrbarer, auf den Schein bedachter Familien vor sich hin faulte und alle einer sozialen Gehirnwäsche unterworfen waren, mit dem Blaustift wurde unterstrichen, worauf es ankäme in der Welt, und das sollten wir hochschätzen. Oh, Ruhm und Ehre Salazar, wie ungeheuer groß die Brücken waren und wie lang die Straßen, wie hübsch die Kindchen waren bei ihren Leibesübungen und beim Singen patriotischer Lieder. Wir waren wie ein großes Legoland, arme Schlucker, aber außen und innen schön sauber gewaschen, damit wir gehorchten. Freut euch des Lebens, meine Landsleute, es ist in unserer Heimat kein Unglück, arm zu sein, sang die große Amália in ihren Fados, denn da ist Brot und Wein im portugiesischen Heim, wie auch bescheidener Komfort und Zärtlichkeit im Überfluss, und sie, die nach Frankreich flog, um sich neue Kleider zu kaufen, in den Boutiquen shoppte, in denen sich die Hollywood-Stars einkleideten, sie behängte sich mit dicken Klunkern und hat sogar Brasilien und Spanien gesehen, sie war dafür da, dass wir sie liebten und fest daran glaubten, wie gut wir zu Hause aufgehoben seien, was für so gute Menschen wir alle seien, ja, wirklich. Und ich, ich bete Amália tatsächlich immer noch an und höre sie, bis mir die Tränen kommen, wenn es sein muss. Wenn ich ein einziges portugiesisches Menschlein auswählen sollte, das ins Paradies kommen dürfte, würde ich vielleicht wollen, dass sie es wäre, damit diese Stimme tatsächlich für immer erklinge. Die größte Stimme des Unglücks und der Täuschung der Portugiesen. Schade, dass es kein Paradies gibt und dass es keine Amália mehr gibt und dass es hier mehr als genug Unglück und Täuschung gegeben hat.

Ich konnte die ganze Nacht damals nicht schlafen, ich dachte daran, wie der versteckte Mann darauf wartete, dass ich unbemerkt zurückkehren würde. In der Nacht konnte ich nicht hin. Was wäre, wenn mir die PIDE-Leute auflauerten?, und was würde Laura sagen? Oder sollte ich sie glauben machen, ich hätte etwas im Laden vergessen? Wo doch alles, was dort war, dort auch bleiben musste. Es gab keinen Vorwand, unter dem ich noch mal auf die Straße gehen könnte. Die ganze Nacht ging mir durch den Kopf, was wäre, wenn der Kerl dümmer wäre, als er aussah, und versuchen würde, vorzeitig auszureißen. Er konnte die Tür aufbrechen oder nach einem Schlüssel suchen oder, noch schlimmer, er konnte ein Fenster einschlagen, um seine Haut zu retten, damit aber unbestreitbar mich ans Messer liefern. Die ganze Nacht grübelte ich, bis ich dann am Morgen zur normalen Zeit meinen Laden betreten konnte, wie wenn nichts wäre, und den Hut ablegte, als ob nichts wäre, und in die Abstellkammer ging, wie wenn nichts wäre, und den Mann still, dankbar und ruhiger vor mir sah, nur mit dem Blick eines Menschen, der geschwächt war und zu essen und zu trinken brauchte. Ich sagte guten Morgen. Mit einem guten Morgen begrüßte ich jemanden, der für das Regime ein Verbrecher war, und besiegelte damit ein Verbrechen, das nun auch ich beging. Ich half dem Teufel. Natürlich war ich erschrocken über mich. Aber wenigstens einmal, wenigstens dort, würde ich über den erbärmlichen Zustand des rückgratlosen Menschen hinauskommen, der ich gewesen war, und würde die in mich gesetzten Erwartungen übertreffen. Einen Stolz entwickeln, mehr als nur Portugiese zu sein, nicht nur für die Portugiesen dazusein, sondern für die Menschen, für alle Menschen, die naturgemäß auf die verschiedenste Weise denken können, und nur so sollte es sein.

Er war tatsächlich noch ein junger Mann. Er war einundzwanzig und wusste vielleicht noch nicht so recht, was das Leben war oder sein sollte. Ich hätte es ihm nicht erklären können. Eher war ich mit der Zeit von allem enttäuscht, als dass ich Wahlmöglichkeiten gesehen oder für mich selbst den Platz für ein sinnvolles Leben gefunden hätte. Insbesondere wusste ich, dass alles um mich zunehmend verblasste und zur Bürde wurde, die mich dazu brachte, mich immer tiefer einzugraben und keinen Widerstand mehr zu leisten.

Ich fragte ihn, und wie willst du jetzt fliehen? Er sagte, die wissen nicht, wer ich bin. Sie haben mein Gesicht nicht gesehen. Ich gehe nach Hause. Ich will studieren. Ich schwieg, und er setzte hinzu, es kommt hier wirklich bald zur Explosion. Man hat ein Mädchen ermordet, wussten Sie das?, fragte er. Die bringen immer mehr Menschen um, aber bald knallt es hier. Das Volk muss frei sein, Senhor, das Volk muss Frieden haben. Und ich sagte ihm, ich schneide dir jetzt die Haare. Du gehst hier mit neuer Frisur und neuem Gesicht raus. Wer dich rauskommen sieht, wird wissen, warum du so früh am Morgen hier warst. Zum Haareschneiden, sagte er. Wie die Beatles. Ich mache dir eine Frisur wie die Beatles, damit du lernst, mich nicht wieder zu erschrecken. Er setzte sich auf einen Stuhl, und ich schaltete das normale Licht an. Ein gewöhnlicher Tag begann. Ein Tag wie jeder andere. Er war Beatles-Fan. Er wollte hinaus in die Welt. Sich angucken, wie es woanders war. Wir waren noch allein, und ich konnte ihn fragen, glaubst du, das bricht hier zusammen? Er lächelte, das bricht bald zusammen. Ich machte das Radio an und sehnte mich mit Riesenungeduld danach, dass das hier zusammenbricht, selbst wenn ich dann mit leeren Händen dastehen würde und vieles überdenken müsste, um wieder auf die Beine zu kommen.

Vielleicht habe ich dem Jungen damals das Leben gerettet. Ich habe ihn danach noch oft gesehen, als er seinen Doktor machte, vorsichtiger geworden in seinem Widerstand gegen die Kriminalpolizei. Er kam zum Haareschneiden, und wenn Gelegenheit war, redete er mir mit antifaschistischer Propaganda die Ohren heiß. Ich hatte ihm verboten, mit einem Flugblatt anzukommen, das ihn oder mich belasten könnte, oder dergleichen Broschüre, Buch oder was auch immer. Eine typische Laura-Feigheit, an die Kinder und die Zukunft zu denken. Zutiefst dankbar für meine Hilfe, hielt er sich gewissenhaft daran. Später blies er mir die Ohren unmittelbar mit der Propaganda voll. Er erzählte mir, wie sie sich alle die Köpfe zerbrachen, und ich war froh zu wissen, dass es Leute gab mit weniger Angst und weniger Verpflichtungen als ich, die etwas taten, damit sich die Dinge änderten. Er sagte, Senhor Silva, irgendwann werden Sie noch aufhören, Faschist zu sein. Ich sagte ihm, halt den Mund, psst, bist du verrückt, Junge, so was gibt's hier nicht, wir sind Humanisten und wollen für alle das Beste, sag solchen Blödsinn nicht laut. Mit einem Lachen erwiderte er, hätten alle Faschisten so ein butterweiches Herz wie Senhor Silva, wäre das alles viel erträglicher, und nach ein paar Gesprächen hätte sogar der Diktator tief bewegt ein Einsehen.

Es war das erste Mal, dass mich jemand im gewissen Sinne einen guten Faschisten genannt hatte. Oder genauer gesagt, jemand hatte mich einen guten Menschen genannt, der zufällig Faschist sei. Ich hatte noch nicht die geistige Freiheit, ihm zu sagen, dass ich tatsächlich für die Menschen bin, und wenn es nach mir ginge, sollte man alle Politiker nehmen, dazu alles, was ein Volk politisiert, wie auch alles, was die Macht verkörpert, sowie alle, die Macht haben, und samt und sonders in die Grube treten, weil, das Leben hat mich so viel gekostet, dass keiner der Sonntagsredner es schönreden kann, und keiner von denen hat mir auch nur die kleinste Rechnung bezahlt. Ich hatte die schönen Worte satt. Ich hatte sie satt bis obenhin.

Er hat ein Stimmchen wie ein Pfaffe, der am Ersticken ist, fast so wie ein kleines Mädchen, und nur in einem Land mit einem Volk, das sich von Fátima die Augen verbinden lässt, nimmt man so etwas hin. Ist Ihnen das auch schon aufgefallen?, fragte mich der Junge, er hat das Stimmchen von einem Hosenscheißer, der weiß, dass er mit Hosenscheißern spricht. Als sie auf dieses präpotente Kalb hörten, haben die verfluchten Portugiesen die Männlichkeit mit Füßen getreten. Ach, Senhor Silva, haben Sie von dem schon mal eine vernünftige Rede gehört? Die Reden von dem hören sich an, als würde er eine Messe lesen. Wenn wir bei ihm nicht beten müssen, dann nur, weil ihm daran gelegen ist, dass auch die Kirche ihr Scherflein dazu beiträgt. Er ist ein Genie, und seit die Pfarrer auf ihren Hühnerstangen sitzen, die ihnen garantieren, dass sie dick und fett werden, sind sie immer glücklich. Kann es für die Pfarrer eine bessere Rede geben als ein Loblied auf das schöne Leben als armer Schlucker? Ein Loblied auf das schöne Leben als armer Schlucker. Die perfekte Ehe. Der Politiker, der ein Herz hat für die armen Schlucker und dafür sorgt, dass sie arme Schlucker bleiben, und die Kirche, die ein Herz hat für die armen Schlucker und dafür sorgt, dass sie arme Schlucker bleiben. Aber sowohl der Politiker als auch die Kirche verstehen sich auf Pomp oder dürfen sich zumindest darauf verstehen, wenn ihnen danach ist. Eine Riesenleistung ist das nicht. Erfunden, wäre es gelogen. Niemandem würde es einfallen, sich eine solche Sauerei auszudenken. Obwohl es die blanke Wahrheit ist. Wissen Sie, Senhor Silva, der Name Salazar muss für alle Zeit mit Dreck besudelt werden. In der Zukunft muss seiner ausschließlich so gedacht werden, dass er gleichbedeutend ist mit Dreck, damit die Völker nicht vergessen, wie es kam, dass eines Tages ein Mann allein Herr über die menschlichen Freiheiten werden konnte. Damit es nie wieder geschieht, dass sich jemand für den Vater so vieler Menschen halten darf. Dieser Name muss zum Schandnamen werden. Zum Schweinenamen. Damit niemand, sei es für die Linke oder die Rechte, die Zensur neu erfindet und die Menschen verfolgt, die von Natur aus das Recht haben, frei zu sein. Ich entgegnete, sei still, Kleiner, du verschaffst mir noch einen Urlaub hinter Gittern. Sei still. Ein knochendürrer, zynischer Pfaffe ist das, ein knochendürrer Pfaffe, rief er außer Rand und Band. Da rannte ich wie eine durchgeknallte Kakerlake zum Radio, um es sicherheitshalber auf volle Lautstärke zu drehen, doch wie herrlich wäre es gewesen, ich hätte den nötigen Mut aufgebracht, selber zu brüllen, auch wenn ich übertrieben hätte und Schwachsinn vom Stapel gelassen hätte, nur um des Vergnügens willen, es sagen zu dürfen und selber beurteilen zu dürfen, was ich beurteilen will. In meinem Frisörladen. Wenigstens in meinem Frisörladen. Wenigstens bei mir zu Hause. Bei mir zu Hause und ohne Maulkorb. Er ist ein Schwein.

Es war schon nach zweiundzwanzig Uhr, als Esteves in

mein Zimmer kam. Ich schlief noch nicht, weil mir das Herz unaufhörlich sagte, dass irgendetwas im Gange war. Es war eine Vorahnung, die ich von Laura geerbt hatte. Wenn sie dachte, dass etwas nicht stimmte, konnte sie ihre Gedanken nicht mehr davon losreißen, und sie grübelte ganze Stunden darüber nach, in der Hoffnung, es herauszufinden, bis sie vor Erschöpfung darüber einschlief. Aber in dieser Nacht hätte Laura gesagt, siehst du, ich habe es geahnt! Esteves klopfte nämlich leise an die Tür und öffnete sie. Ich machte die Lampe an und erkannte ihn, wobei ich beinahe schon vorher wusste, wer es war. Menschenskind, Esteves, was ist los mit Ihnen? Er lehnte die Tür an, kam zu mir und setzte sich an den Bettrand. Er war müde und dem Weinen nahe. Ich kann dort nicht schlafen. Dieser Mann stöhnt mehr als je zuvor, und ich habe schon Visionen. Ich glaube jetzt, Senhor Silva, dass es Maschinen gibt, die uns die Metaphysik rauben, wissen Sie, mein Kopf ist schon ganz durcheinander, solche Maschinen gibt es nämlich nicht, es gibt sie gar nicht. Ich hatte mich schon aufgesetzt und sah ihm in die Augen, als ich sagte, nein, Esteves, Sie sind bloß müde, Sie hatten heute Ihren hundertsten Geburtstag. Da ist es nur natürlich, dass Sie müde sind. Er erklärte, anscheinend will man mir die Metaphysik rauben, damit man mich dann begraben kann, ganz wie es dem Gedicht entspricht, verstehen Sie? Damit man mich zwingt, Fernando Pessoa zu respektieren. Bei der Entscheidung zwischen mir und dem großen Dichter wird man natürlich dem anderen den Vorrang geben. Ich kann nur verlieren. Was werden die Leute später sagen, wenn sie herausfinden, dass der unmetaphysische Esteves eigentlich voller Metaphysik war? Für einen Dichter ist es eine Schande, wenn er gelogen und meinen Charakter vorschnell beurteilt hat. Sie wollen mich als Statue benutzen. Sie rauben mir die Metaphysik, bekleckern mich mit Zement und stellen mich vor das Café A Brasileira, damit mich die Touristen fotografieren können, und ich werde an nichts denken, ich werde ruhig bleiben und mich gut benehmen, so wie sie es haben wollen. Ich sagte, nein, aber nein doch, Esteves, so etwas gibt es nicht, und es gibt auch nicht solche Maschinen, und Figuren stellt man nicht so her, indem man auf die Haut der Menschen etwas draufmacht. Er betonte noch mal, die Haut der Toten, zuerst rauben sie mir die Metaphysik, dann töten sie mich, und erst zum Schluss machen sie die Figur, durch die Touristen bringt das viel Geld, Fernando Pessoa sitzt da schon, haben Sie das nicht gesehen?, er sitzt auf einer Bank, und die Leute setzen sich alle zu ihm, lassen sich mit ihm fotografieren und wissen nicht, dass man ihn umgebracht hat, um ihn da hinzustellen. Ich will nicht jemand sein, verstehen Sie, Senhor Silva, ich will niemandem bekannt sein, ich will in Ruhe gelassen werde, wenn ich sterbe. Und ich sagte ihm, ach, Esteves, niemand wird Sie jemals stören, alle haben Sie gern. Und keiner will Sie umbringen. Und er schüttelte den Kopf und sagte, Medeiros hat heute gewimmert, du Hurensohn, stirb, du Hurensohn. Senhor Silva, Medeiros hat gestöhnt und gesprochen, er hat richtig gesprochen, du Hurensohn, du wirst sterben, du Hurensohn, stirb, und eine ganze Weile ging das so weiter. Er gibt keine Ruhe. Ich, ich gerate ganz durcheinander und kann nicht klar denken, und so ist es leichter, dass sie mir etwas antun, wozu sie vielleicht Lust haben, und wenn ich dann ohne Bewusstsein bin, kommt es bestimmt dazu, dass sie mich umbringen. Sie werden mich umbringen, Senhor Silva, bald werden sie mich umbringen.

Ich würde nie zu ihm hochgehen, um etwas nachzuprüfen. Es machte mir Angst, dass der andere mit dem bohrenden Blick fluchte. Nicht auch noch das. Das hieße ja, dem Tod ins Gesicht zu schauen, wie er mit uns sprach, und so, so wollten wir ihn nicht haben. Schreckenerregend. Ich rückte sofort in eine Ecke des schmalen Bettes, rutschte ans Ende und lehnte schon beinahe an der Wand. Ich sagte, legen Sie sich hier hin, Esteves, legen Sie sich hin. Wir wollen schlafen. Esteves äußerte sich nicht dazu, zögerte aber auch nicht. Er streckte sich aus, teilte die Spitzen des Kopfkissens mit mir, und plötzlich rührte er sich nicht mehr und verstummte, als wäre er gekommen, um von seiner Mutter, seinem Vater in den Arm genommen zu werden, als wäre er ein Kind und fürchtete sich vor der Dunkelheit. Ich zog die Bettdecken zurecht, dass sie für uns beide reichten und dass wir so bequem wie möglich lagen.

Als Américo die Tür aufmachte, um mich zu wecken und die Fensterläden zurückzuklappen, erstarrte er, weil er erkannte, dass wir, ich und Esteves, uns durch unsere Schlafposition gewissermaßen umarmten. Ich schlug die Augen auf und sah sein Erstaunen. Dann lächelte er, nachdem er ein paar Tausendstelsekunden lang tausend Gedanken gedacht hatte. Er lächelte, und in seiner Haltung lag etwas Gutmütiges, es gab keinen Grund, uns zu tadeln oder so zu tun, als ob es etwas auszusetzen gäbe. Er klappte die Fensterläden zurück und sagte erst danach etwas, wir wollen mal sehen, wie die Nacht gewesen ist, haben Sie gut geschlafen? Esteves wachte auf und wirkte etwas verwirrt, er setzte sich aufs Bett und blickte mich misstrauisch an. Dann lachte er. Wir lachten alle drei. Wir hatten einen prächtigen Tagesanbruch. Esteves hatte seinen hundertsten Geburtstag hinter sich und erwachte mit einem Lachen. Fernando Pessoa würde nichts Besseres für ihn tun. Ich war über dieses wunderbare Ereignis so begeistert wie Américo. Ja, in dieser Welt geschehen phantastische Dinge, die Erfindungsgabe der Wirklichkeit ist wahnwitzig. Wunderbar wahnwitzig.

Senhor Cristiano, sagte ich, wenn ich Ihnen von dieser Sache erzähle, so deshalb, weil Sie nicht denken sollen, dass ich keinen klaren Kopf habe, und auch, weil ich mich manchmal ärgere über Sie. Wichtig ist aber, dass Sie wissen, ich bin nicht so einfältig. Er lächelte und war für diese Aufrichtigkeit gewissermaßen dankbar. Vor ein paar Stunden hatten wir uns darüber unterhalten, ob man jemanden aufnehmen und beschützen sollte, und jetzt sprachen wir leise darüber, dass Esteves in meinem Zimmer geschlafen hatte, und dann dachte ich noch daran zurück, wie ich den jungen Studenten versteckt hatte, und wie er meinen Zorn gegen das Regime angestachelt hatte. Der europäische Silva provozierte mich ständig, er schien darin ein besonderes Vergnügen entdeckt zu haben. Aber an diesem Morgen, als er herumfuchtelte und sein übliches Theater veranstaltete, gab ihm Anísio eine Antwort, ach, Senhor Cristiano, wenn Sie nicht ruhiger werden, werden Sie am Ende ganz allein sein, Sie sind ziemlich aufgeregt. Das Blut kocht in Ihnen. Senhor Pereira hatte Mitgefühl mit ihm und setzte hinzu, Sie haben lateinisches Blut, Sie gehören zu denen, die es sich schwermachen im Leben. Ich war müde, ich hatte nicht so gut geschlafen, weil ich das Bett mit Esteves geteilt hatte, und ich wollte mich vor dem Mittagessen noch etwas hinlegen.

Mitten auf der Treppe erfuhr ich die entsetzliche Neuigkeit.

13 Die Maschine, die dem Menschen die Metaphysik raubt

Der Tod von João da Silva Esteves, dem ruhmreichen Esteves voller Metaphysik, war ein harter Schlag. Doktor Bernardo sagte, er sei glücklich gestorben. Esteves hatte sich im Sprechzimmer kurz hingelegt, um sich mit dem Doktor zu unterhalten, erzählte ihm ganz entspannt die blödsinnigen Träume der letzten Nacht, stockte bei einem Satz, und da war er schon tot. Überrascht hatte Doktor Bernardo ihn gebeten, ach, Senhor Esteves, bringen Sie doch den Satz zu Ende, was wollten Sie gerade sagen? Und bemerkte erst danach, dass der andere, mitten in einer Geschichte, die ihn amüsierte, wie von einem Zauber berührt, steckengeblieben war. Er war auf unglaubliche Weise, schon ohne zu atmen, angespannt geblieben, tot. Doktor Bernardo kam zu mir und erzählte, Esteves habe sich genau an die verrückten Albträume der letzten Nacht erinnert, er habe über die Maschine gelacht, mit der man dem Menschen die Metaphysik rauben konnte, und gemeint, ich sei ein Engel von ihm. Senhor Silva, Esteves sagte mir, Sie seien ein Engel von ihm. Und ich, der bis dahin todtraurig geschwiegen hatte, sagte erst jetzt, Doktor, Sie wissen, dieser Mann ist einer der besten Verse Fernando Pessoas. Dieser Mann ist die Problematik unserer Dichtung. Seine Langlebigkeit war ein lange währender Marsch gegen die Niederlage.

João Esteves hatte Doktor Bernardo erzählt, er hätte sich mit mir zusammen ins Bett gelegt, und gelacht. Stellen Sie sich vor, wie es mir ging, das kam von den Albträumen, ach, Doktor, Sie müssen mich aus dem Zimmer da rausholen. Es war, als würden, mit sonderbaren Dingen in der Hand, Bewaffnete eindringen, mich in einen Sack stecken, in dem ich kaum Atem bekam, dann nach draußen laufen und noch mehr Leute holen, die hereinkamen und irgendwelche Berechnungen anstellten, und ich bettelte nur immer wieder, sie sollten mich schlafen lassen, aber es kümmerte sie gar nicht, sie wollten bloß, dass ich gehorche und ruhig bin. Einer von ihnen begrüßte Senhor Medeiros, er kam herein und ging schnurstracks zu ihm, denn er wusste genau, wer Senhor Medeiros war, und der stöhnte auf einmal laut auf, nannte mich einen Dreckskerl, streckte ihm die Hand hin und bewegte sich und so. Ach, Doktor Bernardo, da muss ich aber lachen, ich und mich zu Senhor Silva ins Bett legen, da sehen Sie, was ein Albtraum im Kopf eines Menschen anrichtet. Nun, und ich habe solche Albträume, weil man mich in eins der Zimmer da oben gesteckt hat. Ich kann noch aufstehen, aber da ans Fenster gehen und mir den Friedhof angucken, das mag ich nicht. Doktor Bernardo antwortete, womöglich besteht die Lösung darin, Sie tatsächlich jede Nacht mit Senhor Silva zusammen schlafen zu lassen. Esteves lachte, warf den Kopf lachend nach hinten und sagte, das fände ich entzückend, hören Sie, seine Gesellschaft würde mich träumen lassen von Sachen. Mehr sagte er nicht. Vermutlich wollte er sagen: von schönen Sachen, von hübschen, ruhigen, friedlichen, stillen, glücklichen Sachen, Sachen welcher Art auch immer. Aber nein, er sagte kein Wort mehr. So blieb er, während er gerade irgendwie lächelte, er lachte sogar, und Doktor Bernardo fragte, ach, Senhor Esteves, bringen Sie den Satz zu Ende, was für Sachen denn nun, krumme Sachen? Aber der wunderbare Esteves sollte nicht mehr über diesen Witz lachen. Er konnte nicht mehr darüber lachen, dass er sich in der Nacht seines hundertsten Geburtstags im Schlaf an einen Mann geklammert hatte.

Wer würde mir jetzt glauben, wenn ich sagte, der unmetaphysische Esteves aus dem Tabakladen, den Fernando Pessoa unter dem Heteronym Álvaro de Campos geschrieben hat, habe wirklich hier gelebt? Wer würde nicht meinen, ich sei verrückt geworden, wenn kein Buch die Existenz eines solchen Mannes bestätigt? Wie ließe sich beweisen, was durch die Spontaneität und die Lebendigkeit bewiesen war, mit der er sprach? Die Einzelheiten würden verlorengehen, die winzigen Übergänge, aus denen die gut erzählte Geschichte dieser Episode mit dem Dichter bestand. Unsere Erfindungsgabe würde verarmen. Das bedeutsamste Element der Fabulierkunst der glücklichen Alten würde verlorengehen. Nun würden wir noch stärker altern und würden vergreisen, zu uninteressanten Dummköpfen ohne besonderen Wert. Nur ein Haufen morscher Knochen, der ohne jeden besonderen Ruhm die Zeit abwarten würde. Doktor Bernardo legte mir die Hand auf die Schulter, und ich setzte mich. Ich wäre umgekippt, hätte ich das nicht getan.

Diskret war Esteves schon aus dem Sprechzimmer des Direktors in die Leichenhalle des Heims geschafft worden. Wir kannten die Anweisungen. Niemand durfte die Leichenhalle betreten. Nur, wenn wir die Augen für immer zugemacht hätten, würden wir reinkommen, sagten wir gewöhnlich, erst wenn wir an der Reihe wären. Damit stand fest, dass wir unseren Freund nie wiedersehen würden. Man würde ihn in einen Sarg legen, ohne dass wir genau wüssten, wann, und irgendein Verantwortlicher würde ihn abholen und in die Familiengruft bringen. Esteves hatte noch zwei Enkel, sagte Doktor Bernardo zu mir. Das waren junge Leute aus Ponte de Lima, die sich von nun an um alles kümmern würden. Sie sind nach Ponte de Lima gezogen?, fragte ich. Ja, sie sind nach Ponte de Lima gezogen. Die Welt dreht sich. Alles dreht sich im Kreis. Auch wir.

Ich rief Senhor Pereira und sagte ihm, der Mann, mit dem Sie mich bekannt gemacht haben, ist gestorben. Esteves ist gestorben, Senhor Pereira, heute Vormittag ist Esteves gestorben, an irgend so einem Glücksanfall. Von nun an würde es nur noch so gesagt werden, dass er an einem Glücksanfall gestorben war. Er habe noch gelacht, etwas über die verrückten Träume erzählt, die er gehabt habe, und sei dann gestorben. Er behielt ein Lächeln auf den Lippen, weil er nicht einmal merkte, dass ihn der Körper mitten im Lachen abberufen hatte. Steif blieb der Leichnam dort liegen, schon ohne Esteves. Der Körper hatte ihn allein gelassen, ach, Senhor Pereira, ich weiß gar nicht mehr, was ich da rede. Beruhigen Sie sich, Senhor Silva, beruhigen Sie sich, es war ein Glück für uns, dass wir ihn kennengelernt haben, und er hatte das Glück, dass er so lange gelebt und zum Schluss noch über seine Gespenster gelacht hat. Wäre das schön, wir hätten auch einen, der uns ein solches Ende bereiten würde.

Wir gingen es allen sagen. Anísio bekreuzigte sich und begann zu beten. Und die Leute wurden alle traurig bei der Nachricht. Im Haus der glücklichen Alten waren die Leute immer in Trauer, dafür war ein Heim für bejahrte Menschen ja da.

Zu dieser Zeit kam Elisa mich besuchen. Sie merkte, um wie viel Zeit mich der Tod dieses Freundes zurückgeworfen hatte. Der Tod, sagte ich ihr, kommt wirklich von allen Seiten, er nimmt uns alles, selbst das, woran wir uns klammern, um ihm zu entfliehen. So wie die Zeit nicht linear ist, kommt der Tod nicht nur aus einer Richtung, er hält uns umzingelt. Ein Belagerungsring, der immer enger wird. Esteves war wie die Boje, die mich an der Wasseroberfläche hielt, jetzt gehe ich unter, Elisa, es ist alles zu schrecklich. Sie versuchte, mir Mut zuzusprechen, so gut sie es verstand, erfolglos. In letzter Zeit blieb ich länger im Bett liegen. Anfangs ging ich noch zu den Mahlzeiten hinunter, dann wurde ich widerspenstig und wollte, dass man mir wie den Bettlägerigen das Essen auf das Zimmer brächte. Senhor Silva, redete Américo auf mich ein, das muss doch noch nicht sein und Sie wollen es eigentlich ja auch gar nicht, seien Sie kein Dickkopf. Ich gab mir Mühe. Aber dann fing ich wieder damit an und verkroch mich unter der Bettdecke, als wäre es mir draußen zu kalt und als wolle ich nur noch schlafen. Elisa bat mich, ihr wenigstens zu erlauben, die Fensterläden zu öffnen, damit Licht reinkäme, vielleicht würde ich ja merken, dass draußen die Tage weitergingen wie immer. Ich wusste genau, was sie damit erreichen wollte. Wir sollten den Schmerz überwinden, bis uns schließlich die Tage allein durch sich selbst wertvoll genug vorkämen. Bis uns das Sonnenlicht als ein unschätzbares Geschenk erschiene und wir sähen, dass es lohnt, allein dafür zu leben, dass wir nachmittags die Photosynthese vollziehen, am besten bei einem sorglosen Gespräch mit den Nachbarn. Sie öffnete die Fensterläden, kam wieder zu mir und setzte sich auf den weißen Stuhl, den sie ans Bett geschoben hatte. Sie tätschelte mir ein paarmal den Kopf, strich mir übers Haar, und ich richtete mich ein wenig auf. Noch liegend streckte ich mich. Dann beschloss ich, mich hinzusetzen. Ich wickelte mich bis zum Hals in die Decke und sah meine Tochter an, in der die Hoffnung wieder aufkeimte, sie könnte nach Hause gehen, ohne sich traurig zu fühlen. Ich sah sie an und fragte, was meinst du, wie überzeugt man einen alten Mann wie mich vom Wert des Lebens, nachdem deine Mutter gestorben ist. Was meinst du, wie lässt sich das Leben rechtfertigen für jemanden, der über achtzig ist, wenn er die Frau verliert, die er geliebt hat und mit der er ein halbes Jahrhundert lang alles geteilt hat? Achtundvierzig Jahre. Elisa war den Tränen nahe. Sie hatte feuchte Augen, die angestrengt nach einem abstrakten Fixpunkt suchten, der sie eine Antwort auf eine Frage ohne Antwort finden ließe. Sie konnte nicht mehr tun, als mich zu bitten, am Leben zu bleiben, für sie, für ihre Kinder. Für eine andere Liebe, die weiterbestand und die man nicht geringschätzen durfte. Ich wollte, dass meine Tochter glücklich war und nicht einen Kummer ertragen musste, den ich ihr bereitete. Ich wollte, dass sie von ihrem Vater keine einzige schmerzliche Erinnerung zurückbehielt, weil dieser sie verraten, im Stich gelassen oder einfach enttäuscht hätte. Ich wollte sehr, dass es nicht mein Alter sein sollte, das die Ehe überlebt hatte, denn Laura könnte mit ihrer besonderen Standhaftigkeit besser als ich implodieren und dabei den äußeren Rahmen vollkommen wahren und unfehlbar auf die alltäglichen Appelle unserer Angehörigen reagieren. Ich wollte der pragmatische Teil des Ehepaars sein. Aber ich war der mit den Gedichten, der dümmsten und untauglichsten Seite der Gefühle, wenn auch hier und da mit so viel Phantasie und Schönheit begabt.

Der europäische Silva kam und begrüßte meine Tochter. Er sah, dass ich mich schon hingesetzt hatte, und freute sich darüber. Ihr Vater hat die Ruhe weg, ich versuche zwar, ihn auf Abwege zu bringen, aber er ist schwer zu verführen. Wir lächelten. Elisa hatte schon vor langer Zeit ein paar Worte mit dem europäischen Silva gewechselt, und sie fragte ihn gern nach mir und setzte sich für mich ein, wie es Eltern bei den Lehrerinnen ihrer Kinder tun. Senhor Cristiano, Sie müssen öfter herkommen, Sie müssen eine Möglichkeit finden, dass er nicht den Kopf von Mariechen mit verrückten Ideen vollstopft. Der europäische Silva war so viel jünger als die meisten Heiminsassen, dass er noch ein Angestellter sein könnte, jemand, der sich hier drinnen nützlich machte, und nach Elisas Vorstellung war es ein Glück, dass er sich mir aus Freundschaft angeschlossen hatte, weil ich auf ihn zählen könnte. Ich dachte daran, dass er jünger war, jetzt war er wohl siebenundsechzig. Er war ein junger Bursche, der sich noch an jedem Ort und in jeder Situation zurechtfinden konnte. Hier zu sein zeugte beinahe von Masochismus, jedenfalls von entschieden schlechtem Geschmack. Er sagte ein paar Worte zu Elisa, ich hörte zu, bis ich ihn fragte, sind Sie noch nie auf den Gedanken gekommen, dass es für Sie vielleicht doch ziemlich grausam werden kann, wenn Sie hier Jahr um Jahr bleiben und uns einen nach dem anderen sterben sehen und andere kommen werden, die Sie wahrscheinlich auch vor Ihnen sterben sehen? Wie viele können Sie noch sterben sehen? Eine Minute lang antwortete er nicht. Dann sagte er, Freund Silva, Sie vergessen, dass ich mein ganzes Leben im Krankenhaus gearbeitet habe, ich habe schon alle Möglichkeiten gesehen, wie jemand sterben kann. Ich weiß, dass Menschen sterben, teurer Freund, ich weiß, was das heißt. Ich bat ihn um Entschuldigung für die unhöfliche Frage. Entschuldigen Sie, es war keine gute Idee von mir, Sie mit diesen Gedanken zu behelligen. Es war keine gute Idee, Sie an meiner Art zu denken teilhaben zu lassen, wo ich doch wirklich schon alt bin. Mein teurer Freund ist jung, er hat mehr Widerstandskraft und muss sie haben. Ich bitte Sie um Verzeihung. Aber es war ihm nicht wichtig. Er trat näher heran und sagte, wissen Sie, was tatsächlich eine Maschine war, um den Menschen die Metaphysik zu rauben? Er fragte, hielt inne und schaute uns erwartungsvoll an, als erhoffte er eine Erklärung. Diese widerliche Diktatur. Die Diktatur wollte uns alle aushöhlen, ohne dass uns innerlich noch etwas blieb, wir sollten nur noch rein mechanisch eine Aufgabe erfüllen und die Fresse halten. Die Diktatur, Freund Silva, die Diktatur war wirklich eine schreckliche Maschine, um den Menschen die Metaphysik zu rauben. Elisa und ich lachten.

Zu dieser Zeit war Américo schon mein Komplize bei der Geschichte mit den Briefen an Dona Marta. Da ich mich immer häufiger wegen meiner Beinschmerzen kaum rühren konnte und in Weltuntergangsstimmung war, musste ich ihn für die Sache gewinnen und bitten, für mich zur Post zu gehen und eine Briefmarke aufzukleben, den Rest würde dann der Postbote schon überzeugend erledigen. Senhor Silva, Sie überraschen mich immer wieder, sagte er zu mir, als ich ihn zum ersten Mal darum bat. Sie laufen immer mit einer Miene herum, als würden Sie gleich zubeißen, und dann leisten Sie solche Samariterdienste wie die Heilige Jungfrau von Fátima höchstselbst. Er wusste, wenn er auch nur ein schlechtes Wort über Mariechen sagte, würde er es gehörig mit mir zu tun kriegen. Ich bat ihn inständig, kein Wort davon Doktor Bernardo zu erzählen. Das würde für zu viel Aufregung um meine Person sorgen, und der Direktor würde es womöglich noch irgendwann sattkriegen mit mir und mich zu Hackfleisch machen. Ich beichtete ihm, wenn ich diese Briefe schriebe, komme es mir vor, als schriebe ich über mich selbst, diese Briefe handelten von mir und hälfen mir beim Nachdenken. Sie hälfen mir, etwas zum Ausdruck zu bringen, was sich anders vermutlich gar nicht sagen ließe. Und manchmal ging es tatsächlich nicht. Aber auf der Suche nach einer Möglichkeit, unserem Herzen Luft zu machen, gab es Woche für Woche immer wieder ein Wort oder einen Satz, der dem näher kam, was wir sagen wollten und was wir schließlich auch fühlten. Er kam in meinem Zimmer vorbei, um mir Bescheid zu sagen, dass wieder ein Brief angekommen war. Der Postbote war da gewesen, und die Sache war erledigt. An diesem frühen Nachmittag war ich, wie seit Wochen, in meinem Zimmer geblieben. Auf einmal aber bekam ich Lust, Dona Marta beim Lesen dessen, was ich ihr geschrieben hatte, zuzusehen. Im Nu war ich auf den Beinen und lief nach unten. Da war sie, im Hof, wie immer bei den albernsten Blumen und mit einem Gesichtsausdruck, als stünde der allerschönste Moment bevor. Wie gewöhnlich, wenn ich sie belauerte, hielt ich mich etwas abseits. Ich setzte mich auf einen Stuhl ein paar Meter entfernt. Von dort aus hatte ich freie Sicht, um ihr Mienenspiel zu beobachten. Und ich hätte ich mich sehr wohl gefühlt, wenn nicht Anísio gekommen wäre. Froh, mich zu sehen, stieß er einen Freudenschrei aus, womit er meine Anwesenheit auf hundert Meter weit verriet. Dona Marta blickte vom Brief auf, den sie gerade lesen wollte, und sah uns. Sofort schrie sie, Sie altes Schwein, Sie Perverser, Sie Mörder! Warum lässt man Sie hier eigentlich noch frei rumlaufen? Dann drehte sie mir den Rücken zu und wirkte wie ein Kind, das allein, ohne was abzugeben, seine Schokolade aß. Nur ab und zu blickte sie sich wie ein kleiner Neidhammel um und vergewisserte sich, dass wir sie nicht beobachteten. Anísio lachte und tröstete mich, die Sonne heute darf man sich wirklich nicht entgehen lassen, wie gut sie tut, unglaublich! Ich antwortete, ich hätte heut grad mal Lust gehabt runterzukommen. Er erzählte, Sie haben ganz schön was verpasst. Gestern haben wir stundenlang über die Maschine theoretisiert, mit der sich die Metaphysik rauben lässt. Ich lächelte. Ich wusste schon, worauf er hinauswollte, mit etwas Geschick würde das für ein Gespräch von mehreren Wochen reichen. Anísio sagte noch mal, wie sehr er sich nach unseren Gesprächen zurücksehne, manchmal mache er meine Zimmertür einen Spalt weit auf und sähe mich mit geschlossenen Augen im Bett liegen, schlafen. Zwar habe er versucht, mich zu überreden, mit auf den Hof zu kommen, aber ich hätte geschlafen oder so getan als ob. Die List, gestand ich, ist die raffinierteste Waffe der Alten. Sie ist die Intelligenz in ihrem fortgeschrittensten Zustand. Dona Marta starrte uns wieder geringschätzig an, und ich sagte, iss Schokolade, kleine Schwindlerin, iss Schokolade. Ich lachte, Anísio stimmte kurz in mein Lachen ein, und wir verstummten wieder. Ich gestand ihm, ich werde nur schwer damit fertig, dass wir Esteves verloren haben. Er nickte. Ich sagte weiter, was rechtfertigt das Leben eines über achtzigjährigen Mannes, wenn er die Frau verliert, die er liebte und mit der er beinahe ein halbes Jahrhundert lang alles geteilt hat. Achtundvierzig Jahre. Anísio musterte mich und antwortete, es ist leichter, wenn wir über die Diktatur reden, Senhor Silva, und darüber, wie sehr Senhor Cristiano mit seinen Wahnvorstellungen sogar recht hat. Ich fragte, wo treibt sich dieser Hirni denn rum.

14 Nicht praktizierende Staatsbürger

In Esteves' Zimmer, wo der nachts immer so stöhnende Senhor Medeiros wohnte, kam ein Spanier rein. Der erste und einzige Spanier bei den glücklichen Alten. Es stimmt, der Typ stammte aus Badajoz und hatte schon vor über vierzig Jahren die portugiesische Staatsbürgerschaft angenommen, er hatte aber völlig den Verstand verloren und sprach außerdem mit einem Akzent, als wäre er noch keine zwei Tage von zu Hause fort. Er hieß Enrique und wirkte irgendwie so durchgeknallt, dass man in ihm nicht so sehr einen Alten sah als vielmehr einen Verrückten. Alt war er zwar auch, vor allem aber war er nicht mehr richtig im Kopf, und um ihn mit Beruhigungsmitteln vollzupumpen und am Bett festzuschnallen, wo er von Außerirdischen phantasierte, war das Zimmer mit Senhor Medeiros besser geeignet als irgendein anderes. Als er ins Heim eingeliefert wurde, schrie er aus Leibeskräften. Er brüllte, er käme aus Badajoz in Portugal, ich bin aus Badajoz in Portugal, ich kenne meine Rechte. Wenn nämlich jemand, der sich mit ihm einließ, feststellte, dass er Spanier sei, regte er sich fürchterlich auf und verlangte, dass man ihn mit Respekt behandele. Ich guckte ihn mir zusammen mit Anísio und Senhor Pereira an, als er in der Aufnahme herumtobte, wo er von Krankenwärtern und einer Frau, sicherlich seiner

Ehefrau, in einem Rollstuhl festgehalten wurde. Sie sagte zu ihm, es wird dir gutgehen hier, sie behandeln dich gut hier. Und du weißt, dass wir dich ganz doll lieb haben und dich immer besuchen kommen. Er lief rot an vor Wut, als hätte er einen Vulkan im Leib, und schrie, lasst mich in Ruhe, ich bin Portugiese, ich will frei sein in meiner Heimat. Er tobte wie wild, so sehr, dass wir ihn fast für ein Tier gehalten hätten, für alles andere als einen Menschen, und es war schwer, für ihn dasselbe Mitgefühl aufzubringen wie für jeden sonst. Dona Leopoldina kam ebenfalls zur Aufnahme herunter. Sie stellte sich vor mich hin und rief, dieser Herr hier ist nicht richtig im Kopf! Nun ersuchte uns Doktor Bernardo, wir sollten lieber wieder gehen. Wir waren so etwas wie das Galeriepublikum im Theater, und der Mann wurde noch nervöser. Wir gingen in den Saal und beobachteten die Szene lediglich durch die Glasscheiben, als Dona Leopoldina, die zurückgeblieben war, wieder sagte, er ist nervös, er ist sehr nervös. Der Spanier Enrique, der wie eine Lokomotive von früher fauchte und so bewies, wie angespannt seine Nerven waren, schrie sie an, du Hure, verschwinde hier, Hure du. Die Alte, die sich einbildete, mit ihr könne es keiner aufnehmen, starrte ihn ungläubig an. Verblüfft riss sie den großen Mund auf und antwortete, Sie Flegel, Sie sind zwar krank, aber das gibt Ihnen noch lange nicht das Recht, solche ungehobelten Manieren an den Tag zu legen. Er schrie wieder, verschwinde hier, alte Schlampe du. Sie seufzte, bei meinem seligen Mütterlein, und trippelte hinaus. Sie schämte sich so sehr, dass sie kein Worte mehr hervorbrachte, und fing an zu weinen. Der Spanier saß da wie weggetreten und schrie mehr für sich allein, er wütete bei seinem Einzug ins Heim wie eine Herde Stiere. Senhor Pereira trat an Dona Leopoldina heran und sagte, Sie haben genau solche ungehobelten Manieren, die Tränen können Sie sich sparen.

Für den Spanier Enrique aus Badajoz in Portugal war es ein grandioses Entree. Tatsächlich war es lange her, dass das Haus der glücklichen Alten einen solch glanzvollen Auftritt erlebt hatte. Wir setzten uns auf die Stühle im Hof, um das Ereignis ausgiebig zu erörtern, als könnten wir am Ende zu Esteves gehen und ihm davon berichten, aber so verging wenigstens die Zeit.

Jemand, der so sehr Portugiese sein wollte. Jemand, der mit solcher Inbrunst nach unserer Staatsangehörigkeit verlangte, wobei er alte Konflikte wiederauflodern ließ und stolz darauf war, in Badajoz geboren zu sein, in jener Stadt, die in der Vorstellung der Portugiesen Spanien schlechthin ist. Wenn wir doch alle so sein könnten, so überzeugt und ohne primitiven Stolz, nur mit der Entschlossenheit dessen beseelt, der akzeptiert, von hier zu sein und auf dieser Grundlage sein Leben aufzubauen. Wir sind ein Land von nicht praktizierenden Staatsbürgern. Wir sind noch immer ein Land von Leuten, die sich enthalten. Wie die, die zwar behaupten, sie seien Katholiken, aber die Pflichten eines Katholiken nicht erfüllen, sie kommunizieren nicht, beten nicht und hören nicht auf zu sündigen. Also, Senhor Silva, sagte mir der europäische Silva, hier laufen alle möglichen Leute rum, die nichts von der Sache verstehen. Die Unwissenheit befriedet uns. Friede ist ganz auf Unwissenheit begründet, bereit, den Menschen zum Glück zu verhelfen. Das war auch das Rezept des Regimes, genau das. Heute können wir mehr sehen, aber es will niemand sehen. Wir haben ein Volk, das Zeitungen kauft, um Belanglosigkeiten zu lesen, und noch mehr kauft es die bunten Blätter mit Klatsch und Tratsch, andere Nachrichten würde es überhaupt nicht verstehen. Daran hat sich nicht viel geändert, teure Freunde, bloß dass es kein Schamgefühl mehr gibt, früher gab es noch Schamgefühl, und jetzt kann man das Wort getrost aus dem Wörterbuch streichen. Alle lesen die Fußballzeitung A bola, und das Problem ist, dass A bola nicht einmal erklärt, warum Benfica nicht gewinnt, und dabei ist es doch geradezu widersinnig, dass eine Mannschaft mit derart breiter Unterstützung so ohne jedes Schamgefühl verliert. A bola erklärt nichts, um bei seinen Lesern Bewusstsein zu wecken. Sie kaufen A bola als Werbung für den Club, und dann reiben sie sich bei den Spielen, die sie zu sehen kriegen, verwundert die Augen, weil sie nirgendwo die Spitzenleistungen sehen, die in der Zeitung angekündigt worden sind. Wo sind sie denn, die Spitzenleistungen, wo sind sie denn? So hinkt alles ein bisschen dem hinterher, was es ist oder zu sein scheint. Wissen Sie, heutzutage kann man den Faschismus erleben wie früher, und zwar in Perfektion. Man muss nur abhängig beschäftigt sein. Das genügt, und man begreift, was das eigentlich bedeutet, friss, Vogel, oder stirb, und manchmal passiert es auch, dass es nichts zu fressen gibt, und es gibt kein oder. Schaut euch doch die Bosse von draußen mal gründlicher an! Gibt es denn einen Einzigen, dessen Herz fürs Proletariat schlägt? Kommunistische Propaganda, ich weiß. Aber nichts ist ein besserer Nährboden für kommunistische Propaganda als der kapitalistische Zirkus von heute. In diesem Kasinokapitalismus kommt kein Mensch durch Arbeit zu Reichtum, schon gar nicht zu Würde und Ansehen, nur zu einem Haufen Schulden, den viele nicht mehr loswerden. Auf wen können wir denn noch hoffen? So gern wir die Portugiesen haben, die da draußen schuften, was soll aus uns werden, wenn sie nach Hause kommen und hier einen Job haben wollen? Wo würde das hinführen? Vorbei wäre es mit den Überweisungen aus dem Ausland, und alle würden von dem essen, was es zu Hause gibt und was gut schmeckt. Sie wissen ja, wo das hinführen würde. Vorbei wäre es mit dem à la française schmeckenden Geld, und wir wären allein mit einem Euro, der nach Escudo schmeckt. Bloß das nicht wieder! In einer typisch portugiesischen Identitätskrise, wie es sie nie zuvor gegeben hat, müssten sich sogar unsere Euros für Escudos halten. Weil wir nämlich überall beschissen dran sind. Die Preise sind fast alle dieselben wie in Europa, aber verdienen tun wir dreimal weniger, einen Hungerlohn! Der Lohn ist der für Menschen zweiter Klasse. Weil unsere Regierung nicht die Klötzer in der Hose hat, A bola zu lesen. Sonst würden sie nämlich einfach befehlen, Benfica wird Meister, und basta! Aber von wegen! Die größte nationale Fußballschmiede kriegt seit Ewigkeiten nichts mehr gebacken, aber keiner tut was dagegen! Das weiß doch jeder, das ganze

Land würde sich aus der Lethargie befreien, wenn Benfica wieder Meister würde. Sechs Millionen Fans, heißt es, da müsste doch Meister Benfica die Geister wecken und dieses Land in Bewegung setzen können. Sogar A bola würde eine richtige Sportzeitung werden. Das wäre perfekt! Wenn die Leute aus dem Arsch kämen, würde die Regierung katholische Barmherzigkeit üben und den landesweiten Mindestlohn auf Werte erhöhen, von denen man leben kann. Die Kinder könnten Zahnspangen kriegen, es würde für ein Paar orthopädische Stiefel reichen und eine warme Winterjacke, wir könnten das Goldkettchen behalten, das unser Taufgeschenk war, die Autoversicherung wäre bezahlt und man müsste sich nicht mehr mit flauem Gefühl hinters Lenkrad setzen, im Kino wäre wenigstens ein Film mal keine Raubkopie, man könnte etwas essen gehen, das kein Fastfood ist, und im August könnte man ein Wochenende am Strand verbringen, ohne bei der Verwandtschaft betteln zu müssen, ob man mal in der Abstellkammer ihrer Ferienwohnung unterkommen kann, in der sie in Wirklichkeit wohnen. Wenn A bola nicht freiwillig und spontan anerkennt, dass Benfica nicht auf der Höhe seiner Träume ist, muss man zu Zwangsmaßnahmen greifen. Es muss ein Gesetz geben, das A bola verpflichtet, nur über den FC Porto zu schreiben und Porto so lange zu bejubeln, bis wir alle Porto-Fans sind, uns über Portos Siege freuen und uns bei jedem Sieg des Nord-Clubs freudig bei der Arbeit ins Zeug legen, weil seine Spieler es einwandfrei verdient haben und weil wir so das Land wieder voranbringen. Sie verstehen nicht? Das muss sein. Es hat keinen Sinn, wenn ein Land unter einem Verlierer leidet, der eigentlich zum Siegen verpflichtet ist. Das ist Masochismus. Es muss auf naive Utopien verzichten. Die ließen sich mühelos gegen andere Hypothesen austauschen, die ein perfekter Ersatz wären. Perfekt, sogar besser. Ach, Senhor Cristiano, halten Sie endlich die Luft an, Sie reden doch nur Scheiße, ich kann es nicht mehr hören. Schluss jetzt, Schluss!

Wissen Sie, was mir auf die Nerven geht, Senhor Cristiano? Dass Sie hier Predigten halten und nichts Besseres zu sagen haben, fuhr Anísios dazwischen. Was haben Sie denn zu sagen, Anísio, haben Sie mit einem einzigen Ihrer antiken Kunstwerke eine bessere Erklärung für das ganze Schlamassel? Darauf Anísio, inzwischen müssen in der Algarve sogar Hunde miauen lernen, da überlebt keiner, wenn er nicht zwei Sprachen spricht. Und ich fügte hinzu, ach, Senhor Cristiano, ich weiß manchmal überhaupt nicht, auf welcher Seite der Barrikade Sie stehen, und ich weiß auch nicht, ob das Chaos nicht nur in Ihrem leicht vergreisten Schädel existiert. Er antwortete, das mit dem Hund habe ich schon gehört, aber was nötig ist und was Sie nicht begreifen, ist, dass man den Leuten Feuer unterm Arsch machen muss. Es muss brennen, damit die Dinge in Bewegung geraten. Damit die Leute ihre staatsbürgerlichen Rechte wahrnehmen, wählen gehen, sich beteiligen, entscheiden, was man entscheiden kann. Da kam Dona Leopoldina an uns vorbeigetippelt, und dieses eine Mal blieb sie still und machte keinerlei schweinische Handbewegung. Wir lachten trotzdem.

Der soziale Abstieg und unser anspruchsloses Heim bewirkten bei allen eine große Leichtfertigkeit, als hätte zu guter Letzt nichts mehr wirklich Gewicht auf der Waagschale. Was haben Sie der Frau gegeben?, fragte Anísio. Ich habe ihr gesagt, dass sie ungehobelte Manieren hat, antwortete Senhor Pereira. Sie hat sich mit dem Spanier angelegt und hat ein paar böse Worte von ihm einstecken müssen. Sie war ganz geknickt und hat geweint, sie ist so grob im Umgang mit Menschen. Sie hat wirklich ungehobelte Manieren.

Kurze Zeit und ein paar Spritzen später hatte sich Spanier Enrique beruhigt. Er ist von roher Kraft und hat sich wie ein ganzer Mann gewehrt, sagte Senhor Pereira. Uns standen noch die Haare zu Berge wegen der Predigt an diesem Nachmittag, und wir glaubten, das Spielchen, den Portugiesen aus Badajoz auszuspionieren, würde uns die nötige Abwechslung bringen. Aber es kam nicht so. Tatsächlich waren wir eine Bande von senilen Alten, denn als wir die Zimmertür öffneten, nachdem wir Américo und den zwei Krankenschwestern der Nachmittagsschicht mit allen möglichen Tricks entwischt waren, sahen wir in Senhor Medeiros' Fischaugen und fanden in ihnen jene Verzweiflung wieder, unter der auch Esteves gelitten hatte. Beim Eintreten ins Zimmer war uns, als öffneten wir Esteves' Sarg. Das Gefühl war allzu lebendig. Allzu heftig peinigte uns das qualvolle Empfinden, von dieser letzten Form der Einsamkeit nichts zu verstehen.

In der Nacht dann, als ich größere Ruhe und sogar einen Sieg über meine Ängste erhoffte, kamen meine Albträume wieder. Meine Albträume. Abermals glaubte ich, schwarze Vögel über den Kindern kreisen zu sehen, die nach mir suchten, um meinen Körper zu zerhacken. Ich wollte fliehen, und wieder fühlte ich mich nur als Blick, der unklar zwischen den Dingen schweifte, ohne dass ich wusste, wie ich feste Gestalt annehmen könnte. Ich träumte, wie ich fliehen wollte, wie ich vor dem Hunger dieser grauenhaften Tiere zu retten suchte, was von mir übrig blieb, meine Seele vielleicht, die am Ende existieren würde, nackt, einzige Erinnerung an mein früheres Wesen. Und ich träumte, dass das Haus der glücklichen Alten in Brand geriet und dass sich der Rauch mit meiner Seele vermengte, sie zerstreute und nötigte, zum Himmelreich oder zur Hölle zu fahren. Ich träumte, nachdem die Seele ihren Körper abgelegt hätte, würde sie mir von demselben Rauch geraubt, der vor Monaten den drei bettlägerigen Alten den Tod gebracht hatte. Dann träumte ich von Senhor Pereira, der schrie, fliehen Sie, fliehen Sie, Senhor Silva, ich habe Sie gewarnt, lieber Freund! Ich wollte fliehen, doch ich fühlte nur noch, wie mich der Rauch in die tiefsten Niederungen mitriss, wo der Wind wehte, bis er zum Dachfirst emporstieg und dem freien Himmel, dem ganzen nachtschwarzen Himmel ausgesetzt war, und ich stieg auf, als stürzte ich in einen Abgrund. Was für ein fürchterlicher Taumel, wenn man den Körper verliert und den großen Räumen preisgegeben ist, ohne Schwerkraft, ohne irgendetwas.

Doktor Bernardo wollte unbedingt, dass ich mich nicht wieder in meinem Zimmer einsperrte. Das Schlimmste ist schon vorüber, sagte er. Es ist nur natürlich, wenn Sie um Senhor Esteves trauern. Ich verstehe, Sie hatten ihn sehr gern, aber Sie haben das Schlimmste schon hinter sich und müssen aktiv bleiben, hinausgehen und wie immer die Sonne genießen. Sie dürfen sich nicht den Depressionen hingeben, Senhor Silva. Wir gewinnen nichts damit, wenn wir uns den Depressionen hingeben. Einzig gut für uns ist es, einen wachen Verstand zu bewahren, dann haben wir es leichter damit. Ich fragte, womit?, was ist das, Herr Doktor, was ist das?

Es dauerte nicht lange, und Senhor Pereira und der europäische Silva wussten ebenfalls Bescheid über Dona Martas Briefe. Wenig später wussten alle, dass ich es war, der die Briefe an Dona Marta geschrieben hatte. Die einen und anderen schwiegen darüber und taten, als hielten sie treu zu mir, damit sie keiner beschuldigte, neidisch oder für das Unglück der Frau verantwortlich zu sein, doch wie ich schon vermutete, wusste auch Dona Marta selbst, dass jemand anders und nicht dieses Schwein von angetrautem Ehemann ihr die Briefe schrieb. Américo sprach mit mir darüber. Ich glaube, er war überzeugt, dass mir dieses Spiel ebenso wohltat wie der Alten. Er redete mir zu, dass ich ruhig damit weitermachen soll, und besorgte mir mehr Papier und Umschläge. Ich las ihm nun die Entwürfe immer vor, damit wir gemeinsam auf noch bessere Ideen kamen. Bei einem solchen Gespräch sagte er mir zum ersten Mal, ich müsste ein Buch schreiben. Augenblicklich ließ er die anderen von dieser Herausforderung wissen. Ach, Senhor Anísio, sagen Sie ihm, man kann kein Dichter ohne Verse sein, er muss ein paar Sachen zu Papier bringen. Und sie drängten mich, als wäre es leicht, ein Buch zu schreiben, und als könne das jeder. Sie meinten, ich sollte Gedichte schreiben, nannten als Beispiele Fernando Pessoa und Eugénio de Andrade, nahmen mich in ihre Mitte und lachten und stachelten mich noch mehr dazu auf. Dona Marta, die mich zu unserem allgemeinen Gaudi ständig beschimpfte, war an diesem Nachmittag ganz gerührt. Ihre Augen glänzten, und dann weinte sie. Die Krankenschwester, die mit ihr sprach, kam mit Gänsehaut zurück. Sie sagte, Dona Marta habe einen sehr hübschen Brief erhalten und sei sehr glücklich. Senhor Pereira bemerkte dazu, sehen Sie, Senhor Silva, Sie müssen wirklich ein paar Gedichte schreiben, damit Sie die Herzen massenhaft zum Schmelzen bringen. Zuerst dachte ich, er wollte mir sagen, das sei etwas für Feinschmecker, doch es ging ihm um ein Unternehmen im großen Maßstab, um eine Serienproduktion, was weiß ich, wie bei einem Serienkiller, aber umgedreht. Anísio, der von seinen eigenen mühseligen Schreibversuchen hin und weg war, stachelte mich ebenfalls an, wie noch ein Dummkopf oder auch ein Weiser, das wüsste ich nicht zu sagen, der selber nie an einen einzigen Vers von mir glauben würde.

Das kann Ihre Möglichkeit sein, sich als Staatsbürger einzubringen, sagte der europäische Silva. Überlegen Sie es sich gut. Wenn man ein Buch mit Gedichten hinterlässt, die dem, der sie in die Hand bekommt, für alle Zeiten etwas sagen, ist das so, als wenn man eine Stimme hinterlässt, die mit allen gut Freund ist. Denken Sie daran, was es heute bedeutet, Camões zu lesen, und wie uns das immer noch zu Herzen geht. Denken Sie daran, wie es sein wird, wenn Sie selbst etwas hinterlassen, das auch zum Volk spricht, damit das Volk Sie kennenlernt und von Ihnen und unserer Zeit angerührt wird. Also, Nachbar Silva, eine solche Begabung verpflichtet. Sie macht aus Ihnen einen Staatsbürger, der zu einem ganz besonderen Beitrag verpflichtet ist. Das ist es, was wir brauchen. Wir brauchen es, dass jeder das tut, wozu die Natur ihn befähigt hat und was der Gemeinschaft nützt. Ich antwortete, wenn ich auch nur ein Gedicht schriebe, müsste ich dafür nicht, wie Sie wahrscheinlich denken, Kommunist sein? Senhor Pereira setzte hinzu, schreiben Sie Liebesgedichte, Freund Silva, schreiben Sie Liebesgedichte, die werden immer am meisten gebraucht. Ich lächelte. Vielleicht könnte ich ja etwas schreiben. Vielleicht wollte ich ja den Menschen etwas sagen. Ich schwieg kurz und fühlte mich geschmeichelt. Dann dachte ich gründlicher nach. Wenn ich etwas schriebe, was die Menschheit an meinen Gefühlen teilhaben lassen sollte, müsste es etwas Erschreckendes sein. Ich würde der Menschheit gern einen Text hinterlassen, der sie verfluchte, es gab schon genug verlogene Texte von Hexenmeistern und Scharlatanen. Seit dem Tod meiner Laura müsste man ihnen ein Testament des Hasses hinterlassen, damit sie wenigstens aufhörten, Gott zu loben, und sich endlich einfachere und klarere Ziele stellten.

Ich schlief ein und versank in einen Albtraum, und sofort

kamen die Geier, gierig nach meinem Fleisch. Sie flogen zum Zimmer herein und zerhackten mich auf der Stelle. Kein Gedicht kann einen Menschen vor so etwas retten, und keine Metaphysik kann die Rhetorik finden, um einen Dialog mit den ungestümen, ausgehungerten fliegenden Untieren zu vermitteln. Ich weiß nicht genau, wann ich merkte, dass was von mir übrig blieb, sich schon mitten auf dem Korridor befand. Ich nahm die geringfügige Ortsveränderung wahr, wie mein Rest aus dem Zimmer verschwand, durch mehrere Türen drang und unbewusst nach jemandem suchte. In dieser Nacht hatte Dona Marta das Gesicht zur Wand gedreht. Sie schlief auf der rechten Seite, zur weißen Wand gerichtet, gab nur ganz leise Laute von sich, die nichts Böses verhießen. In dieser Nacht hatte ich ein Buch mitgenommen, ich weiß nicht mal, welches, und hatte mich lange auch nicht daran erinnert. Ich hielt ein Buch in der Hand, und die Tür war nicht verschlossen. Aber ich wollte nichts lesen, ich war nicht dort, um zu lesen. Die Vögel hatten mich ohne Körper zurückgelassen, und die Metaphysik stellte meine Identität in Frage. Wohin sollte ich gehen, was sollte aus mir werden, nachdem mich der Körper verlassen hatte, was sollte aus mir werden nach dem Tod? Ich hatte mich schon so daran gewöhnt, mir vorzustellen, was mit mir nach dem Tod wäre. Es war eine ständige Suche nach irgendeiner Transzendenz, die mir eigentlich widersprach. Die meiner Überzeugung widersprach, dass es nichts gibt, was über das Leben hinausreicht. Die schlafende Dona Marta glich einem lächerlichen Tier, das sich ums

Überleben nicht kümmert. Einem idiotischen Tier, das sich keine Sorgen machte ums Überleben und sich in seiner Schwäche den einfallsreichen Mitteln preisgab, die die Natur bereithält, um jemandem das Leben zu entreißen. Und die Natur schlug ihr ein paarmal mit dem Buch auf den Kopf. Direkt und zielsicher auf den Kopf, mehrere kräftige, wuchtige Schläge, die den Kopf der Frau ins Kissen drückten, bis er in so kurzen Sekunden zu demselben Punkt an der Wand gegenüber, genau demselben Punkt zurückkehrte. Doch das war anders, weil sie inzwischen die Augen aufgerissen hatte und nicht mehr atmete. Ihre Augen starrten reglos die Wand an, und die Lunge blieb ruhig, hatte jenen entnervenden Galopp beschwichtigt, in den die Frau verfiel, wenn sie sich aufregte oder über etwas erschrak. Ich lief in mein Zimmer zurück. Letzten Endes war es bei den glücklichen Alten irrsinnig einfach, jemanden zu ermorden. Ich würde es nicht wissen. Ich würde es nicht wissen können. Als ich am Morgen aufwachte, glaubte ich, ich hätte die ganze Nacht tief geschlafen. Das glaubte ich lange Zeit.

15 Alt im Kopf

In der Nacht zuvor hatte Senhor Pereira die Altersschwäche erreicht. Verlegen setzte er sich in den Hof und fand kein Wort der Erklärung. Anísio erbarmte sich seiner und stellte erst einmal mit der ihm eigenen Autorität Ruhe her. Wir sagten zum wiederholten Mal, wie traurig Dona Martas Tod sei, gerade jetzt, nachdem sie durch die Briefe neuen Mut gefasst habe. Das sagten wir, weil der Tod letztlich immer noch etwas weit Ernsteres ist als das Bett zu beschmutzen, die Selbständigkeit zu verlieren oder irgendeine Fähigkeit einzubüßen. Anísio sagte, dass es wirklich zu bedauern und dass Américo tief betrübt sei, weil er seine beste Briefkundin verloren habe. Senhor Pereira gab keine Antwort, er stand während unseres Gesprächs da wie jemand, der sich auf einem Platz verlaufen hat, auf dem andere Fußball spielen. Américo hatte um Dona Marta geweint. Er sah ganz zerknittert aus, und das verriet uns viel darüber, wie sehr er dieser so romantischen Frau zugetan gewesen war. Er setzte sich kurz zu uns und sagte mir, er danke mir für die Mühe, die ich mir mit den Briefen gegeben, dafür, wie ich mich dafür eingesetzt hätte, die letzten Lebensmonate dieser Frau zu verschönern. Ich konnte ihm nicht für seine Worte danken und auch keinen Stolz für mein Handeln empfinden. Ich verstand, dass ich unwürdig war, Dona Martas Tod zu betrauern, weil ich sie Monate zuvor dreimal mit der Hand geschlagen hatte, bis sie schwieg. Ich hatte kein Recht, mit den Briefen zu prahlen, wo die Briefe doch nur eine Folge der drei Schläge waren. Senhor Pereira gab sich Mühe, von seiner grenzenlos qualvollen Trauer loszukommen. Er sagte, unser Freund Silva muss sich nicht für alle Zeiten die Schuld für das Geschehene geben. Wir tun hier, was wir nie zuvor getan haben. Altwerden gehört dazu. Wir werden alt im Kopf.

Senhor Pereira war nicht alt genug, um sich im Schlaf die Beine schmutzig zu machen. Ich sage, er war es nicht, weil er noch klar im Kopf war, und nicht einmal das Alter rechtfertigte einen so weit fortgeschrittenen Verfall. Doktor Bernardo zitierte ihn zu sich und stellte ihm Fragen. Danach schickte man ihn zu einer Reihe von Untersuchungen. Es war möglich, dass Senhor Pereira diese ernsten Krankheiten, die sich überlagerten und den Körper überall angriffen, besiegen könnte. Er blickte uns nicht ins Gesicht. Er gab uns nur zu verstehen, wie froh er war, dass wir da waren, und dann sagte er, es geht nicht bloß darum, dass man schwächer wird, sondern man wird auch krank. Américo stand auf. Der europäische Silva kam herein, und dieses eine Mal hielt er den Mund. Seine geschwätzige Politik hatte nichts zu bieten, was Senhor Pereiras Drama gerecht geworden wäre.

Elisa besuchte mich. Sie kam allein, in einem kurzen Moment, da ihr danach war, mich zu sehen. An diesem Tag stand Mariechen mit dem an einer Schulter festgeklebten

Täubchen da. Ein Klebebandstreifen hielt dort das Täubchen fest, das von der Wolke weggeflogen war. Elisa bemerkte es und fragte mich streng, warum ich die Statuette nicht in Ruhe ließe. Ich dagegen fand, dass ich eben ein netter Kerl bleibe. Vielleicht nicht so sympathisch, wie ich im Leben immer gewesen war, dafür aber feinfühliger, und mir ging sogar solch Weiberkram durch den Kopf, die Statue, nur weil sie sich bemühte, mich davon zu überzeugen, dass sie ein Quell positiver Energie sei, verdiene eine gewisse Zuneigung von mir. Immerhin leistete sie mir ein ganz kleines bisschen Gesellschaft, das stimmte, es war ein Gesicht, sogar ein ziemlich hübsches, das sich dort immer zur Verfügung hielt, ein wenig erwartungsvoll, um zu beobachten, was ich mit meiner Zeit anstellte. Elisa brachte keine Neuigkeiten mit, und ich kam plötzlich auf die Idee, ihr vom Leben im Heim zu erzählen. Es war ein sonderbares Gefühl zu verstehen, dass ich letzten Endes vor meiner Tochter einknickte und so meine Position schwächte, wobei ich auf ihr vernünftiges Urteil vertraute, dass sie meine Abenteuer und die der anderen Alten für sich behielt, als übergäbe ich ihr ein Tagebuch und tröstete mich mit seinen Bekenntnissen. Sie war nicht gekommen, um mir etwas zu erzählen, und ich begriff auf geradezu dramatische Weise, dass sie gekommen war, um zuzuhören und die Rolle der besorgten Tochter zu spielen, die mein langweiliges, tristes Alter hingebungsvoll begleitete. Danach wechselte Doktor Bernardo ein paar Worte mit ihr. Bestimmt freuten sich die beiden, dass der alberne Alte zahmer geworden war und ruhiger, wie es sich gehörte, dass er keine Probleme machte und die Leute, die noch ein eigenes Leben hatten, nicht allzu schlimm beunruhigte. Ich konnte nicht damit aufhören, sie ein wenig zu hassen, und ich wusste, dass in meinem tiefsten Innern etwas Böses fortbestand. Eine Verachtung, die bei beliebiger Gelegenheit unauffällig an die Oberfläche gelangen konnte. Ich stellte mich ans Fenster, suchte nach den Kindern und überzeugte mich davon, dass sie da waren, dieselben wie immer, und mit hochgeworfenen Armen einem Ball hinterherrannten. Sie waren dort, als wären sie ein Angebot des Hauses, etwas, das das Heim bereithielt, um die Alten für den höchst angenehmen Aufenthalt, den sie hier genossen, besser abzukassieren. Die Kinder übertönten die Schritte eines Menschen, der zum Platz kam, sie übertönten die Schritte Elisas, und sie lächelte. Es war fast eine andere Frau, die da ins Auto stieg. Fast eine für immer erwachsene Frau, die überzeugt war, dass sie die Familie, was von der Familie übrig geblieben war, klug leitete, oder die lediglich befürchtete, dass ich, ihr Vater, der sich verwirrt inmitten von guten und schlechten Dingen befand, eines Tages vor Bosheit endgültig verrückt werden könnte. Elisa wurde für immer erwachsen, als sie meinte, nun sei sie dafür zuständig, alle Angelegenheiten unseres Lebens zu entscheiden.

Erst hatte Senhor Pereira geträumt, er befände sich am richtigen Ort. Erst hatte er gemeint, dass er auf dem richtigen Örtchen sitze und dass es sogar schwer gewesen sei, dort hinzugelangen, kleine Widrigkeiten hätten ihn behindert und er hätte sich immer ängstlicher vorgestellt, er könnte es nicht rechtzeitig schaffen. Doch als Senhor Pereira gerade spürte, dass er es nicht länger aushalten konnte, spürte er auch, dass er saß und sicher war, er komme schnell genug auf die Beine, und die Toilette sei frei. Er war allein und zufrieden. So hatte er sich gefühlt. Genau wie die kleinen Kindern, wenn sie noch Babys sind und ins Bett pullern. Senhor Pereira machte ins Bett und wachte ein paar Minuten später auf, schreckensbleich und ungläubig, in den ekelhaften Gestank eingehüllt, der ihm beinahe die Besinnung raubte. Er begriff nicht gleich, was geschehen war. Er war etwas erschrocken, ohne dass er wusste, ob ihm jemand einen Streich spielte, ob er im Finstern steckte, weit weg von seinem Zimmer, oder ob da tatsächlich etwas faulig stank. Dann knipste er das Licht an, zog den Pyjama aus, wischte sich mit den Betttüchern ab und weinte. Er weinte immer noch, als er die Fensterläden öffnete, und dachte an die Schande, schämte sich vor sich selbst, ganz allein, mitten in der Nacht. Das Licht der kleinen Lampe flackerte, und er schämte sich und wollte sich zu einer Entscheidung durchringen. Jedenfalls gehen die Fenster in unseren Schlafzimmern nicht auf. Wie Schaufenster sind sie zwar zum Betrachten da, lassen sich aber nicht öffnen. Senhor Pereira hatte den schmutzigen Pyjama in die schmutzigen Betttücher gerollt, und mit schmutzigen Händen lief er über den Korridor zum Treppenhaus. Das große Fenster dort ließ sich öffnen, und als er es aufgemacht hatte, ließ er das Bündel an der Wand des Heims hinab vor die Eingangstür fallen. Senhor Pereira schloss das Fenster wieder und rannte in sein Zimmer zurück, ohne Pyjama und ohne Bettwäsche und immer noch nicht richtig sauber. Der strenge Geruch hielt sich, und er war schuld daran, dass wenig später die Krankenschwester von der Nachtschicht kam. Sie schimpfte auf Gott und die Welt und nannte ihn ein Dreckschwein, und zwar nicht deshalb, weil er ins Bett gemacht hatte, sondern weil er alles auf die Straße, noch dazu vor die Eingangstür des Heims geworfen hatte, als wäre dieses Heim ein Haus von Leuten, die nicht wissen, wohin man die Sachen räumen muss. Die Nachtschwester erklärte sogar, vielleicht sei es ja besser, er ziehe in ein Zimmer im linken Flügel. Sie sagte ihm nicht direkt, dass er gaga und wie die anderen dort war, sondern es sei nur, weil die Nachtwache im linken Flügel genauer kontrolliere, weil doch die Alten jeden Moment ersticken und den Tropf abreißen könnten, und wenn ein Alter so spät noch Dummheiten machen wolle, sei es praktischer, wenn er im linken Flügel der glücklichen Alten überwacht wurde. Als bliebe, wo man entlangkommt, etwas in der Luft hängen, so dass man weder sich selbst noch eine Dummheit verstecken konnte.

Anísio ließ wieder irgendetwas Sympathisches hören, und ich antwortete, die arme Dona Marta … und ich fand, dass so etwas aus meinem Mund sonderbar klang. Alle stimmten zu und meinten, es sei besser, nicht mehr an die Sache mit Senhor Pereira zu denken. Dann kam Américo auf den Hof zurück und sagte, er wolle mit mir reden. Wir gingen beide ins Haus und in mein Zimmer. Er reichte mir ein kleines Bündel Briefe. Meine Briefe. Er reichte sie mir und sagte, er halte es für gut, wenn ich sie aufbewahrte. Ich zögerte. Wäre es nicht Irrsinn, diese Endlosliebeserklärung aufzuheben, fragte ich mich. Sicher wäre es morbider Irrsinn, diese Endlosliebeserklärung aufzuheben. Um mich selber zu kränken und weil ich eine Kränkung verdiente, nahm ich die zusammengeschnürten Briefe und versteckte sie im Nachttischchen. Ich versteckte sie da drinnen, ohne dass ich sie irgendwann wieder hätte herausholen wollen. Es war nur gut, sie zu vergessen. Damit ich vergaß, dass für mich die Liebe, selbst die erfundene, immer noch ihren Anfang im Schrecklichen hatte, das es gelassen verschmäht, uns zu zerstören.

In dieser Nacht prallten die Geier gegen die Fensterscheiben. Ich wollte glauben, dass das Glas dick genug sei, damit es nicht zersplittern und ihnen ein Durchkommen erlauben würde. Sie kamen wegen der Briefe. Sie wollten die Briefe. Ich träumte, sie hackten auf sie ein und zerrissen sie. Der Nachttisch hatte einen Schlüssel und ließ sich abschließen. So stand er zugesperrt da, mit mir als ängstlichem Wächter. Nicht dass ich absichtlich bewahren wollte, was solche Papiere sagten, doch im Traum waren die Papiere der Weg zu Dona Martas Körper, und ich beschützte sie. Ich beschützte sie vor dem Tod, der sie heimsuchen wollte. Ich sah, wie die Vögel das Gesicht der alten Frau so lange zerhacken konnten, bis sie nicht mehr lebte, und ich wollte sie weiteratmen lassen, ich wollte, dass sie atmete. Ich sah, wie sie der weißen Wand zugewandt lag, ihr unsteter Blick war dort im Dunkel verloren, ihr Körper lag ruhig und verdorrt wie ein alter toter Baumstamm, und fast legte ich die Hände darauf, als wollte ich sie zudecken, um sie vor der Sonne zu schützen, als wollte ich meine eigenen Hände den Mörderschnäbeln darbieten, als tötete ich mich selbst, denn mir würde der Tod schließlich nichts ausmachen, dachte ich. Dona Marta überlebte in meinen Träumen. Sie überlebte stets. Stolz, geboren zu sein, rekelte sie sich am Morgen und kam lustiger denn je zum Frühstück hinunter, und sie behandelte mich geringschätzig, wie es gut war, und darum schien es mir auch gut, dass sie es tat. Ich blieb stumm, glücklich, im Traum, blödsinnig glücklich. Manchmal wachte ich auf. Das war, wenn mich die Dunkelheit des Zimmers in die Wirklichkeit zurückkehren ließ, oder auch nicht, ich stand auf, machte die Fensterläden wieder zu, die hartnäckig – ich wusste nicht, wie – aufklappten, und ich sah gerade noch die letzten Vögel davonfliegen, die mich eine Weile in Ruhe ließen, vielleicht weil sie es satthatten, gegen meinen schwankenden Irrsinn anzustürmen, der ihnen alles nur nach so überaus schwierigem Kampf hergab.

Senhor Pereira zog schließlich in Dona Martas Zimmer. Man nahm seine Sachen, und in zwei Stunden hatte er sich an der Stelle der Toten eingerichtet. Er war nun näher bei mir, was keine Strafe sein würde, doch bestrafte er sich mit dem Gedanken, dass man ihn, weil er sich schmutzig gemacht hatte, dorthin umquartiert hatte, um zu sehen, ob er mit dem Gespenst der anderen noch so weitermachte. Gespenster, sagte Anísio, sind nicht so leicht zu erwischen wie ein Linienbus, sie sind ohne Fahrplan unterwegs. Wenn sie weg sind, sind sie weg. Und sie kommen nur vorbei, wenn sie müssen, aber ich glaube nicht, dass Dona Martas Gespenst Ihnen etwas anhaben will, Senhor Pereira. In der vergangenen Woche war er um Jahre gealtert. Er hatte die Augen niedergeschlagen und sah uns nicht an. Der europäische Silva bestätigte die Meinung des klugen Anísio. Dass hier ein Gespenst spuke, sei ein verrückter Gedanke. Da Dona Marta auf ihren Mann wartete, müsse sie ihn alle Augenblicke überfliegen, um zu sehen, was ihn noch zurückhalte. Wie verdammt lange er schon weg war, mehr als drei Jahre, viel mehr, und er habe nicht mal von sich hören lassen, nichts Gutes und nichts Schlechtes. Es sei fast sicher, dass Dona Martas Ehemann ihr mit einer anderen Frau Hörner aufsetzte, dass er gierig ihr Geld verprasste und für immer in ihrem Haus wohnte. Und Dona Marta, die zwar romantisch, doch wohl nicht dumm gewesen sei, müsste ihn an den Füßen zerren und von den Regalen hinunter mit Folianten bewerfen. Es wäre nicht verwunderlich, wenn die Leute erzählten, im alten Haus der Frau sähe man Gestalten wandeln, und auf dem Dachboden würden Stimmen widerhallen. Es wäre überaus wohlgetan, wenn sie dort eingekehrt wäre, um den eigennützigen Mann, den sie zu ihrem Unglück geheiratet hatte, zu erschrecken. Anísio sagte so etwas mit einem Lächeln, und Senhor Pereira rührte sich kaum. Der europäische Silva setzte sich, legte ihm die Hand auf die Schulter und betonte, hier sind Sie näher beim Nachbarn Silva, und es ist günstig, dass Sie Freunde sind. Anísio lachte und bemerkte, wir werden noch alle an diesem Korridor einquartiert. Der europäische Silva setzte hinzu, im Bett von Nachbar Silva, wie Esteves. Alle auf einem Haufen zusammen, um einen Platz im Bett zu ergattern. Ich lächelte. Auch Senhor Pereira lächelte schwach. Allmählich wärmte die Sonne, und wir hatten den Eindruck, dass alles wieder so sein konnte wie an den lustigsten Nachmittagen, die wir verbracht hatten. Wir glaubten, dass wir noch lachen könnten wie früher, inmitten von Toten und allem, um der Wirklichkeit zu entfliehen oder dem Zustand, dass es nicht mehr möglich war, vor etwas zu fliehen. Senhor Pereira fühlte sich nicht wohl, er beugte sich auf dem Stuhl nach vorn und seufzte etwas. Anísio legte ihm die Hand auf die Schulter, nicht, um sie zu klopfen, sondern nur, um ihn spüren zu lassen, dass er da war und ihn festhalten würde, wenn er hinfiele. Senhor Pereira fiel nicht hin. Er stand wie betäubt auf und lief ins Haus. Wir rannten ihm alle hinterher, um nach ihm zu sehen. Auf dem schäbigen Teppich des Saals übergab er sich. Die Alten, die im Saal in den Lehnstühlen saßen, um zu schlummern oder den Schlummernden zuzuschauen, blieben unbeeindruckt. Eine Frau hob leicht die Hand, als wolle sie jemanden rufen. Aber sie sagte nichts. Es kam kein Ton mehr aus ihrer Kehle. Sie hob leicht die Hand und reagierte weiter empfindlich, beinahe mit einem Lächeln, einem Lächeln in einem sonst fast vollkommen ausdruckslosen Gesicht, als wollte sie um Entschuldigung bitten dafür, dass sie dort war, als wollte sie um Verständnis bitten und um Mitleid flehen. Senhor Pereira suchte Zuflucht bei Anísio und dem europäischen Silva. Der Abend brach an.

Ich hatte es nicht geschafft, ihm meine Hand auf die Schulter zu legen. Ich war wohl nicht eng genug mit ihm befreundet. Oder ich hatte Angst, und ich wusste nicht, wovor.

Ich glaube nicht, dass ich jemals eng genug mit jemandem befreundet war. Ich war immer ein Familienmensch, immer für die Familie da, mein Wirkungsbereich erstreckte sich im Wesentlichen auf meine Frau, meine Kinder und, solange sie noch lebten, meine Eltern. Doch wer nicht mit mir blutsverwandt war, war bei mir im strengen Wettbewerb der Gefühle immer disqualifiziert. Selbst als mein Chef aus mir einen Unternehmer machte und mir half, Meister im eigenen Frisörsalon zu werden, machte mich nicht einmal das ihm gegenüber so unterwürfig, dass ich ihm längere Zeit treu gedient hätte, und es entwickelte sich daraus auch keine lange Freundschaft. Ich sah es alles als Mannespflicht an, als eine Möglichkeit, wie wir als Erwachsene sein und wie wir verantwortungsvoll und anständig handeln können. Obwohl unser erstes Kind in den Klauen eines geisteskranken Gottes gestorben war und auch die falschen Sorgen derer, die uns damals begleiteten, geisteskrank waren, führten Laura und ich ein Leben, das diskrete Formen der Rebellion bevorzugte. Es war eigentlich gar keine richtige Rebellion, sondern ein Schmerz, der uns nichts gegen etwas oder jemanden unternehmen ließ, sondern nur unsere Vorstellungen von den Absichten der anderen verbitterte. Das geschah vor allem wegen des Regimes, natürlich. Wir widersetzten uns nicht, waren ihm aber auch nicht besonders zugeneigt. Es war Vorsicht, wie wir in den wenigen Vier-Augen-Gesprächen, da wir zu der Angelegenheit ein Wort verloren, ganz unter uns übereinstimmend feststellten. Und der junge Student, der Kommunist und Revolutionär, dem ich mal im Laden geholfen hatte, konnte an meiner Art, wie ich mich um die anderen kümmerte, nichts ändern. Wäre es mein Ricardo gewesen, wäre dieser Bursche auf dem Boden der Abstellkammer mein Ricardo gewesen, weil ihn in seiner funkelnden Jugend neue Ideen überwältigt hätten, so hätte ich das Regime verflucht, weil es aus meinem Jungen einen Verfolgten machte, denn ich hätte die ganze Wut, die seinen Kopf erhitzte, und diesen stürmischen Drang, ein ganzes Land zu befreien, besser verstanden. Aber er, dieser Junge, bedeutete mir nichts. Er war nur ein junger Bursche mit fröhlich-charmanten Manieren, doch nicht von meinem Blut, als hätte das verhindert, dass meine Ohren seine Worte aufnahmen, als hätte das verhindert, Verständnis für seine Sorgen aufzubringen, selbst wenn sie legitim waren. Es war, als erführe man vom Drama eines weit entfernten Menschen durch eine Nachricht im Fernsehen oder Radio. Etwas, worüber ich mich als Weltbürger, nicht aber in meinem tiefsten Inneren sorgen könnte. Wie wir auch immer glauben, dass uns die wirklich die ganze Welt betreffenden Fragen im Innersten eigentlich nichts angehen. Wir erwarten, dass es in der Welt eine höhere, allumfassende und mächtige Körperschaft gibt, die solche Situationen abwendet und unsere Nichtbeteiligung, unser fehlendes Engagement entschuldigt, denn wir sind ja klein, nur ein Sandkorn im unendlichen Kosmos, und wir strecken die Waffen, ohne uns körperlich oder geistig anzustrengen. Das Engagement, dachte ich mein Leben lang, ist etwas Beschränktes und äußert sich im unmittelbaren Überleben. Heiraten, lieben, essen, Kinder in die Welt setzen, für immer leben. Nicht sterben. Nie sterben und niemanden sterben lassen. Niemanden aus dem innersten Kreis, natürlich. Nie zulassen, dass so etwas geschieht, sonst bricht alles zusammen und der Kampf endet in einer Niederlage.

Ich legte mich hin. Ich glaubte, dass bestimmt auch Senhor Pereira wie die anderen auch in seinem neuen Bett lag und sich am Rande des Todes verlassen fühlte. Ich glaubte, dass ihm ein Besuch von mir guttun würde. Ich dachte an Dona Marta. Wie sie zur Wand gedreht dagelegen hatte. Wie sie zur Wand gedreht tot dagelegen hatte. Etwas täuschte mich grausam und redete mir ein, dass ich sie getötet hätte, als wäre der Wahnsinn möglich, eine so hartnäckige Wirklichkeit wie diese zu erfinden. Ich dachte an Senhor Pereira, der dort eingesperrt, mürrisch und traurig lag, und ich sah Dona Marta, wie sie weder wach noch schlafend gewesen war und angstvoll zur Wand gedreht gelegen hatte, als brächte ich wegen ihrer Angst den Mut auf, den ich hatte, sie tatsächlich zu töten. Das Alter, dachte ich, ist das Gehirn, das den Körper unterminiert, bis es die anderen Organe nicht mehr funktionieren lässt. Man stelle sich vor, das Gehirn fiele in den Körper hinein und bliebe dann über dem Herzen hängen, ohne ganz festzusitzen, und würde langsam weiter hinunterrutschen, bis es an der Lunge hängen bliebe, immer noch nicht festsitzend, und langsam weiter zu den Gedärmen rutscht, und unterwegs, was für ein schweinischer Weg, was für Ideen!, unterwegs müsste ich dafür sorgen, dass das Herz seinen Schlag verlangsamt und die Liebe verlernt, wie ich auch dafür sorgen müsste, dass die Lunge es nicht länger hinnimmt, von der Materie und vom Überfluss der Welt zum Fliegen verführt zu werden, und was bliebe dann übrig von den Eingeweiden, mit dem daraufliegenden Gehirn beschwert, einem kummervollen Gehirn fern von zu Hause, voller Kummer? Ich dachte, das Alter ist ein abstürzendes Gehirn, und ich fühlte, dass meine Ideen abstürzten, sie verschwanden, und die klaren, hellen Dinge verdunkelten sich, und ich brachte keinerlei Logik mehr hinein in das, was stets als Thermostat mein Fieber reguliert hatte. Ich bekam einen heißen Kopf, und der Schweiß bahnte sich seinen Weg durch die Haut. Ich bekam es mit der Angst bei dem Gedanken, dass ich die arme, alte Marta umgebracht hatte. Eine arme Alte, die dort aus Liebe gestorben war, und sonst nichts. Dann verkroch ich mich unter der Bettdecke und wollte von nichts mehr wissen. Ich musste diese Albträume unter allen Umständen loswerden. Ich streckte die Hand aus dem Bett, nur die Hand, tastete den Nachttisch ab und griff nach Mariechen. Ich drückte sie an meine Brust. Ich wollte nicht allein sein. Das Täubchen, das bisher noch sicher, mit Klebeband befestigt, auf der Schulter der Statuette gesessen hatte, löste sich ab und verlor sich in den Falten der Bettwäsche. Es entschwebte irgendwohin, während der Himmel bedeckt war, ohne dass es fliegen konnte. Ich schlief ein. Ich versank in Schlaf wie in Treibsand. Ich spürte, dass mein Kopf ständig weiter ins Kissen einsank, und verlor das Bewusstsein, endlich ein paar gute und beruhigende Stunden lang durch die Wohltat des Schlafs befreit.

Am fünfundzwanzigsten September neunzehnhunderteinundsiebzig, einem Samstag, drangen die PIDE-Männer um elf Uhr morgens in den Frisörladen ein und nahmen den Jungen mit, der mittlerweile ein Mann Anfang dreißig war. Sie nahmen ihn mit, ohne Fragen, ohne Chaos. Sie umstellten mich, ohne mich anzurühren. Sie sagten kein Wort zu mir. Es gab keinen Zweifel, und Erklärungen waren nicht nötig. Der junge Mann stand auf, als hätte er gewusst, dass dies irgendwann geschehen würde. Er konnte nicht sicher sein, dass ich ihn angezeigt hatte. Er konnte nicht sicher sein, dass ich es getan hatte. Der Widerstandskampf hatte so lange gedauert, man hatte so viele Spuren hinterlassen, dass alles Mögliche dazu geführt haben mochte, ihn unter den Millionen von Staatsbürgern aufzuspüren. Als er hinausging, beschützte er mich. Er verriet nicht das geringste Mitgefühl oder Einvernehmen mit mir. Er sprach meinen Namen nicht aus und bat um nichts. Er ließ sich mitnehmen, als wäre er ein Unbekannter, der in der einzigen Absicht dort hineingekommen war, sich die Haare schneiden zu lassen. Ich hatte ihn drei Tage zuvor angezeigt. Die PIDES hatten Laura ausgefragt, die nicht die geringste Ahnung hatte, und sie fanden, dass in unserer Familie etwas faul sein musste. Sie erwischten mich, als ich nach Hause kam, und sie kamen auf einen Kaffee und zu einer mehrstündigen Vernehmung herein. Ich hatte keine Informationen. Ich war bloß ein Frisör, und so viel man auch in einem Frisörsalon schwatzt, man redet doch immer nur von Fußball, schönen Frauen und Krankheiten. Und dann fingen sie wieder mit ihrer Sache an. Sie wurden ganz konkret. Sie erklärten, ein Kunde von mir betätige sich im Widerstand, er gehöre zu einer militanten Oppositionsgruppe. Die gebe Waffen an Kriminelle weiter und gefährde die öffentliche Ordnung, die man schützen müsse. Sie ritten immer weiter darauf herum. Nach einiger Zeit begriff ich, dass sie mir nicht misstrauten, und ich freute mich über meine feige, vorsichtige Haltung, die mich keinerlei Propagandamaterial im Laden dulden ließ. Darum fühlte ich mich sicher und stimmte einer Zusammenarbeit mit ihnen zu. Ich ging die Kunden durch. Einen nach dem andern, als wollte ich mich an einen erinnern, auf den die Beschreibung passte. Ich wusste, ich würde zu diesem Jungen kommen müssen, und wenn ich den Verdacht auf ihn lenkte, würden sie erfahren, was ihnen noch fehlte, um ihn zu anzuklagen. Das tat ich. Als Erstes sagte ich seinen Namen. Dann beschrieb ich kurz sein Aussehen. Schließlich sagte ich, er sei ein schweigsamer, höflicher Mann, der nicht viel rede. Sie fragten mich, ob er oft komme. Ich antwortete, samstags, fast jeden zweiten Samstag. Am kommenden Samstag sei es wieder so weit. Der dickere PIDE-Mann sah mir von ganz nah in die Augen und fragte, Senhor Silva, wenn einer von diesen Scheißkommunisten Ihren Laden besuchen sollte, würden Sie sagen, dass es dieser Kerl ist? Ich antwortete, ja, wenn es einen geben sollte, muss es der sein.

Am fünfundzwanzigsten September neunzehnhunderteinundsiebzig, als die PIDE-Leute in meinen Laden eindrangen und den Jungen mitnahmen, dem ich neun Jahre früher geholfen hatte, ihnen zu entkommen, glaubte ich, ich würde tun, was ich tun musste. Ich fühlte mich, als wüsste ich von der Angelegenheit und legte sie wieder zu den Akten wie etwas, was anderen zugestoßen ist, wirklich wie etwas, wovon ich nur aus dem Fernsehen wusste. Das Regime hatte einen Mann festgenommen, und ein anderer hatte ihn angezeigt. Ich war nicht der eine und auch nicht der andere. Das Leben ging weiter, als wäre nichts geschehen, denn am Ende jedes Tages kam ich zu meiner Laura, die darauf wartete, dass sie die Suppe warm machen, sich über die größer werdenden Kinder und darüber unterhalten konnte, wie gut es sei, dass wir uns vorsichtig und gesetzestreu verhielten. Wir lebten, wie man es haben wollte, perfekt in die Gesellschaft eingeordnet, ohne die schwarzen Schafe zu spielen, allerdings auch ohne Kirche, ohne Freunde, ohne Geld, ohne etwas von der Zukunft zu wissen, ohne Würde und ohne diese Schweinerei, die es gar nicht gibt, über die ich mir aber viel den Kopf zerbreche: die Seele.

Salazar war wie ein Besucher, den wir gern zu Hause empfingen und der uns erst half, dann aber nicht wieder fortwollte und uns mit seinem Besuch belastete, bis er uns alles, was er konnte, aus den Händen riss, weil er meinte, wir seien geschwächt bis zur völligen Erschöpfung. Die schweigende Mehrheit muss sich eines Tages zu Wort melden, hatte mir der kommunistische Student gesagt, wenn auch mit anderen Worten. Alles war so eingerichtet, dass wir keine Bürgerrechte wahrnahmen und uns nur wie das Räderwerk einer Maschine verhielten, die zu kompliziert und zu groß war, als dass wir bemerkt hätten, wie sie entstanden war und wie ihr Ziel und Zweck darin bestand, dem Hochmut eines einzigen Mannes zu dienen. Alles trug dazu bei, dass die Staatsbürger auf ihre Rechte verzichteten, dass wir sie nur ehrenhalber erhielten, solange wir weiterhin nicht den Mund aufmachten. Als würden sich die Frauen herabwürdigen, um Männer ehrenhalber zu werden, waren wir Menschen nur durch die Großzügigkeit des Diktators. Und so benahm ich mich. Als jemand, der Anerkennung und Ruhe erbettelte. Wie so viele war ich ein Schwein.

16 Das selektive Gedächtnis

Ich vertraute Doktor Bernardo mehr an, als ich wollte. Viel mehr. Lieber hätte ich weiter den Mund gehalten. Doch die vergehende Zeit übte auf mich eine sonderbare Wirkung aus und machte es mir schwer, allein zu bleiben und mich abseits zu halten. Niemandem hatte ich die Geschichte von dem Jungen erzählt, und auch Laura hatte nicht gemerkt, wie ich es zum guten Familienvater brachte, indem ich den Jungen der Polizei auslieferte. Keiner hatte erfahren, wie sehr ich mich als Egoist in dieser Zeit des Regimes ängstigte. Was für ein beschissener Feigling war ich bloß, ein heimtückischer Esel, der die bitteren Erfahrungen innerlich wiederkäute, so dass ich immer und immer wieder alles wortlos in mich hineinfraß. Mir fehlte jede Achtung vor dem, was Freundschaft bedeutet. Darum weiß ich auch nicht, was ich Senhor Pereira sagen soll, und ich sehe nichts, was ich tun kann, damit es ihm bessergeht. Doktor Bernardo erklärte, es ist wieder passiert. Jetzt beschwert er sich über das Zimmer und sagt, er komme die ganze Nacht nicht zur Ruhe und fahre immer wieder aus dem Schlaf hoch. Pflichtschuldig äußerte ich mein Bedauern, ohne dass ich tatsächlich dergleichen fühlte. Senhor Pereira hatte sich in der Nacht beschmutzt und saß nun gewindelt auf dem Stuhl in seinem Zimmer. Er ging nicht nach draußen, mit dieser dicken Hose würde er das Zimmer niemals verlassen. Eigentlich war sie gar nicht so ungeheuer dick, und wenn man es nicht wüsste, würde man es gar nicht unbedingt bemerken. Wortlos saß Senhor Pereira auf dem Stuhl. Er wollte beschämt und allein eingesperrt bleiben, so ertrug er es etwas besser und fühlte sich nicht noch schlimmer gedemütigt. Doktor Bernardo sagte zu mir, in der Nacht habe sich Senhor Pereira von der Toten heimgesucht gefühlt, als wollte sie ihn fragen, was zum Teufel er in ihrem Bett treibe. Sie sei in dem kleinen Zimmer hin und her gelaufen und habe geseufzt und ihr Unglück beklagt, da sie sich von allen verstoßen glaubte. Dona Marta sei in Tränen ausgebrochen, weil sie schon begriffen hätte, dass ihr Ehemann sie vergessen hatte. Senhor Pereira habe noch versucht, mit ihr ein Gespräch anzuknüpfen, doch an Konkretem habe ihm die Alte lediglich gesagt, und zwar direkt auf den Kopf zu, wie im Auftrag einer höheren Gewalt, dass es für jeden einen Tod gebe. In Reih und Glied aufgestellt wie bei der Truppenparade, stolz und stramm, um denjenigen, der ihm zufalle, im richtigen Augenblick zu packen. Alles in allem sei der Tod die am besten organisierte Institution. Die zwar viel um die Ohren habe, darunter viel Kleinkram, aber hoch kompetent und treffsicher.

Esteves war eine Fieberphantasie, Doktor Bernardo. Was war ich dumm zu glauben, er sei eine Figur, die bei Pessoa vorkommt. Fiktiver als diese Figur geht fast gar nicht. Das war reine Phantasie, und ich bin nur darauf reingefallen, weil ich unbedingt etwas finden wollte, woran ich mich festhalten konnte. An diesem Morgen bin ich auf den Friedhof gegangen, um nach Lauras Grabstein zu sehen, einem ebenso kalten Stein, wie die anderen ihn haben, und er sagte mir nichts. Ich verbrachte mehr Zeit damit, mir die Fotos auf den benachbarten Grabfeldern anzusehen. Um Leute wiederzuerkennen, die ich seit ihrer Kindheit nicht mehr gesehen hatte. Doktor Bernardo lächelte und hätte mir beinahe etwas Freundliches gesagt. Er lächelte immerzu, als wäre er mit etwas zufrieden, und dann sagte er, Senhor Silva, wundern Sie sich nicht, es ist nur Ihr Menschsein, das da hervorkommt, und vielleicht haben Sie es seit langem mit Denkverboten und Ablenkungen verdrossen, jetzt sehe ich Sie deutlicher als je zuvor, mit Ihren Widersprüchen und kleinen Sünden. Sie sind ein guter Mensch. Das sind Sie. Das hörte sich in meinen Ohren nach einer gewaltigen Niederlage an. Nach einer so maßlosen Niederlage, dass ich nicht imstande war, mich selbst zu zerstören, nicht einmal in dem Augenblick, in dem ich mich von einem anderen Menschen völlig durchschaut fühlte.

Ich setzte mich auf Lauras Stein, und ich hatte nicht im Geringsten das Gefühl, dass sie dort meine Gegenwart spürte. Ihre Gegenwart jedenfalls spürte ich nicht. Da gab es nichts, was das Gefühl wiederbelebt hätte, meine Frau ließe sich noch einmal anrühren. Kein eigentümlicher Lufthauch, kein unheilverkündendes Geräusch, irgendetwas, das ich als Bestätigung aus dem Jenseits für das ewige Leben oder, noch besser, als Lauras ewiges Leben hätte missverstehen können. Hätte sie mich an diesem Ort sehen können, sie hätte glauben müssen, ein wilder Affe habe mich gebissen, dass ich auf dem Friedhof nach Vertrautheit mit der Zukunft suchte. Hätte sie zu mir reden können, sie hätte mich hochkant aus dem Friedhof geworfen, damit ich Aufgaben übernähme, die von Wert für die Lebenden sind, anstatt die Zeit mit dem Tod zu vergeuden. Und trotzdem, es hatte einen Sinn bekommen, diesen Ort aufzusuchen, seit einiger Zeit sogar immer mehr. Etwas in diesem stets gleichbleibenden Schweigen hatte mit einem alten Mann zu tun wie mir, den das vorweggenommene Wissen beständig quälte, welche Leiden ihn am nächsten Tag erwarteten. Nach Lauras Tod hatten sich meine Ziele beschleunigt. Es waren gar keine Ziele mehr, sondern nur die Eile, zum Ende zu kommen. Ich wollte selber Mahlzeit sein, ich wollte aufgefressen werden von dem hartschaligen Ungeziefer, das sich durch das Holz des Sarges bohrt und sich seinen Weg durch den Spitzenbesatz des feuchten, blumengemusterten Stoffes bahnt, der den Leichnam umhüllt. Doktor Bernardo bestand darauf, ich solle Senhor Pereira entgegenkommen. Sie werden sehen, Sie werden beide neuen Mut schöpfen. Ich antwortete, wenn wir neuen Mut schöpfen, befreien wir uns nie von diesem Dasein hier, ich grüble nämlich seit langem schon, wie ich mich verdünnisieren kann. Ich werde nichts tun, um das Warten noch weiter zu verlängern. Doktor Bernardo, Esteves hat mich zum Narren gehalten, der Dreckskerl, wie ein kleines Kind habe ich mich mit Mickymaus unterhalten, aber wie Sie wissen, gibt es in Wirklichkeit keinen Mickymaus. Mäuse reden nicht. Das gibt es nicht. Er erhob sich, um mich zur Tür zu bringen, als ich schon aufgestanden und schon fast draußen war, und widersprach mir, vieles von dem, was es nicht gibt, gehört mit zum Wichtigsten im Leben. Missachten Sie nichts, Senhor Silva, halten Sie, wenn es gut für Sie ist, an einem Phantasiegebilde fest, denn in der Wirklichkeit sind es tatsächlich die lebendigsten Augenblicke, in denen wir ihr hin und wieder entfliehen.

Nach kurzem Anklopfen trat ich in Dona Martas ehemaliges Zimmer. Wie ein Autist saß Senhor Pereira auf dem Stuhl, fern von jedem Gedanken. Es war nichts Endgültiges, sondern ein geringfügiges, leichtes Leiden, wie eine ernstliche Verstimmung, die sich aber geben konnte. Caramba, Senhor Pereira, jetzt, wo wir Esteves nicht mehr haben, müssen wir Geschichten erfinden, weil die große Geschichte schon vorbei ist. Er reagierte nicht. Sagte kein Wort. Wichtig war aber festzustellen, ob er meine Anwesenheit ahnte, und er blickte einen kurzen Moment auf und musterte mein Gesicht. Dann fügte ich hinzu, ich habe mich mit Doktor Bernardo unterhalten, und er hat mich nicht davon abbringen können, gegenüber Esteves' Geschichten ein gesundes Misstrauen zu hegen, es bleibt also mir überlassen. Wenn ich unbedingt will, kann ich es glauben, dass er tatsächlich derjenige war, von dem sich Fernando Pessoa inspirieren ließ. Ich, ich halte es für anständig und demokratisch, dass es jedem Einzelnen überlassen bleibt, wie er in einer solchen Angelegenheit entscheidet. Ich entscheide, und ich muss Ihnen sagen, ich denke seit Tagen daran, dass Esteves ein ordentlicher Mensch war und uns die Wahrheit gesagt hat. So entscheide ich, Senhor Pereira, weil ich lieber nicht mein restliches Leben mit der Vorstellung zubringen möchte, dass ich keinen derart unglaublichen Menschen wie Esteves kennengelernt habe und dass ich nur ein einfältiger Trottel war. Und Sie, Senhor Pereira, Sie müssen aufstehen und mir helfen, diesen begriffsstutzigen Senhor Cristiano und sogar Anísio zu überzeugen, der seine Nase fast nur in Bücher über alte Geschichte steckt und langsam glaubt, wir hätten ihm ein Lügenmärchen aufgetischt. Hören Sie, scheißen müssen wir alle, und wenn uns wer auf die Nerven geht, scheißen wir alle beide, wir scheißen auf ihn. Senhor Pereira brach in Tränen aus. Ein steinharter Tränenstrom, er weinte wie ein Stein, aber die Tränen auf seiner Haut waren deutlich zu sehen. Sie stießen an die Lippenlinie, wo sie innehielten. Wir schwiegen beide eine Weile. Ich hatte mich aufs Bett gesetzt und erinnerte mich daran, wie ich schon einmal hier gesessen hatte. Das erste Mal, als ich wirklich hereingekommen war, um Dona Marta die drei Schläge zu versetzen, die sie zum Schweigen brachten, und das zweite Mal, als es gar nicht stimmte, dass ich eingedrungen sei, um sie mit einem Buch totzuschlagen. Zwischen Wirklichkeit und Phantasie entschied ich vieles und drängte abermals, Senhor Pereira, ohne Sie ist das noch schwerer, und draußen scheint die Sonne heute so unglaublich schön, wissen Sie noch, wie uns das früher gereizt hat, um herumzublödeln und zu kichern? Anísio hat mich gebeten, ich soll ihn rufen, falls ich Sie überzeugen kann, wieder auf den Hof zu kommen. Wenn Sie auf den Hof kommen, Senhor Pereira, bin ich auch dort, und ich nehme an, ich verstehe, wozu das Leben mit fünfundachtzig Jahren noch gut ist, nach dem, was ich verloren habe. Kommen Sie mit. Los, raus an die frische Luft!

Ich sah den Jungen, den ich der politischen Polizei ausgeliefert hatte, nicht wieder. Jetzt, als alter Mann, kann ich es mir klarer vorstellen und mir ein tragisches Bild von seiner Ermordung machen. Von einem Menschen wie ihm hätte man wieder gehört, wenn er noch lebte. Nur der Tod würde ihn der demokratischen Zukunft des Landes vorenthalten. Jetzt weiß ich genau, dass ich ihn mit Kopf und Kragen ans Messer geliefert habe, ohne Wiederkehr, und wenn ich keine Schuldgefühle und Gewissensbisse empfand, so deshalb, weil das Leben nun einmal so war, es war nun einmal so, und ich und meine Laura hatten es als gerade Linie erlebt, als ein immer wieder zutreffendes Urteil. Als er sich auf den Stuhl in meinem Laden setzte und mir fast zehn Jahre lang die sehnsüchtigen Pläne der linken Kräfte anvertraute, hörte ich ihm mit der ehrlichen Begeisterung eines Mannes zu, der mit feigen Mitteln zu neuem Leben erwachte, der mit fremdem Schwanz zum Orgasmus gelangte, wie jemand, der sich nur dann rühmte, mit dabei gewesen zu sein, wenn er die wahren Ruhmestaten auf der Straße geschehen sah. Der sich zu Unrecht aneignete, was ihm nicht gehörte. Ich eignete mir die Begeisterung des Jungen an, ich behielt die Genugtuung für mich, dass etwas gegen die Unterdrückung getan wurde, als hätte ich selbst etwas gegen die Unterdrückung getan, etwas mehr, als bewusst jemandem die Haare zu schneiden, der sich weigerte, klein beizugeben und nach der Norm zu leben, die sie uns allen aufzwingen wollten. Ich schnitt ihm die Haare, und das war mir genug als mutige Tat. Es ist also nicht verwunderlich, dass ich zwar einerseits glaubte, ich sei ein guter Mensch, aber andererseits durchaus Einsicht hatte in die Schattenseite meines Charakters und in meinen Wunsch, den bohrenden Blick der politischen Polizei von mir abzulenken. Als ich ihn ans Messer lieferte, habe ich nicht gezögert, das ist wahr. Ich habe mir Zeit gelassen und um den heißen Brei herumgeredet, damit nicht klar herauskam, dass ich Bescheid wusste über die Verwicklung des Jungen mit der verbotenen Linken, aber das war nur eine sorgfältige Inszenierung, um, wenn es darauf ankam, meine Haut zu retten. Dann, zum richtigen Zeitpunkt, lieferte ich ihn aus, wobei ich fast eine Hochstimmung in mir fühlte, die ich unterdrücken musste, eine Hochstimmung, weil ich es geschafft hatte, diese gewieften Polizisten auf die Spur zu lenken, die ich ihnen gelegt hatte, ohne Verdacht zu erregen, und das todsicher. Ich erklärte ihnen, Samstag sei der richtige Tag, um ihn zu sehen. Fast so sicher, wie etwas nur sein konnte. Der PIDE-Mann hielt mir ein Foto des Jungen hin und sagte, wir haben diesen Kerl schon seit langem im Auge, wir riechen hier fast seine perversen, schweinischen, staatsfeindlichen Triebe. Wenn Sie, Senhor Silva, mir sagen, dass er Propagandareden gehalten hat, sperren wir ihn weg. Ich hielt dagegen, und dann beschuldigt man mich, dass ich ihn angezeigt habe. Ich kann den Frisörladen nicht offen halten, wenn man erfährt, dass ich jemanden ans Messer geliefert habe. Der Mann wurde wütend und schrie mich an, alle Bürger hätten die Pflicht, bei der Beseitigung solcher gefährlicher Elemente mitzuarbeiten. Ich nickte. Es gehe nur darum, dass ich anderen linken Individuen, die sich rächen wollten, als Zielscheibe und Opfer dienen könnte. Er blickte in die erschrockenen Augen Lauras, und sie erklärte, dass wir keinerlei Verbindungen zu irgendeiner Bewegung hätten, dass wir untadelige und anständige Staatsbürger seien und dass man von unserer Familie nur Tugend und Arbeit erwarten könne. Laura stand da, nahe bei der Küchentür. Sie legte die Hände an den Mund und ließ ein paar Jammerlaute vernehmen. Der PIDE-Mann wich zurück und erklärte, das wissen wir auch, werte Frau, sogar das wissen wir. Ich ließ nicht locker. Dieser Mann hat zweimal etwas gesagt, was ich für verdächtig hielt. Nicht dass er Propaganda macht, wie Sie sagen, aber bei kurzen Gesprächen, wobei er eigentlich nichts für Gespräche übrig hat, wirkt er manchmal irgendwie verbittert, als beklage er sich. Er scheint verstimmt, nicht angepasst, nur das. Der Polizist trat an mich heran. Er hielt das Foto des Jungen immer noch hoch, ohne zu zittern. Er fragte, Senhor Silva, meinen Sie, dass dieser Mann eine Gefahr für die Nation ist? Ich antwortete, ja, ich meine schon, mehr aus dem Bauch heraus, als dass ich mir da sicher wäre. Ich meine: ja. Dieser Mann ist eine Gefahr für Sicherheit und Frieden unserer Nation, Senhor Polizist.

Ich habe ihn nie wiedergesehen. Dann, mit dem fünfundzwanzigsten April neunzehnhundertvierundsiebzig, nur drei Jahre später, hätte der Junge bei mir auftauchen und erzählen müssen, was geschehen war, und ich hätte verstanden. Ich habe nie ein Wort gehört davon, was ihm die Polizisten danach gesagt haben. Wie sie Begründungen und Beweise lieferten, um ihn einzusperren. Ich habe ihn nie wiedergesehen. Und so ein blutjunger Mann, mit einer Karriere vor sich, um mal bedeutend zu werden, der hätte nach der Befreiung auffallen müssen. Leute wie er machten ihren Weg. Aber wenn es nicht dazu kam, dann, weil sie ihn umgebracht hatten, und ich weiß, zweifellos, sie haben ihn umgebracht, so ruhelos und unbezähmbar, wie er war, er wird gelitten haben, weil er glaubte, das Vaterland würde sich seiner dafür erinnern, ihn ehren und dafür sorgen, dass es sich gelohnt hat, sein Leben mit dreißig Jahren zu beenden, ohne dass er erfahren hatte, wie weit die Welt ist, wenn man nicht mehr in einem faschistischen Regime lebt und wenn die Welt ohne Grenzen ist und zum Träumen einlädt.

Ich kam zusammen mit Senhor Pereira auf den Hof, und sogar Anísio war schon da, und der europäische Silva stieß ein Hurra aus, das selbst im Vergleich zu seinem üblichen Gebrüll laut klang. Gleich darauf zettelte er ein Gespräch an. Kommt her zu uns, wir sind hier, weil wir sehen wollen, wie es mit dem Spanier weitergeht. Und wissen Sie was? Portugal ist immer noch eine Maschine, um Spanier zu machen. Es stimmt doch, wer von uns hat nicht schon wenigstens einmal in seinem Leben bedauert, dass wir unabhängig sind?, wer hat nicht sogar noch inbrünstiger gewünscht, dass Spanien uns zurückerobert, diesmal für immer und für bessere Löhne? Spart euch den Quatsch, liebe Freunde, Patriotismus macht nicht satt, von Vorteil wären spanische Namen wie Pepe oder Pablo, Diego oder Santiago, damit ihr so flugs über die Grenze wechseln könnt, wo man ein größeres Beefsteak isst und wo den Leuten einfach mehr Rhythmus im Blut steckt. Solange es hier in jeder Familie einen Salazar gibt, sind wir dem Feind schutzlos ausgeliefert. Senhor Pereira trug zwar eine Windel, aber er starrte den europäischen Silva an und bat ihn, er solle Erbarmen haben mit unseren Ohren, ein bisschen wenigstens. Damit uns die Sonne auf die Haut scheinen kann, ohne es mit der Angst zu kriegen. Sogar die Sterne nehmen Reißaus vor Ihnen, Senhor Cristiano, sagte Anísio, und die Sonne ändert ihre Umlaufbahn, um nicht von der Nacht überholt zu werden. Wir lachten. Nun lachten wir.

Es waren die portugiesischen Frauen, die für neue Spanier sorgten. Sie machten die Beine breit und bescherten uns diese ausgesetzten, ewig unzufriedenen Spanier, die heim ins Spaniolenreich wollten, damit sie dort ein besseres Zuhause und höhere Löhne hätten, dazu eine Wunder wie großartige Würde, und damit sie nicht dieses fast im Meer versinkende Etwas ertragen mussten, das sich anfühlte, als würde es immer mehr an die Wand gedrückt, bis sie sich voll trauriger Erinnerungen, Gewissensbisse, Wehklagen und frustrierender Kümmernisse den Strick nahmen.

Enrique aus Badajoz in Portugal kam im Rollstuhl an die Sonne. Er wurde von einer Schwester begleitet, die ihm die Hand auf die Schulter legte, wie man es bei jemandem macht, den man überfallen will. Er sah flüchtig zu uns rüber und entdeckte Ziele, die es abzuschießen galt. Heftig wünschte er, uns alle einzeln zu zerschmettern. Vielleicht glaubte er dabei, wir würden ihm nicht die portugiesische Staatsbürgerschaft gönnen. Wir hatten gerade erörtert, welche Sauerei die portugiesische Staatsbürgerschaft selbst nach der Revolution ist und wie viel besser man dran ist, wenn man die spanische hat. Doch die Traditionen diesseits der Grenze liefen den Sehnsüchten im Schädel dieses Mannes eher entgegen. Der europäische Silva begrüßte ihn, guten Tag, Senhor Enrique, seien Sie willkommen. Der Spanier hustete, als wolle er jeden Moment das Zeitliche segnen. Sein Rollstuhl stand nicht weit weg von uns, und vielleicht konnte er noch bruchstückhaft unser Gespräch mithören, aber sich daran beteiligen?, nie und nimmer, er lebte in seiner eigenen Welt. Wir schwiegen. Was wir eigentlich wollten, wussten wir nicht so recht, ein paar kleine Szenen vielleicht wie in einem melancholischen Film. Dann erklärte Senhor Pereira, vielleicht sei es ja Krebs. Das hier ist ganz vom Krebs zerfressen bei mir. Zuerst schien es bloß eine Schlafstörung zu sein, wegen der Träume, aber jetzt sieht es nach etwas Ernsterem aus, nichts ist mehr wie früher, und plötzlich ist es von gar nichts mehr abhängig. Es führt sein Eigenleben und bringt mir den Tod. Die Prostata vielleicht?, fragte der europäische Silva. Und Anísio wies ihn zurecht, ach, Mann, von Ihnen kann man kaum glauben, dass Sie mal im Krankenhaus gearbeitet haben. Darauf Senhor Pereira, das wisse man nicht. Man untersuche ihn, und, ja, es sei wahr, man habe ihm schon zwei Finger in den Hintern gesteckt, um die Prostata abzutasten. Das ist nichts, wofür Sie sich schämen müssten, sprang ihm der europäische Silva bei, bei dem Arzt waren wir alle schon mal, wenn Sie verstehen, was ich meine. Wir lachten. Der Spanier schrie los, Badajoz zu Portugal, er glaubte wohl, es käme jemand aus Asturien angeritten, um die Ungläubigen zu vertreiben und die Glut des nationalen Gefühls neu zu entflammen. Uns kümmerte das wenig. Wir blödelten ein bisschen herum, und das war alles, was wir mit der Nation noch am Hut hatten. Wir waren zu sehr vom Alter gebrandmarkt, als dass wir noch zusammenhängendes, vertrauenswürdiges Zeug erzählt hätten. Der europäische Silva meinte, der Horror des Spaniers müsse darin bestehen, dass er immer mehr zu der Überzeugung komme, in jeder portugiesischen Familie werde ein Franco geboren. Alles umgedreht, als wäre es das Gleiche.

17 Die Maschine zum Spaniermachen

Dona Leopoldina zeterte gegen den Inspektor und sagte ihm klipp und klar, kein Polizist dürfe mehr seinen Fuß über ihre Schwelle setzen. Es öde sie an, wegen eines auf den Fußboden ihres Zimmers gespritzten Blutstropfens ständig belästigt zu werden. Inspektor Isaltino de Jesus wand sich voller Ungeduld, und als er der alten Dame zu verstehen gab, dass dies ganz und gar nichts mit Wollen oder Nichtwollen zu tun habe, wirkte er am Ende so aggressiv, als ob er sie gleich verhaften wollte. Sein Ton wurde bedrohlich, doch die Frau gab nicht klein bei, sondern warf sich in die Brust und erklärte, sie wolle endlich ihre Ruhe haben.

«Das ist gegen das Gesetz, dass Sie herkommen und mir Fragen stellen, auf die ich nicht antworten kann. Hören Sie mal, wenn so was in der Schule passieren würde, dass man die Schüler abfragt nach Stoff, der noch gar nicht durchgenommen ist, das wäre ein Chaos! Ich bin nicht zuständig dafür, ein bisschen Blut auf dem Boden zu erklären, genauso wenig wie Sie dafür zuständig sind, weil Sie nämlich zu überhaupt keinem Ergebnis kommen und mich deshalb auch nicht verhaften werden, ist doch so, oder?»

Der Inspektor machte einen Schritt zurück und dann wieder einen nach vorn. Er wütete, so gut er es in diesem winzigen Zimmer tun konnte. «Dona Leopoldina, wenn hier jemand ist, der Verbrechen begeht, dann werden Sie doch wohl interessiert daran sein, dass wir ihn zu fassen kriegen, sonst legt der Mörder seine Würgegriffel noch um Ihren Hals!»

Sie rief empört: «Sie drohen mir? Sie drohen mir, Sie wollen mich erwürgen? Hat das hier jemand gehört? Wer ist Zeuge, dass dieser Mann erklärt hat, er will mich erwürgen?»

Als Inspektor Jaime Ramos kam, ging er auf den Hof, als wäre alles Wissen des Heims auf dem Hof zu finden. Der Spanier Enrique schimpfte vor sich hin, und der Polizist blieb stehen und wollte sehen, ob er etwas von dem Gebrabbel verstehen konnte, ob was Brauchbares dabei war oder ob es nur wieder die Tirade eines Verrückten war. Noch einmal sagte der Spanier: «Wir sind Portugiesen. Wir sind alle Portugiesen. Den Franco sind wir los, den Franco sind wir los.»

Inspektor Jaime Ramos runzelte die Stirn und hielt nicht mit einer Antwort zurück. «Also, werter Herr, das gibt es noch? Das wäre gut, wenn wir Spanisch redeten, spanische Löhne hätten, dazu eine hübsche Prinzessin für die bunten Blätter. Wie konnte man nur so blöd sein, auf dem Abklatsch von einer Halbinsel die Unabhängigkeit zu erklären!»

18 Gott ist ein Verlangen, das wir in uns tragen

Das war keine ernste Sache, das mit den auf dem Friedhof zertrampelten Blumen. Für mich war es keine ernste Sache. Was da geschah, ereignete sich in einer anderen Dimension, in gar keiner Dimension, als gehe es direkt in die Unwirklichkeit ein, oder ins Nichts, und es hätte nicht einmal einen Sinn gehabt, es überhaupt zu erwähnen. An jedem Samstag, wenn Elisa Lauras Grab in Ordnung brachte, noch bevor sie mich bei den glücklichen Alten besuchen kam, wartete ich darauf, dass man mich allein ließ, damit ich zum Friedhof laufen und die Blumen zertreten konnte. Seit ich mich dazu überwunden hatte, durch die Friedhofstore einzutreten, wie es nun immer wieder geschah, hatte ich mich so daran gewöhnt, dass ich mich gar nicht daran erinnerte. Es war nur ein Fingerzeig, ein Wutausbruch, der sich pünktlich ohne Sinn und Verstand einstellte. Es war etwas rein Mechanisches, das sich meines Körpers bemächtigte und ihn etwas tun ließ, woran ich mich danach überhaupt nicht mehr erinnerte. Daher war es keine ernste Sache, und zunächst bestritt ich es, ich war überzeugt, man würde mir noch genug vertrauen und jemand anderen verdächtigen. Doktor Bernardo zögerte das Gespräch hinaus, und es wurde so lange hinausgeschoben, dass Elisa die Autorität des Heimdirektors schonen wollte, indem auch sie es vergaß und sich schweren Herzens damit abfand, Lauras Grab immer wieder so vorzufinden, als wäre es ständig von einem schlimmen Sturm heimgesucht worden. Ich stand mit hängenden Ohren da und machte ein Gesicht, als hätte ich einen Dummejungenstreich angestellt, und als ich zugab, dass ich es war, der die Blumen zertrampelte, hörte sich meine Stimme an, als käme sie aus einem tiefen Brunnen, mit einer Stimme, die den Tiefpunkt der Mutlosigkeit erreicht hatte, weil es so schwer war, als dummer, halsstarriger Alter Verantwortung zu übernehmen. Es war ja nicht Elisa, die mich ausschimpfte, sondern Doktor Bernardo, der mir diese unmissverständlichen Sätze sagte, die man Kindern sagt, und so kindisch auch die Situation sein mochte, ich sank doch nicht ganz zu einem Minderjährigen herab, es war etwas anderes, eine ganz andere Zeit, mit ganz anderen Herausforderungen.

Eines Tages sah mich eine Frau auf Lauras Grab, als ob ich auf den Blumen tanzen wollte. Sie entdeckte mich zuerst von weitem, wobei ich übergroß wirkte, weil ich auf die Steinplatte gestiegen war, und es konnte für sie nicht normal sein, dass dort ein über zwei Meter großer Mensch stünde. Da schloss sie die Augen zu einem Spalt, um besser sehen zu können und zu versuchen, einen klaren Blick zu bekommen und das helle Licht des Nachmittags zu durchdringen, damit sie erkannte, was ich dort anstellte. Dann lief sie ein paar Schritte auf mich zu, und ich bemerkte sie nun auch, ließ mich aber nicht einschüchtern. Ich hatte das damals schon ein paarmal gemacht, und an diesem Nachmittag stand ich auf Lauras Grab, als hätte ich das Recht auf meiner Seite, und verunstaltete die Blumen, damit sie für die Schönheit bestraft wurden, die sie diesem Tod verleihen wollten. Keine Schönheit durfte sich vor meinen Augen an diesem Ort, wo ich dem Körper meiner Frau nahekommen musste, leichtfertig entfalten. Keine Schönheit durfte dieses Weiß überdecken, um mich über die Leere des Steins, die Kälte des Steins hinwegzutäuschen, über die Art, wie der Stein nicht hörte und nicht sprach. Das hier sind nicht Lauras bunte Kleider, es sind nicht ihre zierlich hübschen Modelle, mit denen sie sich jeden Tag zurechtmachte, um eine Dame wie keine andere zu sein. Diese idiotischen Blumen sind überhaupt nichts im Vergleich zu dem, was sie war, sie sind nichts, verglichen mit der Würde, die sie ausstrahlte, und mit der Liebe, die uns vereinte. Die Frau atmete tief ein und sagte, aber mein Herr, Sie sind verrückt, kommen Sie da runter, gehen Sie hier weg! So wunderschöne Blumen, Sie machen die wunderschönen Blumen da kaputt. Schließlich stieg ich hinunter und lief vom Friedhof fort. Meine Schuhsohlen schimmerten noch grünlich, und unterwegs rieb ich sie ab, dabei lösten sich einige Blütenblätter wie unerhörte herabstürzende Vögel. An diesem Nachmittag brachte die ungläubig staunende Frau Lauras Grab wieder in Ordnung und legte ein paar Blumen darauf, die sie mitgebracht hatte. Ich sah voraus, dass sie dies tun würde. Ich sah voraus, dass sie denjenigen bemitleiden würde, der dort für Grabschmuck gesorgt hatte, und diejenige, die dort tot unter dem Stein lag, und dass sie tun würde, was ihr Herz befahl, um etwas für das gute Gewissen und vor allem etwas für Gott zu tun, dieses offene dicke Auge in unserem Kopf. Jawohl, in unserem Kopf.

Gott ist ein Verlangen, das wir in uns tragen. Er ist für uns eine Möglichkeit, alles zu wollen und uns nicht mit dem zufriedenzugeben, was garantiert und reichlich vorhanden ist. Gott ist der Neid auf etwas, das wir uns in der Phantasie vorstellen. Als genügte nicht, was sich uns im Leben alles bietet. Wir wollen mehr, wir wollen immer mehr, sogar das, was es nicht gibt und auch nicht geben wird. Und außerdem erfinden wir Gott, weil wir uns gegenseitig polizeilich überwachen müssen, so ist es. Es ist viel leichter, auf die Nachbarn aufzupassen, wenn wir der Hypothese zustimmen, dass es ein körperloses Individuum gibt, das durch die Häuser fliegt und alles hört, was wir sagen, und alles sieht, was wir tun. Es ist viel leichter, wenn diese Vorstellung jedem Menschen mit dem erschwerenden Umstand eingeredet wird, dass man ihm sagt, eines Tages, wenn er sterbe, werde ihm dasselbe unheimliche Wesen begegnen, um ihn für das Verhalten, das er in seiner Lebenszeit gezeigt habe, zu bestrafen oder zu belohnen. Und die Gemeinschaft atmet erleichtert auf, weil sie weiß, dass wir damit alle aufs Beste polizeilich überwacht sind, wir haben einen Polizisten in unserem Innern, einen, der uns zugeteilt ist und doch auch den anderen und der uns bei jedem Schritt belasten oder anklagen und unseren Weg mühelos beenden kann. Ich weiß, die Menschheit erfindet Gott, weil sie nicht an die

Menschen glaubt, und man kann leicht verstehen, warum. Die Menschen vertrauen in Gott, weil sie unfähig sind, einander zu vertrauen, und je mehr dies so ist, desto weniger vertrauen wir einander, desto mehr verlangen wir nach polizeilicher Überwachung, und wenn die göttliche Überwachung in eine Krise gerät, weil sich die Geister befreien und das gefräßige Joch der Kirche nicht mehr wirkt, muss man diese polizeiliche Überwachung vom Staat verlangen. Wie schrecklich wäre es, wenn wir in die Zeit einer Sitten- und Glaubenspolizei zurückkehren würden. Wie schrecklich wäre es, wenn wir uns wieder vor den Nachbarn ängstigen müssten und uns die Nachbarn wegen abweichender Ideen ans Messer liefern könnten. Wie schrecklich wäre es, wenn wieder so ein Sauhund an die Macht käme, der für alles, was man sagt, die Zensur einführen und uns befehlen würde, zu denken wie er und so zu handeln, wie er angeblich handelt. Wie schrecklich wäre es, wenn bei allem, was die Menschen tun, der schändliche Wille regierte, den anderen zu übertreffen, mehr als der andere zu können, den anderen zu überzeugen, wie gut es ihm im Erdgeschoss gehe, während man selbst in die oberen Etagen aufsteigt, aufsteigt so allein wie möglich, denn in Gesellschaft zu siegen befriedigt niemanden. Jetzt machen wir alles falsch, ohne Werte, ohne Angst vor der Kirche, ohne einen Faschismus, der unseren ungebändigten Willen lenkt. Wir sind gewissermaßen auf falsche Art vereinsamt. Einsamer denn je sehen wir den Geschehnissen zu, ohne dass wir recht wissen, wem wir vertrauen sollen. Und dabei, das stimmt, gehen wir davon aus, dass alle gute Menschen sind, aber in den Köpfen mancher, wenn nicht aller Menschen werden wohl viele der Unbegreiflichkeiten ausgeheckt, die hier geschehen und die zum Himmel stinken. Viele der Merkwürdigkeiten, die uns immer weniger an die Menschen glauben lassen.

Und das Gesetz, dieses zarte Etwas, das uns liebt und sich darum kümmert, dass wir glücklich sind und es bequem haben, es rührt mich. Es belauert jede Gebärde und stürzt sich begeistert auf uns, wenn es meint, wir maßten uns mehr Raum an als erwartet, oder wenn wir einfach nur eine Entscheidung allein treffen wollen und das genießen wollen, was unser ist, ohne dass wir den anderen Rechenschaft darüber ablegen müssen, was uns gehört, was uns das ganze Leben gehört hat, jetzt aber prozentweise auch dem Staat gehört. Alles müsste essbar sein. Alles. Autos und Häuser müssten essbar sein, und wenn es ans Sterben ginge und etwas für Steuern, Gebühren und solche Räubereien hinterlassen werden müsste, würden wir alles aufessen und den Berg Scheiße, der daraus entsteht, testamentarisch vererben. Wir würden alles aufessen und einen großen Scheißhaufen hinterlassen, den man, wenn man ihn wieder in Häuser und Autos verwandeln wollte, nutzen müsste, um die Felder zu düngen, auf denen dann gesät, gejätet, gewässert und zu guter Letzt geerntet würde, bis es wieder so gute Apfelsinen gibt wie früher im ganzen Land.

Ich würde kein anderes Testament unterschreiben, ich war unbeugsam. Zu der Zeit entdeckten sie, dass ich nur einen Monat nach Lauras Tod ein Testament gemacht hatte.

Darin schloss ich Ricardo vom Erbe aus, so weit ich nur konnte, was beinahe nichts war. Weil das mitfühlende Gesetz dazu verpflichtet, dass ein Sohn mit den besten Tischtüchern bedacht wird. Ich würde nie wieder etwas unterschreiben, selbst wenn er hier auftauchen sollte, schrie ich, er soll sich ja nicht bei mir blicken lassen, ich wäre durchaus dazu fähig, ob ich das Recht dazu habe oder nicht, sein Leben von ihm zurückzuverlangen.

Elisa heulte los, und ich weigerte mich hartnäckig, weil man wieder einmal über mich bestimmen wollte. Es konnte nicht sein, dass sie mir alles wegnahmen, und noch weniger, dass sie mit mir über Geld redeten, wo mir doch fast die Zähne schmerzten, so unbändig war meine Lust, auf einen Schlag alles zu vernichten, alles aufzufressen und nichts aufzusparen, was sie auf meine Kosten würden ausgeben können, auf Kosten all der Jahre, in denen ich im Laden stehen und Haare schneiden musste, schließlich hatte ich nie zu denen gehört, die im Sitzen arbeiten. Nicht dass sie mir gekommen wären und mir vorgeschrieben hätten, wer von mir wie viel von dem bekommt, was ich aufgebaut habe, als ich wie ein Huhn Körnchen für Körnchen pickte, vorsichtig, ängstlich, von Zweifeln geplagt jeden Tag, und in schlaflosen Nächten. Doktor Bernardo konnte sich seine väterliche Herablassung ruhig sparen, diesen sanften Ton, der mich krank machte im Kopf. Er konnte sich ruhig jeden Kommentar sparen, weil ich, so wütend, wie ich war, in der Frage der Vermögensaufteilung nie einen Rückzieher machen und meinem Sohn das Gleiche wie Elisa geben würde.

Woran man sehen kann, dass nicht alles garantiert und vorhersehbar ist. Eigentlich gar nichts. Weil ich eigentlich immer ein Familienmensch gewesen war, für die Familie da, wie ein allzeit grimmiger und zu jedem Angriff fähiger Wolf, der seine Brut mit aller Kraft beschützte. Wenn aber ein Mitglied des harten Kerns meiner Welt durch sein Verhalten nicht mehr würdig war, zu uns zu gehören, dann konnte ich das nicht länger sein. Genau das sagte ich Doktor Bernardo und Elisa unmissverständlich: dass Ricardo nicht glauben dürfe, es wäre alles nur ein Irrtum gewesen, und damit wäre er meiner und Lauras wieder würdig. Wie eine falsche Liebe. Früher hatten wir ihn ins Herz geschlossen, er aber wollte weg, er gehört nicht mehr zu uns, und er ist auch nicht mehr hier drinnen. Es war ein Missverständnis, ein Missverständnis der Natur, wenn man so will, aber das genügte, mein Entschluss stand fest, ich habe nicht einmal das Gefühl, dass es überhaupt ein Entschluss war, es ist einfach stärker als ich.

Ich erklärte Doktor Bernardo, dass meine Aussöhnung mit Mariechen die höfliche Geste eines Kavaliers sei und nicht auf einer Wandlung meines fehlenden Glaubens an ein Leben nach dem Tod beruhe. Wenn ich sie in die Betttücher einwickelte und festhielt, als wäre ich ein Schiff und hielte mich am Kai fest, so deshalb, weil ich in meinen Grübeleien etwas auf Abwege geraten war und mir gern einredete, jemand würde mir Gesellschaft leisten. Aber das hatte nichts weiter zu bedeuten. Ganz und gar nicht. Ich glaubte nicht einmal, dass die Statuette irgendwelche menschlichen

Spuren an sich hätte und plötzlich mit mir zusammenleben wolle. Dieses Etwas, diese Heilige Jungfrau von Fátima, lebt nicht mit mir zusammen. Verstehen Sie, Doktor, es gibt keine Heilige Jungfrau, es gibt keinen Gott, und Fátima ist nur ein Ort, wo die Leute krank im Kopf geworden sind. Elisa war hinausgegangen, um ein bisschen frische Luft zu schnappen, und ich beendete entrüstet das Gespräch. Wütend stieß ich Drohungen aus, damit sie es ja nicht wagten zu versuchen, mich zu entmündigen. Damit sie mich nicht für unfähig erklärten, über meinen kärglichen Nachlass selbst zu entscheiden. Für einen Menschen, der nicht erwartet, jenseits des Todes noch jemandem zu begegnen, ist das der schlimmste Raub. Mir nicht die Freiheit zu lassen, mir selber auszusuchen, wem ich vererben konnte, was schließlich das konkrete wirkliche Ergebnis des Lebens ist, das bisschen Zeugs, das wir angehäuft haben. Wer sich dort mit seinem Arsch hinsetzt und den Ausblick von meiner Veranda genießt, wird das vollkommene Sinnbild dessen sein, der ich war, er wird besitzen, was ich war, das, und sonst nichts, denn an keinem anderen Ort werde ich weiterexistieren. Wenn ich etwas gewesen bin, dann dieses Leben dort mit meiner Laura, wenn wir die Aussicht genossen und glaubten, dass wir nach so vielen Jahren immer noch nicht auf den Kopf gefallen waren. Zwingt mich nicht, alles dem auszuliefern, den ich nicht mag, dem ich nicht das Recht zubillige, sich den anzueignen, der ich war und schließlich und endlich immer noch bin.

Ich betrat Anísios Zimmer, ohne anzuklopfen oder auf

andere Weise Respekt zu bezeugen. Da waren all diese Heiligen auf den Möbeln und an den Wänden, die mich aufregten. Er erschrak über mein unhöfliches Gebaren und merkte, dass ich verärgert war. Minutenlang schimpfte ich. Schwang Reden über etwas, woran ich mich nicht mehr erinnere. Ich brachte eine Menge Beschwerden und Drohungen vor, die mich nur selbst zur Verzweiflung bringen konnten. Dann beruhigte ich mich. Mir blieb die Luft weg, und ich setzte mich aufs Bett, als Anísio sagte, Senhor Silva, Ihre Panik bringt nichts. Ich antwortete, wer sich auf den päpstlichen Stuhl setzt, jeder neue Papst, setzt in Wahrheit eine lange Ahnenreihe von Mördern fort. Schämen müssten die sich. Und die Leute erwarten von einem solchen Mann das Heil aller Völker und denken nicht daran, dass es Tradition des Hauses ist, andere grausam zu diskriminieren und bis in den Tod hinein zu verfolgen. Wenn Sie sich allein anschauen, was die für Klamotten am Leib haben. Als liefen sie in Gardinen herum, wie Zirkusschwuchteln, die ganz stolz darauf sind, dass sie den ganzen Plunder auf dem Kopf balancieren können. Nicht mal Frauen würden sich so aufdonnern wollen. Die sehen wirklich so aus wie jemand, der an Christus glaubt, irgendeinen Hungerleider, der das Elend predigte und in Elend lebte. Meinen Sie nicht, Anísio, fragte ich, meinen Sie nicht, dass man das auch in dem aufgeschlagenen Buch hier sieht? Gucken Sie sich nur mal genauer das Gesicht dieses Dicken hier an und dann denken Sie an die Armut, wie es sie gab, als wir jung waren, und wie das Regime uns allen das Leben versaute.

Dass Anísio, der kluge Anísio mit dem Licht in den Augen, an Gott glauben musste, beunruhigte und beleidigte mich. Er lächelte. Er strich mit den Händen über die Heiligen. Er hatte dort auch eine Bibel, und dann sagte er zu mir, es bekunde eher eine gefühlsmäßige Reife, wenn man instinktiv wisse, dass wir nicht allein seien. Und ich bestand darauf, dass das Mumpitz sei, dass es schon vor Christus jede Menge Propheten gegeben habe, die am fünfundzwanzigsten Dezember von jungfräulichen Müttern geboren wurden, die starben und dann am dritten Tag auferstanden. Diese Geschichte wurde unendlich oft erzählt, bis die Leute, weil man sie so oft erzählt hatte, am Ende glaubten, sie gehöre der Vergangenheit und nicht dem Reich der Phantasie an. Anísio lächelte wieder und forderte mich heraus, indem er mich an die Episode mit Mariechen erinnerte, die bis in die Nacht hinein mit mir zusammensteckte. Zu meiner großen Enttäuschung begriff Anísio überhaupt nichts und glaubte, wir würden, nachdem wir alle an Prostata- oder einem anderen Krebs gestorben wären, an einem anderen Ort erscheinen und über alles lachen. Mir war, als liefe irgendwo ein Film, und wir kämen plötzlich ins Bild, ohne Probe, in einem Überraschungskostüm, um auf den Punkt die Stichwörter zu lesen, die uns ewig in Gang halten würden. Das Leben nach dem Tod, sagte ich, ist eine Geistesverirrung. Es wäre obszön, wenn es einen Gott gäbe, Anísio, eine Abscheulichkeit. Wenn es diesen «lieben» Gott nämlich wirklich geben würde und er auch nur einen Rest von Ehrgefühl im Leibe hätte, würde er nach all den Schweinereien, die er auf dem Kerbholz hat, Harakiri machen. Anísio widersprach, ach, Senhor Silva, was Sie für Schweinereien erzählen. Was für Schweinereien. Das sagte er, und es trat ein Schweigen von drei Sekunden ein. Innerhalb von drei Sekunden, während ich auf dem Bett und er auf dem Stuhl saß und während ihn noch das Gesicht irgendeines Papstes von den aufgeschlagenen Seiten eines großen Buches anstarrte, spürten wir, wie sinnlos unser Streit war. Denn der Nachmittag war weit fortgeschritten und die Sonne machte da draußen das Gleiche wie jeden Tag, unbeeindruckt von unseren Meinungsverschiedenheiten und völlig gleichgültig ihnen gegenüber. Ja, die Sonne, die da ganz oben am Himmel stand und bestimmt über die Wolken und Engelchen hinaussehen konnte, rollte dort vorüber und tat allen gut. Chapeau, vor ihr musste man den Hut ziehen. Drei Sekunden Schweigen, und ich und Anísio, wir dachten wunderbar schnell an all das und lachten.

Arm in Arm mit Anísio ging ich zu Doktor Bernardo und bat ihn lautstark um Entschuldigung. Ich bestätigte meine Überzeugungen und verbürgte mich dafür, dass ich mit klarem Kopf an alldem weiter festhielt, was ich gedacht hatte, als ich in Rage geriet, aber ich bat um Entschuldigung, weil ich nicht wollte, dass man mich als einen ungebärdigen Alten ansah. Tatsächlich wollte ich etwas viel Wichtigeres. Er sollte verstehen, dass mein Kopf immer noch arbeitet, wie es sein muss. Was ich will, das will ich schon seit langem, keine Altersschwäche kann mich von dem abbringen, wozu ich mich mit meinem ganzen Verstand und meiner

Entschlusskraft durchgerungen hatte. Doktor Bernardo mäßigte seine väterliche Herablassung und wollte verstehen, was ich meinte. Anísio setzte sich für mich ein. Man darf nicht über den Kummer unseres Freundes Silva hinwegsehen, Herr Doktor, man darf einen solchen Verlust und das, was der fehlende Gemeinschaftsgeist unserer Angehörigen bedeutet, nicht beiseiteschieben. Doktor Bernardo hielt sich alles in allem mehr an oberflächliche Psychologie und akzeptierte ohne Wenn und Aber das Argument, das ich vertrat. Man brauchte gar keine Schule außer der enttäuschenden Schule des Lebens, um eine solche menschliche Gerechtigkeit zu erlernen. Die Gerechtigkeit eines solchen Schmerzes galt für alle Menschen.

Ich wollte Elisa nicht anrufen. Ich dankte für den Hinweis, doch ich verstand, dass die Auseinandersetzung notwendig gewesen war, um sie an die Grenzen meiner Eigenverantwortung zu erinnern. Ich ging auf den Friedhof, und dieses eine Mal brachte ich die blöden Blumen, so gut ich konnte, in Ordnung und war unterm Strich damit ganz zufrieden. Womit nicht garantiert war, dass ich es wieder machen würde, aber ich machte es wieder, ich wollte einfach, dass man mich in Ruhe ließ und mir erlaubte, wieder zu lachen. Anísio war mit dabei, und zu zweit machten wir die Arbeit, als wäre sie sogar etwas Lustiges. Wir bemühten uns um die Kenntnisse, wie man ein Grab verschönert, wir sahen nach, wo wir die Abfälle entsorgen und wie wir Wasser holen konnten, wo wohl der schwarze Eimer aufbewahrt wurde, den die Frauen vom Totengräber ausborgten. Damit vertrieben wir uns gewissermaßen die Zeit. Anísio betrachtete das immer noch gut erhaltene Farbfoto Lauras und dachte darüber nach, was ihr Gesicht ausdrückte. Sie hatte zwei gleichermaßen glänzende Augen, ihr Gesicht leuchtete eigentümlich und strahlte freudig. Ich sagte, das Schlimmste ist, dass ich sie in diesem ovalen Bild sehen muss, so verkleinert auf dem hier im Marmor eingesetzten Foto. Dass ich herkomme und sie so eingeschrumpft sehe, als so was Kleines. Früher, da explodierte sie förmlich, wenn sie sich irgendwo zeigte, was war sie für eine Erscheinung! Das macht den Besuch hier zu einer besonderen Herausforderung, zu einer ganz unvergleichlichen Erfahrung. Anísio antwortete, ich möchte sagen, dass sie eine sehr hübsche Frau war, Senhor Silva, sie hatte ein sehr hübsches Gesicht, man sieht ihr an, dass sie ein schön ruhiges Leben geführt hat. Ich fragte, warum ruhig? Ich machte ihm klar, dass wir beide unruhig gewesen waren. Er zögerte, und dann sagte er nichts. Ich dachte an Senhor Pereira. Es war an der Zeit nachzusehen, wie sein Tag verlief. Ich guckte wieder Anísio an und sagte, holt mir keinen Priester, wenn es bei mir ans Sterben geht, lasst nicht zu, dass er mich anfasst oder neben mir zu beten anfängt. Wenn ich sterbe, möchte ich sicher sein, dass ich nicht in den Himmel komme.

Das erzählte ich auch noch Senhor Pereira, der diesen Gedanken am Ende lustig fand. Wenn mich ein Engel holen will, sagte ich, dann schneidet ihm die Flügel ab, erwürgt ihn, aber lasst ihn nicht mit mir nach oben entkommen. Ich will weggeschmissen werden. Ich will unter die Erde kommen wie die Sachen, denen niemand eine Seele angedichtet hat. Ich erlaube nicht, dass man mich in den Himmel bringt. Ich erlaube nur, dass man mich in den dreckigen Grund der Erde bringt, wo mich die Würmer fressen und mir für immer den Ärger ersparen, mir der Ungerechtigkeit des Lebens bewusst zu sein. Senhor Pereira lächelte wieder, und dann schwiegen wir. Wir schwiegen, weil wir überlegten, was wir am liebsten sagen wollten, und es trat ein kurzes und sonderbares Schweigen ein. Es herrschte eine gewisse Beschwingtheit bei uns vieren. Bei mir, weil ich noch ein bisschen die Ketzerei herauskitzeln wollte, an der ich mich begeisterte, bei Anísio, weil er alles unter dem Guten verbuchte, durch das ich meine gesunde Gesichtsfarbe wiedergewonnen und neuen Elan entwickelt hatte, beim europäischen, beinahe euphorischen Silva, weil er in mir einen aufsehenerregenden Gefährten gefunden hatte, auf der Höhe seiner überschwenglichen und entschiedenen Äußerungen. Bei Senhor Pereira weniger, und bei ihm weitaus weniger, wie wir nun feststellten. Das Schweigen wurde gebrochen, als er sagte, es ist wirklich die Prostata. Krebs. Ich stellte mir den Umkreis um seinen Anus vor wie ein von Schweinkram geschwollener Kranz. Ich stellte mir vor, wie kleine Würmer diesen Ring durchbohren und dort herumkriechen, so als ringelten sie sich auf feuchter Erde. Ich stellte mir vor, wie Senhor Pereira auf einem gezähnten Maul saß, das ihn auffressen würde, durch den Scheißdarm bis zum Kopf.

19 Wir sind ein Volk auf salzigen Wegen

Xanica und Pachi hatten einen Hund, der Afonso hieß. Ich soll auf der Stelle erblinden, wenn das nicht stimmt, was ich sage. Da kamen zwei parfümierte Damen herein, und die eine hieß Xanica und die andere Pachi. Und sie brachten einen Hund mit. Sie wollten Dona Beatriz besuchen, die Frau mit den Kleidern, die am Boden schleiften. Ich wollte mich bei ihnen einschmeicheln, damit ich bei ihnen bleiben konnte, und darum fragte ich, und der Hund, wie heißt dieses bildhübsche Hündchen? Afonso, antworteten sie in Stereo. Nun sagen Sie, ist das ein Blick zurück in die Vergangenheit, oder nicht? Das fragte der europäische Silva. Wir lachten, und er noch mal, dann hat der Hund also einen Menschennamen. Dahinter steckt keine Absicht, das geschieht ganz unabsichtlich, liebe Freunde. Diese Damen erkennen sich nicht mehr als Menschen, sie müssen darauf warten, dass der Hund sie überschwenglich begrüßt. Anísio lachte und feuerte den europäischen Silva mit den Worten an, er habe ganz recht, so etwas bedeute fehlenden Schwung und Klarblick, es sei eine Dummheit. Der andere setzte hinzu, wir haben die Meere bezwungen, haben See- und Landungeheuer entdeckt und sind an Skorbut erkrankt. Aus Liebe zu hochgestellten exotischen Jungfrauen fanden wir den Tod. Und das alles, damit es so weit mit uns kommt und wir von einer Madame Xanica und einer Madame Pachi mit ihren Häkelblümchen heimgesucht werden, die wie Blumen duften, als fielen sie in die ursprüngliche Brunst und den tierischen Zustand zurück. Eines Tages werden wir wieder zu den Grunzviechern des Höhlenzeitalters, und dann beeindruckt uns der Vulvageruch der Frauen, vor allem, wenn sich uns die Frauen mit Vulvanamen vorstellen. Also, Freund Silva, Pachi heißt so viel wie Pussy, nun sagen Sie mal, ob das nicht so ist. Ach, Liebste, lass mich deine Pachi sehen, und sie antwortet, nur, wenn du mir deinen Maiskolben zeigst. Was ist aus unserer Gesellschaft der großen Machos geworden, die jetzt, nach so vielen Widrigkeiten und so vielen salzigen Wegen, vor diesen Madames kuschen.

Immer waren wir ein Volk auf salzigen Wegen. Wir sind immer noch ein Volk auf salzigen Wegen. Das kann unser Blut verbittern, es darf uns nie wieder solche leichtfertigen Szenen erlauben. Anísio, dessen Lachen abbrach, als würde ein Motor abgewürgt werden, war nicht einverstanden. Er mochte Frauen, ihm gefielen die Verführungskünste, deren sie fähig sind, und er entdeckte einen scharfen Verstand in der Kunst, wie sie sich vor den Männern hervortun. Sie haben diese Trümpfe gerade angesichts der sexuellen Ausstrahlungskraft der Männer ausgespielt. Ach, Senhor Cristiano, erzählen Sie mir nicht, dass Sie nicht die sexuelle Macht verstehen, wenn man am Leben ist. Erzählen Sie mir nicht, Sie hätten ausschließlich Ihre Revolution im Kopf und könnten nicht im Geringsten anerkennen, dass diese Maschine schon immer ganz bestimmten Eroberungen nachjagt, ein einfaches Spiel, das uns alle auf die gleiche Stufe stellt, einschließlich der großen Seefahrer und der größten Politiker aller Zeiten. Sogar der europäische Silva nickte. Er verstehe so etwas und er wisse genau, wie mächtig Sexualität in der Gesellschaft wirke. Aber er betonte noch einmal, Xanica und Pachi, das nun wirklich nicht. Nicht einmal für Sex. Man bekommt eher Lust, sie auf den Schoß zu nehmen und ihnen das Fell zu streicheln, was weiß ich, ich würde ihnen gern einen Knochen zuwerfen, sie mit hechelnder Zunge sehen. Anísio lachte übertrieben und widersprach, also, Senhor Cristiano, das ist ja pervers bis zum Gehtnichtmehr, Mannomann, Sie sind ein Pornograph.

Dona Beatriz mit den am Boden schleifenden Kleidern verließ lächelnd und aus eigenem Entschluss das Heim. Sie hatte ihre Töchter überzeugen können, sie bei sich zu Hause aufzunehmen und den langwierigen Abschied im Kreis der Familie zu ertragen. Ich fand, dass Xanica und Pachi, von den Farben und Gerüchen abgesehen, Menschen mit einer beneidenswerten emotionalen Intelligenz sein mussten. Das war mein Standpunkt, als das Gelächter endete. Wie schön wäre es für mich, wenn sie mich nach Hause mitgenommen hätten, mich zu Hause gelassen hätten, mich an dem Ort hätten wohnen lassen, der immer mir gehört hatte. Selbst wenn ich ihn zerstört hätte, selbst wenn ich ihn gehasst hätte, weil er dem Wegbleiben Lauras gegenüber gleichgültig blieb, es wäre mir lieber gewesen, sie hätten mir den Gewaltakt ermöglicht, alles zu verlieren, wirklich alles zu verlieren, so aber bin ich überzeugt, dass die selbstsüchtigen

Sorgen eines anderen die Mauern meines Hauses aufrechterhalten müssen. Und meine Papiere müssen verteilt werden, wie es der oberflächlichen Überzeugung entspricht, dass sie entweder mehr den Jungen oder das Mädchen interessieren. Senhor Pereira stimmte zu, doch ihn interessierten das Haus und die Papiere weniger, es ging ihm nur darum, dass ihn seine Kinder völlig verlassen hatten. Wenn sie sich melden, erwartet er nie etwas Neues. Dann müssten sie herausbekommen, wo etwas aufbewahrt sei, woran sie sich plötzlich erinnert hätten. Nun, da man sie informiert hat, dass Senhor Pereira Prostatakrebs hat, haben sie das bedauert und versprochen, am Samstag zu kommen. Sie hatten ihr Bedauern geäußert und sich erleichtert gefühlt, als sie erfuhren, dass sich Krebs im Alter nur langsam entwickelt und dass der Patient mit größerer Wahrscheinlichkeit an irgendeiner anderen Komplikation stirbt. Was für eine große Erleichterung, was für ein Glück, dass er einen derart trägen Krebs abbekommen hat, der nicht einmal kräftig genug durchgreift, um ihn rechtzeitig zu erledigen. Und was für ein Witz. Der europäische Silva beruhigte sich. Diese Sache machte uns alle fertig und hilflos. Wir hörten auf. Wir konnten beobachten, was die anderen Alten taten und sagten. Wir beobachteten und fühlten uns weit entfernt und gleichzeitig wie mit Ketten gebunden. Verdammt, dieses Gefühl einer schrecklichen Machtlosigkeit, dass wir still auf stillen Stühlen saßen, vom Alter und von den Krankheiten brutal erwischt wurden, außerdem von diesem Zyniker, der noch jung ist, bei allem bestimmt und uns verachtet, weil wir zu

Behinderten werden. Mehr und mehr, als vollendete sich das glorreiche Leben in der tiefsten Demütigung. Wir beobachteten die anderen Alten. Wir wussten nicht viel über ihre Erfahrungen. Aber wir betrachteten ihre Gesichter, und sie verrieten die gleichen Schmerzen wie unsere.

Der Speisesaal war lang und breit. Er hatte mehr als vierzig rechteckige Tische, an denen jeweils höchstens sechs Personen sitzen konnten. Dazu kamen fünf runde Tische mit Platz für ebenfalls jeweils sechs Personen. Seit dem ersten Tag setzte ich mich an den runden Tisch, der am weitesten links stand. Wer durch die große Tür eintritt, wendet sich gleich nach links und läuft weiter, bis er beinahe ganz unter einem Balken verschwindet, der sich dort durchzieht, um die Treppe abzustützen. Oft setzten sich Doktor Bernardo und Senhor Pereira zu mir. An manchen Tagen kam auch der europäische Silva her, aber nie Anísio. Anísio hatte sich daran gewöhnt, das Mittagessen mit ein paar Damen einzunehmen, die an den rechteckigen Tischen saßen, ziemlich in der Mitte des Saals, ungefähr zwanzig Meter von uns und unseren Ohren entfernt. Rechts von uns, nach einem weiteren runden Tisch, setzten sich fünf merkwürdige Damen. Es waren fünf Frauen, die den Tisch gewissermaßen ganz einnahmen. Sie waren sich selbst genug, bildeten einen geschlossenen Kreis und ließen keine Unterwanderung zu. In ihrem Innern gab es das Heim nicht, nur in ihrem Umkreis. Diese Frauen bildeten ein Dorf innerhalb des Heims. Sie waren buchstäblich ein Dorf. Den Morgen verbrachten sie am Waschtrog bei der Weißwäsche. Sie tauschten untereinander die großen Seifenstücke und die Bürsten, mit denen sie die Stoffe bearbeiteten. Sie knieten auf dem kleinen Stück Erde im Garten, gleich danach im Hof und am Waschtrog. Sie bauten etwas Gemüse an, das sie sachkundig und sorgfältig verwerteten. Dazu gehörten Möhren, die sie nach dem Ernten unter fließendem Wasser abspülten. Danach gingen sie in die Küche, nahmen kleine Töpfe und kochten ihre Suppen. Die Köchinnen machten ihnen Platz, recht wohlwollend, wie zu sehen war, weil sich alle fünf so selbständig wie wenige von uns hier betätigten. In den Blumentöpfen, die sonst als Schmuck dienen und in denen man Blumen oder Kakteen pflanzt, zogen sie Gewürzkräuter in der noch zur Verfügung stehenden Erde. Sie nutzten die kleinsten Bodenflächen, als machten sie diese rentabel für eine Fünf-Frauen-Wirtschaft, die, wie wir vermuteten, außerdem eine gesunde und vernünftige Wirtschaft war, um die wir sie zutiefst beneiden konnten. Sie saßen neben uns und unterhielten sich beim Essen sehr diskret. Dabei sahen sie so aus wie jemand, der viele Aufgaben zu erledigen hat und diese kurz und mit tiefem Verantwortungsgefühl überprüft. Wir sahen sie in diesem geschlossenen Kreis, vollzählig, wie ich gesagt habe, und das Heim pulsierte rund um sie herum und drang nicht in den Zirkel ein, es konnte diese Überlebensstruktur nicht erschüttern, die aus der Sicht des Nebentisches als eine fabelhafte Strategie erschien.

Senhor Ferreira saß ständig an der Küchentheke. Sein Kopf neigte sich über den leeren Teller, auf den er ab und zu mit der Hand fasste, als suchte er nach Essen. Sein Körper beugte sich über den Tisch. Der Kopf war eine Handbreit über dem Teller. Die aufgerissenen Augen bewegten sich in Kreisen, wollten zu den anderen Tischen hinübersehen und herausfinden, wer im Saal war und wer nicht. Eine Stimme aus der Küche sagte hin und wieder zu ihm, Senhor Ferreira, es ist schönes Wetter heute. Ach, was für ein prächtiger Tag ist das. Also, Senhor Ferreira, wie prächtig Sie lächeln. Und da lachte der Mann. Er lachte übers ganze Gesicht, als kitzelte man ihn. Später, wenn alle ihr Essen hatten, kamen die Köchinnen zu ihm, fütterten ihn häppchenweise und behandelten diesen Mann, als gehörte er zu ihnen und als erleichterten sie ihn von einem Kummer.

Nahe bei uns saß gewöhnlich eine ältere Frau mit einem Schultertuch. Auch sie bekam kein Essen vorgesetzt. Sie blieb ruhig, während sie von einem ständigen Kältegefühl heimgesucht wurde und trübe Farbkleckse sah, von denen sie sich vorstellte, sie seien Menschen. Man hatte ihr eine Brille mit dicken Gläsern aufgesetzt, doch sie sagte trotzdem, sie sehe nicht viel, und darum saß sie da, schwankte nach links und nach rechts, um den Oberkörper demjenigen zuzuwenden, der in größter Nähe vorbeikam, sie wollte sehen, ob sie etwas mit den Blicken erfassen konnte, sie wollte sehen, ob sie sah. Sie war gestorben. Sie musste tot sein, weil sie schon so lange nicht mehr auf ihrem Platz saß, die Blindheit musste sie ein für alle Mal fortgerissen haben. Die andere Blindheit, die keine alternativen Sinne verfeinert. Wir fragten nicht mehr nach diesen Leuten, die die Säle bevölkerten, mit denen wir aber nicht redeten. Wir fragten nicht, um nicht das gleiche Ergebnis wie immer zu erfahren, das wäre masochistisch und sogar etwas beleidigend für die Mitbewohner, während sich alle anstrengten, so zu tun, als wäre das hier immer noch eine Stätte des Lebens.

An einem Fenster, tatsächlich ganz nahe an einem Fenster, das zu unserem Hof hinausging, saß den ganzen Tag ein gewisser Robertinho, ein wenige Zentimeter großes Alterchen, das mit kindlich hoher und versagender Stimme sprach und das mit einer Tasse Kartoffelbrei den Kraftstoff für die Bedürfnisse seines kleinen Körpers auftankte. Er setzte keinen Fuß nach draußen. Schwach wie er war, müsste ihn ein Lufthauch umpusten. Wir aßen in maximaler Entfernung von seinem Platz. Wir saßen an dem am weitesten entfernten Tisch, weil er zwar ein winziges Stimmchen hatte, war doch alles bei ihm winzig, aber ihn beseelten ein endloser Redefluss und das hartnäckige Verlangen, den Lebenden etwas mitzuteilen. Verdammt. Wenn man sich in seiner Nähe befand, war das, als hörte man eine Reportage und habe keine Mannschaft, für die man sich begeisterte. Die ganze Zeit, morgens und nachmittags, spähte Robertinho auf den Hof, und zur Essenszeit drehte er sich zum Saal um. Er betrachtete gern die Leute drinnen, die diesen Raum belebten, als wäre dort ein großartig ausgerichtetes Festmahl mit allem Drum und Dran. Er tat, was er konnte, um lauter zu reden, wenn der Lärmpegel höher war als gewöhnlich, und manchmal gab ihm eine Krankenschwester oder irgendein anderer Angestellter unmissverständliche Anweisungen, leiser zu sprechen. Sie fragten, na, Robertinho, mit wem redest du da? Hier hört dir keiner zu. Er sagte, mit den Leuten, ich rede mit den Leuten. Dann wartete er eine Sekunde, und mit einer Elektrizität, die ihn von oben bis unten heftig durchzuckte, zappelte er und hob die Gardine hoch, um in den Hof zu sehen. Er blickte zu Boden, zupfte sich die Jacke zurecht, rutschte den Po auf dem Stuhl zurecht, und dann, wenn er wieder allein war, redete er mit den Leuten, als redeten die Leute auch mit ihm.

Eine eher unauffällige Gruppe von Alten besetzte die Tische an der rechten Seite, die in der Reihe an der Eingangstür standen. Dort gab es das meiste natürliche Licht, dort kam man zuerst hin, und von dort konnte man auch am schnellsten wieder hinauskommen. An diese Tische setzten sich Mitbewohner, die sich stärker als die anderen miteinander vermischten, weil sie vor allem dort saßen, um einen dieser sonnigsten Plätze zu ergattern, und nicht so sehr, um sich mit ihren besten Freunden im Haus zusammenzufinden. Das hatte mit einem Sinn für Chancen und einer gewissen Eile zu tun. Ja, als hätten sie es immer noch eilig, um die Zeit des Mittagessens nicht mit dem eigentlichen Essen vollständig zu vergeuden und einige gewonnene Minuten in irgendeiner Registratur aufzuführen. Von diesen Leuten hatten mich erst wenige angesprochen. Ich wusste nichts über sie. Ich konnte mir nicht denken, wie sie hießen. Ich bekam auch nicht mit, wann sie Besuche empfingen, ob sie überhaupt welche empfingen, oder wann sie sich über irgendetwas freuten. Wenn jemand starb, erkannte ich natürlich nicht, dass dort plötzlich jemand fehlte, jemand, den schon ein anderer ersetzen konnte. Manchmal staunte ich über ein Gesicht und meinte, dass es wohl neu sei, doch es musste nicht unbedingt stimmen, dass ich recht hatte. Viele Alte schlossen sich aus Eigensinn und Unfähigkeit ein paar Monate in ihr Zimmer ein, und wenn sie wieder auftauchten, so war es, als wären sie dort neu oder in seltenen, schreckenerregenden Fällen gespenstische Erscheinungen von Leuten, von denen wir nicht glaubten, dass wir sie je wiedersehen würden. Zu unseren heimlichen gedanklichen Bosheiten gehörte auch, dass wir einige grausame Urteile fällten. Wir fanden, dass manche länger als andere überlebten, ohne dass dies einer Logik folgen würde. So sagten wir etwa, Senhor Rezende ist gestorben, wo er doch noch so ein kräftiger, rüstiger Kerl war, Monteiro dagegen ist ein Raucherwrack, er hustet immerzu und sieht schlecht aus, wie vertrocknet, er läuft aber immer noch herum, obwohl er aussieht, als gäbe er jeden Moment den Löffel ab, ohne dass er ihn tatsächlich abgibt. Wir fanden das irgendwie ungerecht, und auch wenn es hier ganz alltäglich war, dass Leute starben, fanden wir doch, dass wenigstens die Auswahl, wer ging und wer blieb, die jeweilige Abnutzung durch die Lebensweise und die Erziehung stärker berücksichtigen sollte. Wir provozierten Doktor Bernardo mit diesem Problem, als wollten wir einen besonderen Antrag stellen, um zu entscheiden, wessen sich entledigt werden sollte und wer zu verschonen war. Wir lachten wie der Teufel.

Dona Dores und Domingos saßen immer allein an einem rechteckigen Tisch, ein Stück vor uns, noch vor Anísios Begleiterinnen. Dona Dores und Domingos waren Mutter und Sohn, sie war sehr alt und er geistig behindert, was ihm jede Bosheit nahm und für immer still und kindisch machte. Er lebte nicht im Heim. Pünktlich zur Mittagszeit kam er von draußen, und Dona Dores stellte ihm den Teller aufs Tablett. Sie führte ihm den Löffel zum Mund, sagte dazu lustige Dinge und munterte ihn auf. Anísio, der am Nachbartisch saß, hatte immer ein gutes Wort für den Jungen parat. Er behandelte ihn, als wolle er ihn glücklich machen. Und der Junge lächelte und aß, und dann ging er allein fort, denn er war daran gewöhnt, an den Türen entlang heimzulaufen, ohne mit Unbekannten zu sprechen und ohne sich aufzuhalten. Nie hatte es mit ihm ein Problem gegeben. Verschlossen und hungrig kam er Tag für Tag und ging dann wieder. Anísio, der hin und wieder neue Hemden erhielt, weil er promoviert war und viele hochelegante Freunde und Familienangehörige hatte, schenkte dem Jungen ein paar davon. Er schenkte ihm ungetragene Sachen, die ihm tatsächlich passten und ihn in eine Glocke wahrhaftigen Glücks versetzten. Wenn ihm Anísio zur Begrüßung die Hand gab, drückte der Junge sie fest, zutiefst dankbar für das Hemd, das er trug. Er streckte die Brust heraus wie ein Model und fühlte Achtung und Stolz, weil er so gut angezogen herumlief.

Beim Mittagessen an diesem Tag befand sich Anísio, wie ich merkte, in einem Kreis von sieben oder acht Frauen. Sie alle sprachen über verschiedene Themen, als wären sie noch mitten im Leben. Nur eine schwieg und hielt sich eher abseits, als wollte sie mit der Gruppe nichts zu tun haben. Das fiel mir an diesem Tag auf. Es war eine Frau, die immer dort gesessen hatte, unauffällig, vielleicht etwas jünger als die anderen, ohne ersichtliche Alterserscheinungen, nur ein reines Gesicht unter einer klar hervortretenden silberweißen Haarpracht. Anísio saß am anderen Ende, von dieser Frau durch zwei andere Frauen getrennt, und seine Augen bewegten sich nicht. Der Alte mit den lichterfüllten Augen strahlte stets dasselbe Gesicht an, nur ein Gesicht, als brauchte er dieses Gesicht, als wollte er ihm etwas sagen, und Dona Glória, Glória do Linho, wie wir sie kannten, aß beschämt, ohne den geringsten Hunger, errötete manchmal, ohne etwas zu sagen, ohne sich am Gespräch der anderen Frauen zu beteiligen, ohne dass sie das Weite suchen konnte, ohne dass sie sich gegen die aufgeregten Attacken unseres klugen Freundes verteidigen konnte. Der Schlauste, dachte ich verblüfft, der Einzige, der dreist genug war, um an Liebe zu denken und das auch zu zeigen. Dieses Schlitzohr!

Bei den glücklichen Alten waren wir stets dreiundsiebzig Personen. Es waren stets dreiundneunzig alte Männer und Frauen untergebracht. An dieser Zahl änderte sich nichts. Nach jedem Abgang rückte wieder jemand nach, damit die Nutzerzahl stabil blieb, wie ein vollkommenes, lückenloses Universum, das sich von den Brosamen der Zeit nährt, die den Leuten bleibt. Unsere Reste machen alle zusammen das Leben der Angestellten aus. Wenn jemand stirbt, ist das daher immer nur ein Ereignis von relativer Bedeutung. Wie ein Augenzwinkern. Wenn wir besser sehen könnten, würden wir auf den Stühlen und an den Tischen des Speisesaals vielleicht einen Neuen entdecken, aber wir bräuchten ziemlich lange, bis wir merkten, dass sich etwas verändert hat. Wenn Beifall geklatscht wurde, weil ein Mitarbeiter entdeckt hatte, dass ein neuer Gast seine erste Mahlzeit einnahm, und ein Zeichen gab, oder wenn er den Neuen selber lautstark begrüßte, streckten wir den Hals, um zu sehen, wer es war, wer der Ankömmling sein würde, der sich der Welt aus rechteckigen und runden Tischen anschloss, wo wir uns daran gewöhnten, uns von der Welt zu verabschieden.

Der europäische Silva rief, wir sind ja heute ganz still. Wir sind still, Freund Silva. Doktor Bernardo antwortete, wir sind beim Essen, das kommt vom Hunger. Ich sagte, Anísio geht auf Brautschau. Anísio, der Schwerenöter, steigt den Mädels nach, während wir hier darüber sinnieren, dass in unserem Alter eh nichts mehr zu machen ist. Der europäische Silva wurde ganz hibbelig und erklärte, ich hatte tatsächlich den Eindruck, dass dieses Gerede über Sex im Leib und dass die Maschine Sex will und über die Hormone und weiß ich was auf weniger intellektuelle Art erklärt werden müsste. Nicht dass der Teufel weiter Ausschau hält, ob er mit dem zäpfchenzerfressenen Hinterteil immer noch Eier legt.

20 Was da reinpasst ist klein

Dona Glória do Linho schien ein feinfühliges Wesen zu sein, vollkommen arglos und mädchenhaft. Sie war nicht unerfahren in der Liebe und wollte sich nicht damit abfinden, dass sie auf das Werben eines ansehnlichen Doktors der Kunstgeschichte so schüchtern reagiert hatte. Dona Glória do Linho hatte das Zimmer dieses Anísio mit den strahlenden Augen besucht und war sich zwischen all den bedeutsamen, schönbemalten Statuen, die er sein Eigen nannte, ganz klein und winzig vorgekommen. Sie meinte, sich in einem kleinen Museum zu befinden, das so wertvoll wie ein ganzes Leben war und noch größer als ein Leben, weil es hier viele Dinge gab, die für immer zum Erbe aller Menschen gehören mussten und kostbarer waren als alle Menschen. Diese Dinge sind unwiederbringlich. Menschen werden immer wieder geboren, aber solche Kunstgegenstände kommen nicht so einfach auf die Welt. Ich weiß nicht, wie ich das erklären soll, es ist so, als wären sie seltener als Menschen. Anísio sagte, diese Sachen sind aus dem sechzehnten und siebzehnten Jahrhundert, und vielleicht haben sie dem König oder den vornehmsten Adligen der Geschichte gehört. Sie lächelte unbeholfen, sie erinnerte sich an ihr Leben als Schneiderin und verglich sich, als sie mutig auf dem Bett saß, mit der großen Bedeutung dieser Dinge und deren Vergangenheit. Dona Glória do Linho hatte nicht einmal eine richtige Vorstellung, was Könige eigentlich darstellten, wofür sie im Alltag früherer Zeiten gut waren. Sie stellte sie sich unsympathisch vor, umringt von Dienern, die sie mit teurer Kleidung und köstlichen Speisen versorgten und sie sogar bei dem begleiteten, was das Volk, wie es längst herausgefunden hatte, besser allein erledigte. Sie wusste nicht, worin das Schicksal solcher Leute mit ihrem eigenen übereinstimmen konnte. Die ihren Augen preisgegebene Gegenwart dieser auserlesenen Gegenstände brachte sie gar auf den Gedanken, dass anderer Menschen Vergangenheit nun in ihre Hände gelangt sei. Sie errötete, als sie auf dem Bett saß, und ließ nicht viele Worte vernehmen, wie sie auch nur Dummheiten zu sagen schien, wenn sie sich verständlich machen wollte. Sie musste, wie sie fand, mit der romantischen Situation zurechtkommen, in diesem Zimmer zu sein, auf diesem Bett zu sitzen. Alles rundum anlächeln. Anísio richtete sich als ganzer Kerl viel nach den Erinnerungen an frühere Zeiten, er umkreiste die Signale, näherte sich dem Territorium, näherte sich dem Territorium langsam. Es sollte eine sorgfältige Eroberung werden. Ohne das Risiko, sich lächerlicher zu machen als nötig. Eine ausgereifte Liebeswerbung, die darauf vorbereitet ist, die offensichtlichsten Klippen zu umschiffen. Anísio, ein verliebter, aber durchtriebener Hund, hatte sie noch nicht geküsst und nicht einmal ihre Hand ergriffen. Keine Rede davon. Sie waren alt und hatten ihre Liebesabenteuer hinter sich, und er musste an sein Herzleiden denken. Er konnte sich keine Aufregung leisten, er durfte nur maßvoll in Stimmung geraten, damit er nicht diesen Muskel zerstörte, in dem man seine extremsten Gefühle bewahrt. Richtig wäre ein Liebesverhältnis, das körperlich nicht anstrengend wäre wie bei jungen Leuten. Es kam darauf an, dass dies eine aus den Kenntnissen und Träumen eines alten Menschen bestehende Liebeswerbung sein sollte. Die Träume der Alten sind wie das Gedächtnis der Fische. Sie dauern nur ein paar Sekunden, aber die paar Sekunden werden sich lohnen. Die Erwartung, das Leben sei eine unablässige Folge von Freude, stellt sich nie wieder her. Alles ist bruchstückhaft. Wir wissen genau, was wir uns sehnlichst herbeiwünschen. So träumte Anísio in kurzen Augenblicken von jedem Detail. Ohne dass etwas verdorben würde. Um zu erlauben, dass das Abenteuer Gestalt annimmt, damit die Gelegenheit nicht ungenutzt vorübergeht. Und Dona Glória do Linho, die sich angesichts der Doktorenmanieren des Bewerbers tatsächlich ganz klein und winzig vorkam, empfand schon deutlich, dass dieses schöne Gefühl wirklich ihr galt. Sie war verwirrt, wie alle Verliebten verwirrt sind, das Glück, einen solchen Mann begeistert zu haben, war unfassbar, das Glück, überhaupt jemanden begeistert zu haben, begeisterte sie am meisten, das Glück, die unglaubliche Energie, die ungeteilte Aufmerksamkeit eines anderen zu verdienen, nachdem das Alter sie unsanft in die Zeit geschoben hatte, in der sie diskret werden musste, diskret, um sich besser darauf vorzubereiten, nichts zu sein. Sie stand vom Bett auf, wobei sie achtgab, in dem winzigen Raum nicht an seinen Körper zu stoßen, und sie machte die eine oder andere Ausweichbewegung. Sie reckte den Hals, und abermals richtete sie sich ganz auf, um an den Antiquitäten ein Detail zu erkennen. Sie suchte nach etwas ihr Unbekanntem. Sie hatte das erregende Gefühl, dies hier zu verstehen, sich für die Kunstwerke zu interessieren, was gleichbedeutend damit war, sich für den Mann und seine Welt zu interessieren. Anísio erzählte ihr kleine Geschichten darüber und freute sich seines Glücks, solche Stücke erworben zu haben. Er freute sich vor allem seines Glücks, Dona Glória do Linho bei sich zu haben, die von ihren Gefühlen fast ein wenig überwältigt wurde und sich ebenso wie er bemühte, dass dieser Zustand länger währe. Anísio sprach, die beste Statue sei immer die lebende, und dennoch bewahre sie Glanz und Pracht eines Schatzes. Die Frau errötete wieder, und so verstummten sie beide für einen Moment, als sie an die leichtsinnigen Sachen dachten, die nicht einmal im Wörterbuch stehen und die den Menschen zwingen, durch die empfindlichste Seite der Schönheit von einem anderen Menschen abhängig zu sein.

Sie gingen nun allein miteinander aus. Das heißt, ohne unsere Gesellschaft. Fortan hatten sie ihre geheimen Orte, denn wir wussten nicht, wo sie sich versteckten, und wir sollten auch nicht nach ihnen suchen. Sie wurden nur ganz selten gesehen, wie etwa zu den Mahlzeiten und in den kurzen Momenten, wenn sie uns auf der Treppe oder in den Korridoren über den Weg liefen. Dona Glória do Linho benahm sich, als würde sie, wenn sie könnte, am liebsten Mauern um sich und Anísio errichten, damit man sie nicht sähe, damit man nichts hörte und nichts von dem erfuhr, was ihre Zweisamkeit bedeutete. Wie sehr schämte sich die Frau, und sie tat alles, damit wir nicht glauben sollten, sie beide würden durch die Gesellschaft miteinander dem Laster verfallen, ein typisches Laster für jemanden, der glaubt, das Leben sei noch das gleiche wie viele Jahre zuvor. Sie wollte nicht mit irgendeiner anderen verglichen werden, mit einer Abenteurerin ohne Ehre und Familie. Sie hatte zu den seriösen Schneiderinnen gehört, die fachliches Können mit Verantwortungsgefühl vereinten, und sie wollte keine unwürdige Greisin werden, die ein ganzes tugendhaftes und unauffälliges Leben einfach wegwirft. Viele könnten der Ansicht sein, sie habe Anísio wegen des Geldes angelockt. Bei dem Licht in seinen Augen war es bestimmt ein Goldtopf, der da in seinem Kopf glänzte, in Wahrheit aber war es ein Gold nur für sie, und es genügte ihr. Sein Geld wollte sie nicht haben, als alte Frau hätte sie auch gar nicht die Zeit gehabt, es zu genießen. Und sie hatte auch keine Kinder auf Erden, die es erben konnten. Dona Glória do Linho war nur voller Sehnsüchte, und diese Sehnsüchte kosteten nichts.

An einem Nachmittag, vielleicht einen Monat, nachdem ich die Romanze entdeckt hatte, überzeugte Anísio Dona Glória do Linho endlich, sich mit uns zusammen in die Sonne zu setzen. Zuerst nahm sie Platz, danach er, ganz Kavalier, und wir alle schüttelten wie Prinzessinnen den Kopf, als übertriebenes Zeichen für Höflichkeit und Ehrerbietung. Die Frau wurde puterrot und brachte kein Wort hervor. Der europäische Silva dozierte, seien Sie willkommen,

Dona Glória. Mit einem so wunderschönen Gesicht müssen Sie eine göttliche Offenbarung der Natur sein, der wir dankbar sein dürfen für Ihre Gesellschaft, und dies umso mehr, wenn Sie an der Hand unseres lieben Freundes Anísio Franco zu uns kommen, eines Mannes mit Qualitäten, wie man sie selten erlebt. Anísio lächelte, und auch Senhor Pereira sagte guten Tag, und dann schloss ich mich an. Der europäische Silva erklärte weiter, eine göttliche Offenbarung der Natur, das soll nicht heißen, ich würde glauben, was man vom Himmel behauptet, ich nicht, ich bin oft genug geflogen, ich weiß also, woraus Wolken bestehen. Senhor Pereira erhob die Hand um zu intervenieren und sagte, Mensch, warten Sie, lassen Sie doch erst mal Anísio zu Wort kommen, sonst glaubt er noch, Sie wollen seiner Freundin den Hof machen. Und Anísio begrüßte die Runde, guten Tag, das wollte ich sagen. Der Europäer aber redete weiter, dabei mit gespielter Verachtung auf den Verliebten zielend, es kann einem schwindlig werden davon, wenn man im Auto fährt und sich die Welt nicht von oben anschaut, überzeugen Sie sich doch davon, ob die Wolken für die Engel Häuser sind. Wären sie es, hätten die Flugzeuge längst den Kampf gegen sie aufgenommen. Dona Glória do Linho erkannte, dass wir wohl schon alle Bescheid wussten über ihre Gefühle, und das verunsicherte sie. Sie hatte gehofft, sie könne sich wie eine Bekannte zu uns zu setzen, einfach nur aus dem Zufall heraus, dass wir ja im selben Heim wohnten, doch das war naiv von ihr, und das konnten wir nicht durchgehen lassen. Da mochten die Korridore noch so weitläufig sein, und es mochte noch so viele Etagen geben, auf die sich die Zimmer verteilten, aber so eng, wie wir mit Anísio befreundet waren, stand er seit langem schon fest im Mittelpunkt unserer Aufmerksamkeit, und wir fühlten darum eifrig mit ihm. Wie hätten wir übersehen können, dass sie einen ganzen Monat gefehlt hatten, um sich zu verstecken und sich honigsüße Worte zuzuflüstern. Und der Nachmittag war grauenvoll. Mit der Frau in unserer Mitte funktionierte das überhaupt nicht. Der europäische Silva ließ die ganze Zeit nur blöde Männersprüche vom Stapel, als wäre es seine Aufgabe, zärtliche Vorstellungen im Herzen der Frau zu wecken, und Senhor Pereira sagte fast gar nichts, er war ausschließlich belastet mit dem Gefühl, wie sich der Krebs in seinem Körper emporfraß, als würde ihm dieser das Recht nehmen, an irgendetwas anderes zu denken, vor allem nicht an die Liebe, nicht einmal an die der anderen. Ich verlor langsam die Geduld in meiner wohlanständigen Pose, den europäischen Silva ununterbrochen zu bremsen, Senhor Pereira aufzumuntern und, noch schlimmer, Anísios verliebtes Dahinschmelzen zu ertragen, als ob er sich unter seinem Hemd in Rosenwasser auflöste. Dona Leopoldina, der die Kinnlade hinunterklappte vor Staunen über das Liebespaar und über die Schamlosigkeit, die sie darin sah, kam zweimal zu uns, kratzte sich vor unseren Augen am Hintern und beschleunigte nervös ihr tolpatschiges Trippeln. Senhor Pereira ließ ein lautstarkes Murren vernehmen, als beleidigte ihn ihre Dreistigkeit jetzt besonders. Soll doch, sagte er, mit einem Schlag ein Wurm in sie fahren, der sie zerbeißt, bis nichts mehr von ihr übrig ist. Dona Glória do Linho schreckte zusammen, und Anísio erklärte ihr, Senhor Pereira habe die Nachricht von seiner Erkrankung zutiefst erschüttert. Der europäische Silva fuhr dazwischen, das ist schon an die zwei Monate her, und alle sahen einander an, als wäre es dadurch weniger ernst. Anscheinend war eine alte Nachricht immer weniger ernst. Die Frau drückte ihr Mitgefühl aus, sie sagte, das tut mir aber leid, das ist ein Problem, wir werden alt, und da treten diese Dinge auf. Wissen Sie, ich habe solche Schmerzen im Fuß, dass es mir manchmal so vorkommt, als wäre er weg, verbraucht. Senhor Pereira erwiderte erregt, Sie haben ja keine Ahnung, wie das ist, wenn einem die Hoden schmerzen wie mir, ich habe das Gefühl, ich würde daran am Baum hängen! Nun gut, räumte sie ein, Hodenschmerzen habe ich keine, aber dass jemand solche Beinschmerzen hätte wie ich, das habe ich noch nicht gehört, ich kann stundenlang nicht aufstehen und stöhne nur, und es helfen auch keine Tabletten. Als hätte ich wütende Katzen in den Knochen. Es ist eine Qual. Senhor Pereira erregte sich noch mehr und sagte, also, Senhora, die Füße, wissen Sie, die können ja wohl nicht so weh tun wie Krebs, Krebs, davon haben Sie doch schon gehört, oder? Der fängt an einem Körperende an und frisst sich weiter, bis zum Ende der Seele, der wütet maßlos, und sogar alles um uns herum tut uns weh. Tut Ihnen das Bett weh?, fragte sie. Und ob es mir weh tut!, erwiderte er, sogar der Teppich und die Tür und sogar Ihre Frisur, die aussieht wie das Flachland von Madeira. Wenn wir Krebs haben, dann tut uns alles weh, Senhora, alles. Dona Glória do Linho machte sich nicht mehr klein und reckte sich auf dem Stuhl weiter nach vorn, so dass sie imposanter wirkte, und sie antwortete, in Ihrem Alter ist Krebs nur noch etwas Theoretisches, er tut nichts mehr, er ist zahnlos, aber ein Problem mit den Knochen, als würden sie zerbröckeln und ins Fleisch eindringen, bis sie gerade stehen, das tut wirklich weh, verstehen Sie, dafür gibt es kein Rezept und keine Hoffnung auf Besserung, die Beine bohren sich in die Muskeln wie Klingen, die sich in die Muskeln bohren. Wie Messer. Wie zwei große Fleischermesser, auf denen man das Gleichgewicht sucht. Da kann man nicht ans Bett denken, und auch nicht an den Teppich, und noch weniger an die Frisur oder anderer Leute Glatze. Wissen Sie, an nichts, man denkt an gar nichts. Senhor Pereira stand auf und ging. Er verschwand im Haus. Wir schwiegen während langer Sekunden, keiner traute sich, etwas zu sagen. Auf einmal erschien Senhor Pereira wieder an der Tür und brüllte, das ist Krebs, Senhora, und das weiß jeder, dass Krebs die schlimmste Krankheit ist, die man kriegen kann, haben Sie gehört, Sie müssen sich mal vorstellen, wie das ist, wenn sich Ihnen Ihre Messer in den Arsch schieben, verstehen Sie, Senhora, in den Arsch! Er kam näher heran und legte von neuem los, man sitzt da und hat das Gefühl, dass das Arschloch ein Eigenleben führt, es bewegt sich nach Lust und Laune und käut Gedanken wieder, so als würde es da drinnen alles auffressen, kapieren Sie! Es gibt nichts Schlimmeres, oder haben Sie sich schon mal vorgestellt, wie das ist, wenn sich ein Arschloch bewegt, als würde es alles auffressen? Nicht mal, wenn sich Ihre beiden Füßchen nach oben krümmen und als Hände dienen würden! Seien Sie froh, dass Sie nicht wissen, was es heißt, am Körperende im lebendigen Fleisch ein Loch zu haben, das sich einen Dreck schert, was seine Aufgabe ist! Und wieder verschwand Senhor Pereira im Haus. Anísio war von der Explosion wie am Boden zerstört. Er wirkte untröstlich, verlangte doch die entstandene Lage, zu wählen zwischen Liebe und Freundschaft, ein uralter Blödsinn, eine kindische Eifersucht. Dona Glória do Linho brachte keinen Mucks hervor, alles war viel unfeiner, als sie erwartet hatte. Ich ergriff für niemanden Partei. Mir war die Luft knapp, als wäre die verfügbare Luft seit einiger Zeit weniger geworden. Als wäre das einfache Atmen mühsamer geworden. Das hatte ich schon gemerkt.

Der europäische Silva blieb ein paar Minuten mit mir allein, nachdem die anderen fort waren, böse hatten sie sich in allen Richtungen aus dem Staub gemacht. Ich sagte ihm gleich, er solle mir nicht in meinem Kopf herumfuhrwerken, er solle mich in Ruhe lassen mit seinen Ideen, weil ich es satthatte, weil mir nun auch noch der Rücken weh tat und ich immer noch nach Luft rang. Er antwortete, ich bin zwar jünger als Sie, aber ich habe auch meine Probleme, Freund Silva, wir sind hier nicht, damit es uns bessergeht, wer so was denkt, sollte sich das aus dem Kopf schlagen. Ich stand auf und verzog mich ebenfalls in mein Zimmer.

Sobald ich in der Nacht das Licht ausgemacht und die Bettdecke bis zum Hals hinaufgezogen hatte, füllte sich das

Zimmer mit schwarzen Vögeln, die sich unterhielten. Sofort flogen sie über mich hinweg, als wären sie schon dort gewesen und brauchten die Dunkelheit nur, um sich sehen zu lassen. Ich knipste meine Lampe wieder an, und das Zimmer wurde weiß, weiß wie immer, das Mariechen mit der Schlichtheit, zu der man sie verurteilt hatte, die Wäsche auf dem Stuhl, eine tiefe Stille. Dann kehrte ich zurück in die Dunkelheit. Ich hielt den Körper halb aufgerichtet, um besser sehen zu können, was geschehen würde. Ich stützte den Ellbogen auf die Matratze, und die Vögel flogen wieder umher. Sie streiften mein Gesicht und redeten in einem so schrillen Portugiesisch, dass ich nicht alles mitbekommen konnte, ich setzte mich im Bett hin, wobei mich die Decken schützten, so weit es ging, und ich staunte über diese absurde Gesellschaft. Für eine Sekunde konnten sich die Vögel auf meine Knie, manchmal auch auf meine Füße setzen, sie waren aufgeregt und kümmerten sich scheinbar gar nicht um mich. Die Fensterläden standen offen, und trüber Mondschein drang herein. Ich stand auf, nahm meinen Mut zusammen und öffnete die Zimmertür, ich merkte, dass sich die Vögel über mir versammelten. Ich ging auf den Korridor hinaus, und der Lärm wurde ohrenbetäubend, er hallte im Treppenschacht des Hauses wider, als wären es tausendmal mehr Viecher, die mich umringten. Ich lief zum Zimmer sechzehn weiter, öffnete die Tür, die nun offen blieb, setzte mich aufs Bett und beobachtete Senhor Pereira. Der Vogelschwarm war hereingekommen und wütete in seinem Zimmer genauso wie in meinem. Senhor Pereira spürte den Druck meines Körpers auf seiner Matratze und schlug die Augen auf. Er fragte, sind Sie es, Senhor Silva?, und ich sagte, ich bin es. Ich kann nicht schlafen. Er antwortete, ich auch nicht.

Senhor Pereira fragte, dann sind Sie bestimmt auch meiner Meinung, dass ich recht habe, wenn die mir mit ihrer Geschichte von den Messern in den Beinen kommt, wo ich Krebs habe. Ich lächelte und sagte, die Frau ist nur ungeschickt, sie weiß nicht, was sie sagen soll, und sie hat sich geschämt in unserer Gesellschaft. Er antwortete, sie hat keine Manieren und kein Mitleid, es war keine Scham, es war eine alte, hinterlistige Masche, ihr sollte mal weh tun, was mir weh tut, und sie sollte diese Angst haben, dass sie schon morgen stirbt, da würde sie sehen, ob sie sich um ihre Füße kümmert. Wenn ihr die Füße weh tun, soll sie sich hinsetzen, und dann erholt sie sich schon. Ach, so ist es, Senhor Pereira, sie kann ja wirklich einfach sitzen bleiben. Es gibt auch Rollstühle, und jemand könnte sie schieben und alles, man könnte sie auch die Treppen runterstoßen, und sie wäre ein für alle Mal geheilt. Wir lachten, und er fragte wieder, haben Sie Ihre Zimmertür zugemacht? Ich sagte, ich weiß nicht, ich würde eh nicht den Mut haben, dorthin zurückzugehen. Was sind Sie denn für ein Angsthase geworden! Wenn sie mitkriegen, dass Ihre Tür offen steht, kommen sie her und holen Sie, und sie ziehen uns beiden die Ohren lang! Hinter meinem Rücken wird es Getuschel geben. Erst schlafe ich bei Esteves, und jetzt komme ich her und schlüpfe bei Ihnen unter. Was ist denn los mit Ihnen,

Senhor Silva? Ich weiß nicht. Ich sehe schwarze Vögel, Geier, die über meinem Kopf fliegen. Das liegt an Ihren Augen, hier kommen nicht mal Fliegen rein, die Fenster lassen sich nicht öffnen. Ich weiß, ich glaube, das kommt von der Angst. Früher dachte ich, ich hätte vor nichts Angst. Aber ich habe Angst. Wovor haben Sie denn Angst? Dass ich zerlegt werde, dass mich der Tod auseinandernimmt, ich weiß nicht. Nach dem Tod fühlt man nichts, heißt es. Wer sagt das? Das kann keiner wissen. Freund Silva, Sie werden ja ganz spirituell! Nein, es geht nur darum, dass ich Angst habe. Angst habe ich auch, aber nicht davor, zerlegt zu werden, sondern dass ich von hier fortmuss, dass das hier zu Ende geht. Diese Scheiße, fragte ich, dass diese Scheiße zu Ende geht, Senhor Pereira? Er schüttelte den Kopf und sagte, keine Scheiße oder schlimmere Scheiße ist schlimmer. Dann entschieden wir, meine Zimmertür zuzumachen. Wir gingen hin und schlossen sie, und er fragte, sind die Vögel jetzt in Ihrem Zimmer? Ich sagte nein, und er antwortete, diese Arschlöcher! Wir lachten so leise wir konnten, und stolperten übereinander, als wir wie kleine Kinder beide beim Abschließen an der Tür hängen blieben, danach liefen wir schnell wieder zurück und schlossen uns in Senhor Pereiras Zimmer ein. Dort fühlten wir uns vor allem sicher. Wir ließen das Licht ausgeschaltet und hatten die Fensterläden geöffnet, damit wir im Mondschein alles sehen konnten. Er sagte, ist ja ein intelligenter Kopf, der Anísio, aber jetzt hält er sich für den Obermacker, wo er doch eine Frau hat. So ist es, vielleicht. Und was soll er mit ihr anstellen?, er kriegt ihn doch gar nicht mehr rein, lecken könnte er, aber in seinem Alter leckt er nichts mehr, am Ende fällt ihm noch das Gebiss raus. Eh, Mann, sagen Sie nicht so was, mir tut die Brust weh, ich möchte lachen, ich krieg aber keine Luft. Eine Braut im Rentenalter aufreißen, das ist wie mit einem ausgeleierten Gummi spazieren gehen, das weckt nur noch wehmütige Erinnerungen, weiter nichts. Pst, nicht so laut, sonst erwischen sie uns noch! Das werden sie nicht, die Schwester, die heute Dienst hat, sitzt beim Pförtner auf dem Schoß, im Ernst. Haben Sie das noch nicht mitbekommen? Hab ich nicht. Senhor Silva, Sie sind wohl nicht aus dem Heim hier, oder? Es gibt Wichtigeres. Ach, ja? Ich höre, vielleicht bringen Sie mich ja noch auf wichtige Gedanken. Ich achte nicht so auf solche Sachen. Das sollten Sie aber. Die zwei treiben es im Behandlungszimmer von Doktor Bernardo, haben Sie das Gestöhne nie gehört? Nein, habe ich nicht, zu der Uhrzeit, wenn er kommt, sind wir schon im Bett. Ach, aber hier, von meinem Zimmer aus, kann man, wenn die Tür offen ist, hören, wie sie sagt, sie will den Superhengst. Himmelherrgott, entweder der Mann guckt Fußball, oder er muss ran. Und wie er rangeht, nicht zu knapp! Ich war auch ein ziemlicher Draufgänger! Hätten Sie nicht gedacht, wie? Es war eine richtige Sucht. Senhor Silva, rücken Sie raus mit der Sprache, los, erzählen Sie! Da gibt es nicht viel zu erzählen, Sie haben keine Ahnung, wie das ist. Ich kann es mir vorstellen, aber es ist spannender, wenn Sie es sind, der es mir erzählt. Lachen Sie nicht. Ich habe ihnen gern auf den Hintern geklatscht, richtig versohlt habe ich sie. Ha, Donnerwetter. Das habe ich nie gemacht. Das war auch nicht erlaubt bei Salazar. Ha, erlaubt hat er es nicht, wenn es nach ihm gegangen wäre, hätte man nicht mal wichsen dürfen. Lachen Sie nicht, Sie wecken die Leute auf! Entschuldigung, aber Ihre Ausdrucksweise! Sind Sie kein Mann, oder was, wie heißt das denn bei Ihnen? Mit der Hand. So nebenbei. Nein, ich sage, wegen Salazar machten wir es nicht mal mit der Hand. Sie sind mir ja einer, wie es aussieht, haben Sie ja Angst, unter erwachsenen Leuten muss man doch so reden dürfen! Senhor Pereira, alle benutzen Kraftausdrücke, und an der richtigen Stelle angewandt, sind sie auch angebracht. Senhor Silva, ehrlich gesagt, ich weiß gar nicht mehr, wie ich Sie einordnen soll. Wieso? Kraftausdrücke waren für Sie also selbstverständlich. Natürlich, nur wusste es keiner. Ihre Frau musste es wissen. Sie wusste es, und sie hatte es gern, lachen Sie nicht. Ich muss lachen. Meine zweite Frau war nämlich einerseits eine von den ganz Schlimmen, mit achtzehn Nachbarn setzte sie mir Hörner auf, aber wenn wir dabei waren, kein Wort. Sie meinte, ich behandele sie wie so eine. Eine was? Genau das, eine Hure. Stellen Sie sich vor: Wenn ich was sagte, regte sie sich wahnsinnig auf und wollte nichts mehr von mir wissen. Ist doch offensichtlich, sie musste schon müde gewesen sein. Ja, das war sie, die Hure. Sie war genau das. Als ich sie verließ, waren die Kerle alle hinter ihr her wie Hunde hinter einem Knochen, weil sie sich alle für den Einzigen hielten, der die gute Micaela vernascht hatte. Als sie erfuhren, dass sie Gemeinschaftseigentum und öffentlicher als eine öffentliche Straße war, gaben sie ihr den Laufpass und fingen wieder mit dem Wichsen an. Sie sollen nicht lachen, ich halte die Brustschmerzen nicht aus. Wir müssen über was Ernsthaftes sprechen, fühlen Sie sich hier in Dona Martas Zimmer schon wohl? Inzwischen ja, ich habe sie nämlich verjagt. Wie das? Einmal ist sie nachts hier weinend aufgetaucht, und ich habe ihr gesagt, sie soll sich zum Teufel scheren und ihren Mann erschrecken, und dass ich keine Lust hätte, das Wehweh eines gehörnten Gespenstes zu ertragen. Und sie. Nichts, wissen Sie, Senhor Silva, da war was in meinem Kopf, wie Ihre Vögel. Sie wissen, wie man das macht, und was hat Doktor Bernardo zu diesem Erfolg gesagt? Auch nichts. Tja, Senhor Silva, wir wissen ja beide, dass bei mir der Realitätssinn durch den Arsch zurückgekommen ist. Mir kommt keiner mehr damit, sich irgendwas auszudenken. Sie werden den Krebs besiegen, Senhor Pereira. Senhor Silva, wenn Sie den Mund halten, erzähle ich es Ihnen, es ist schlimmer als gedacht. Es war schon zu spät. Sie haben es zu spät entdeckt. Lassen Sie sich doch nichts einreden, es ist nie zu spät, die Medizin kennt jetzt tausend Tricks bei Krebs. Sie brennen ihn mit Chemie aus oder stecken ihm ein heißes Eisen rein, und Sie werden wie neu. Als ich hier allein war, nachdem man es mir gesagt hatte, Senhor Silva, da war kein Gespenst mehr da oder sonst irgendein Dreck. Ich war sauber im Kopf, wie von innen gewaschen. Ich habe keine Macken mehr, bloß noch Schmerzen und Angst, dabei weiß ich genau, wie es mit mir weitergeht. Sagen Sie doch nicht so was, und hören Sie, ich sehe die Vögel nicht aus Blödsinn, nicht wahr, Senhor Pereira? Das habe ich nicht gesagt, könnte aber sein. Weiß ich, warum ich sie sehe, manchmal sehe ich Dinge mit einer solchen Klarheit, dass es kaum zu glauben ist, dass es sich dabei um Phantasie handeln soll. Und ob, und ob! Doktor Bernardo hat sich gefreut, dass Dona Martas Gespenst weg war, aber er weiß, dass ich jetzt wirklich am Ende bin. Sagen Sie das doch nicht, mit so einer Geschichte kann man heute noch viele Jahre leben. Wissen Sie, dieses Schlitzohr hat gleich zwei Finger reingesteckt, als wäre er auf Wohnungssuche. Da hab ich ihm gesagt, also, Herr Doktor, das ist nicht gleich vorn an der Tür, man darf da nicht nur ein bisschen an der Tür rumfummeln, gucken Sie richtig nach. Er hat sogar gelacht, die Finger reingesteckt und gesagt, er ist noch vorn an der Tür. Und ich sage ihm noch, hören Sie, da passt nichts rein, es bringt nichts, nach großen Sachen zu suchen, Herr Doktor, was da reinpasst ist klein. Damit er nicht auf die Idee kommt, ich wäre das gewohnt. Die Sau hat mich beschnuppert, als würde er nichts lieber machen. Welcher Arzt war das? Doktor Reinaldo, der immer so schick angezogen ist, garantiert ein Homo. Das macht keiner, dass er Arschologe wird, weil er ein Homo ist, damit er dort an einen ahnungslosen Burschen rankommt, der sich nicht wehren kann. Und ich fing schon an, mich aufzuregen, ich zitterte und schwitzte sogar, es ging mir elend, und er wurde und wurde nicht fertig damit. Gleichzeitig wollte ich ihm nicht meinen Respekt versagen, der Mann ist Arzt, der Mann, der ist Arzt, verstehen Sie, Senhor Silva? Ich hatte ja keine Ahnung, dass er so lange brauchen würde, um sicher zu sein, dass ich wirklich am Ende bin. Er musste sich Gewissheit verschaffen, und darum drehte und drehte er seine Wurstfinger in meinem Hintern hin und her. Ich möchte nicht mehr daran denken! Nach allem, was ich gesehen habe, dass ich dann so mit gespreizten Beinen dastehen musste, Senhor Silva, das war der schlimmste Verrat, den das Leben an mir begangen hat. Beruhigen Sie sich, Mensch, das habe ich auch schon hinter mir, und mehr als einmal, sie glotzen dir in den Arsch, und die Erniedrigung ist unerträglich, aber dann ist es vorbei. Wenn es alle trifft, ist es keine Erniedrigung mehr. Glauben Sie nicht, Sie wären der Erste hier drinnen, alle haben das Gleiche durchgemacht. Aber nicht alle hatten hinterher meine Diagnose. Ach, Senhor Pereira, mir ist es doch lieber, wenn Sie lachen. Mir gefällt auch nicht, wenn wir hier alle wecken und dem Hengst die Nummer verderben. Wobei, für heute müsste er eigentlich schon fertig sein. Das geht in null Komma nichts bei dem, weil, sie, sie ist eh ein bisschen verrückt, und er, er lässt sich nicht lange bitten. Gleich nach Dienstbeginn knöpft er sie sich vor. Mitten in der Nacht legt er sich dann noch mal ins Zeug, einfach so, weil er die Chance dazu hat. Wer ihn hochkriegt, kriegt ihn hoch. Sogar Anísio, auch wenn er ihn blöderweise zwischen seinen ganzen Statuen hochkitzeln muss. Aber das schafft er wohl, Dona Glória vergöttert ihn, und er legt sie flach. Mit den Messern und den Katzen ist sie so abgelenkt, dass sie gar nichts mitkriegt. Senhor Pereira, Sie können ruhig etwas ranrücken, mal sehen, ob ich hier unterkomme. Schmiegen Sie sich nicht so an. Seien Sie ruhig, ich tue Ihnen nichts. Warten Sie. Die Betten hier sind viel zu klein. Hören Sie, machen Sie es sich bequem mit mir, ich gehe nicht zurück in mein Zimmer. Warten Sie. So. So ist gut. Aber der Arm hier tut mir weh. Legen Sie ihn nach hinten. Kommen Sie, hierher mit dem Hintern! Ich komme ja schon. Langsam, Sie brechen mir noch die Knochen. Uff. So fühle ich mich wohl. Ich, ich fühle mich wohl so. Aber ich, ich stoße mit dem Kopf ans Bettende. Beinahe. Wenn ich einschlafe und nicht mehr aufpasse, stoße ich dagegen. Wir müssen ein bisschen weiter nach unten rutschen. Los, ich habe lange Beine, und das geht bei mir nicht. Verflucht! Warten Sie. So ist gut. Nein. Ein bisschen weiter nach unten. Das bin nicht ich, das sind Sie. Jetzt. Jetzt fühle ich mich bestens. Nein, aber so habe ich einen Fuß auf dem Boden. Und er tut Ihnen weh. Ich friere. Legen Sie ihn nach oben. Das ganze Bein hat keinen Platz. Hören Sie, mit Esteves war das viel leichter, und der war ein Riese. Sie sind ganz schön kompliziert, Senhor Pereira, Esteves war eine Bohnenstange, ich habe immer noch was auf den Rippen. Esteves, der ist wirklich zum Teufel gegangen. Was? Den haben sie zum Teufel geschickt. Meinen Sie nicht, Senhor Silva? Der wunderbare Esteves, eigentlich sollte er hier ganz zufrieden sterben, erinnern Sie sich, Sie haben ja selbst behauptet, dass er vor Freude strahlte, als er die hundert voll hatte. Er war überglücklich, dass er hundert war. Und dann kommt Doktor Bernardo und sagt, er ist von uns gegangen, und das war es schon. Ich weiß nicht, Senhor Silva, mir kommt dieser Tod recht angemessen vor.

Wir setzten uns aufs Bett. Senhor Pereira setzte sich aufs Bett, und ich auch, jeder auf eine Seite, und wir dachten ein bisschen nach. Dann sagte ich, ich hielt ihn immer für aufrichtig, das habe ich Ihnen ja schon anvertraut, für mich war er der Esteves aus dem Tabakladen, den Fernando Pessoas Álvaro de Campos beschrieben hat. Für mich war er es. Ich habe keinen Zweifel. Für mich auch. Und er war ein Freund. Ein schöner Freund. Und ich habe es auch immer geglaubt, wenn er sagte, dass er Angst vor Medeiros habe, der würde ihn nachts so beschimpfen, dass er es mit der Angst bekomme. Das glaube ich auch. Ich glaube, sie haben da was eingefädelt, um ihn loszuwerden, erinnern Sie sich, etwas, das ihm ein für alle Mal seine Metaphysik raubte und ihn zugrunde richtete. Esteves, mein Lieber, wurde mit der größten Unverschämtheit der Welt umgebracht. Unser wunderbarer, mythischer, poetischer Esteves, der so überreich an Metaphysik war und dem man wohl nur mit einer Maschine seine angemessene Tiefe wegnehmen konnte. Das stimmt, Senhor Pereira, das stimmt wirklich, Sie haben es getroffen, sie haben ihm was angetan, sie haben ihn in den letzten Monaten so zugrunde gerichtet, bis er es nicht mehr aushielt. Wir sehen es uns an. Was? Das Zimmer. Also, Senhor Silva, wir gehen hoch ins Zimmer und sehen, ob Medeiros den Mund aufmacht. Ohne jeden Krach, und wir werden ja hören, ob Medeiros was sagt. Also, Senhor Pereira, womöglich terrorisiert er jetzt ja den Spanier. Wir werden sehen. Ich hab Angst. Ich will nicht hin, Senhor Pereira, wir gehen lieber nicht, wir richten es so ein, dass wir hier beide Platz finden, und dann schlafen wir gleich. Nichts da, seien Sie kein Feigling! Sie sind verrückt, so was erschreckt mich. Ich bin am Tag reingegangen, und das hat mich schon erschreckt. Aber wir gehen zusammen, wir halten uns an den Händen, und wir gehen langsam, auf Zehenspitzen, wir müssen bloß hören, um zu erkennen, ob Esteves recht hatte. Wenn ich da oben bin, sterbe ich. Sie sterben überhaupt nicht. Vor Ihnen bin ich dran. Senhor Pereira, ich gehe, aber wenn ich einen Anfall kriege, wird es Ihnen leidtun. Gar nichts kriegen Sie! Wir gehen zusammen. Was Sie einstecken, stecke ich auch ein, das ist demokratisch. Dann ist gut. Es ist beängstigend, aber gerecht. Uff. Besser, wir gehen hier die Treppe hoch, auf dieser Seite ist es dunkler, und man kann von unten nichts sehen. Senhor Silva, zittern Sie nicht! Was ist das? Das ist ein Buch. Wozu haben Sie ein Buch mitgenommen, wollen Sie lesen? Ich weiß nicht. Wenn er sich auf mich stürzt, schlage ich ihm damit eins auf den Deckel. Das Ding ist schwer. Ich hab einen Pantoffel verloren. Suchen Sie ihn. Hier ist er. Kommen Sie mit mir runter, Mann, da ist eine Stufe. Kommen Sie. Ich lasse Sie nicht los. Ich werde Sie nicht loslassen. Steigen Sie mit mir runter. In Ordnung, langsam, mir tun schon die Knochen weh. Was ist das für ein Krach? Dona Leopoldina schnarcht, hört sich an wie ein Elefant. Sind Sie sicher? Seitdem sie unter Cubillas lag, hat sie immer wieder von Elefantenrüsseln geträumt. Ach, Senhor Pereira, was reden Sie denn da, das ist doch zum Totlachen. Das hat sie doch nur erzählt, ich halte es für eine glatte Lüge, der Kerl konnte was

Besseres finden, er brauchte nicht so eine Alte. Aber sie war jung, damals. Hier ist es. Gehen wir! Warten Sie, bevor wir aufmachen, sind wir ganz still und hören, ob er redet. Also, Senhor Silva, kommen Sie näher ran. Senhor Pereira, stoßen Sie mich nicht, ich klebe hier am Boden fest. Ich habe Angst. Nichts zu hören. Nichts. Ich höre nichts. Haben Sie das Gerät mit? Das brauch ich nicht. Aber ich habe Sie schon gesehen mit Hörgerät. Nichts haben Sie gesehen. Ohne Hörgerät hat es nämlich keinen Zweck. Ich höre gut. Ich auch. Besser, wir machen auf und gehen rein. Wir bleiben im Dunkeln, damit wir den Spanier nicht wecken. Es wird Licht von draußen haben. Die Fensterläden schließen nicht richtig. So, Senhor Pereira, Sie machen jetzt die Tür auf. Ich mache auf. Warum machen Sie nicht auf? Mach ich ja, bloß vorsichtig. Lassen Sie meine Hand nicht los. Sie haben keine Angst? Doch, hab ich. Huch, Sie jagen mir ja einen noch größeren Schreck ein. Machen Sie zu, machen Sie zu jetzt. Ich sehe nichts. Hocken Sie sich hin. Au, die Beine tun mir dabei weh. Ich schaffe es nicht. Dann lehnen Sie sich still an die Wand. Sprechen Sie nicht. Huch. In diesem Moment machte Senhor Medeiros den Mund auf und sagte, stirb, du Arschloch, stirb, du Riesenarschloch, und der Spanier antwortete, verdammter Scheißkerl du, das Arschloch bist du.

Medeiros sagte es noch einmal, und der Spanier antwortete. Im dunklen Zimmer, im spärlichen Mondlicht, das durch die Ritzen der Fensterläden drang, konnte ich Senhor Medeiros' glasige Augen sehen, die nach meinen Augen suchten. Böse Augen, die genau wussten, wo meine Augen waren. Senhor Pereira ließ meine Hand los. Er hatte sich in die Hose gemacht und sich niedergehockt, wie wir es seiner Meinung nach hätten tun müssen. Ich blieb aber stehen, ich hielt das Buch als unentbehrliche Waffe fest, voller Angst, vor jemandem zu stehen, der die anderen auf unheimliche Weise zu Tode brachte. Senhor Pereira sagte nichts mehr. Ich ging fünf Schritte nach vorn und hielt das Buch hoch über Senhor Medeiros' Kopf, und dann trafen ihn die Schwerkraft und die übriggebliebenen Nerven meines Arms mit dem Buch. Ein Ruf nach Rache erklang, der mich vor Schrecken erbeben ließ. Der Spanier sagte, verdammter Scheißkerl, und noch einmal, schneller, verdammter Scheißkerl. Dann stieß er jubelnd hervor, ich bin Portugiese, ich bin aus Badajoz in Portugal, keiner holt mich hier raus, keiner holt mich hier raus, ich bin Portugiese. Ich schlug dem Dreckskerl vor mir drei- oder viermal mit dem Buch auf den Kopf, dann verstummten wir. Auch der Spanier schwieg. Senhor Pereira sagte, los, gehen wir. Ich antwortete, ich kriege keine Luft, ich kann nicht atmen. Mein Freund schrie mich an, kommen Sie her, Senhor Silva, kommen Sie her zu mir. Ich wich zurück. Mir platzte fast die Brust. Ich stürzte neben ihm nieder, ich fiel ihm regelrecht in den Schoß. Ich konnte nicht richtig sprechen. Der Schmerz zwang mich, mich zu verrenken und auf dem Boden hin und her zu zappeln. Senhor Pereira brach in Tränen aus. Auf dem Korridor hörte man die Schritte von jemandem, der sicherlich unseren Krach und die Schreie des Spaniers mitbekommen hatte. Die Schwester kam herein. Wir waren außer Atem und schreckensstarr, und wir glaubten zu sterben. Senhor Pereira stammelte tränenüberströmt, wir haben Angst. Wir haben Angst, weil wir hier sind. Senhor Medeiros atmete, als wäre nichts geschehen. Ich hatte ihn nicht umgebracht, und ein solches Viech konnte auch nicht wie Dona Marta sterben. Es war naiv von mir zu glauben, ich wäre gerüstet gegen alle Feinde der Welt, wenn ich mich mit einem Buch bewaffnete. Er starrte uns so gequält an wie immer. Der Spanier Enrique fragte, wer ist das? Wer ist das? Dann sagte er, ich bin aus Badajoz in Portugal, ich bin Portugiese, geht weg, lasst mich allein bitte. Die Schwester antwortete, Sie dürften nicht hier sein. Dann wollte sie, dass wir aufstehen, aber sie merkte, dass ich mich allein nicht aufrecht halten konnte. Senhor Silva, wie fühlen Sie sich? Ich sagte nichts. Sie sollte mich hier rausbringen, nur raus. Wenn man mich rausbrachte, dachte ich, würde es mir bessergehen. Ich stand auf und ging durch die Tür, auf die Schwester gestützt, an der Wand entlang. Wir verließen Esteves' Zimmer wie zwei lächerliche, besiegte Krieger. Das ist Teufelswerk, und ich antwortete, Sie hatten recht, Senhor Pereira, Sie hatten völlig recht. Er weinte immerzu und sagte mehrmals, wir sind in Gefahr. Wir sind alle in Gefahr. Während wir die Treppen hinunterstiegen, verbreitete sich ein strenger Geruch, und die Schwester fragte, was zum Teufel nur habt ihr gesehen, als ihr da gehockt habt, ihr Dummköpfe, was zum Teufel sollte dort sein? Ich glaubte, ich würde einen Herzanfall bekommen. Etwas in meiner Brust pochte hartnäckig, als suchte es nach einer Möglichkeit, sich einen Weg aus meinem Körper zu bahnen. In diesem Moment sagte ich, Dona Carminho, ich glaube, mir bleibt das Herz stehen. Wir setzten uns auf die Treppe. Die kalte Treppe ließ mir kalte Schauer über den Rücken laufen, und ich wurde ohnmächtig. Ich hörte noch, wie Senhor Pereira sagte, mein Freund, er stirbt!

21 Ich brauchte diesen Rest Einsamkeit, um etwas über diesen Rest an Gesellschaft zu lernen

Der Spanier Enrique erzählte, in der Nacht seien ein paar Männer in sein Zimmer eingedrungen, sie hätten Senhor Medeiros begrüßt, der bewegt und vertrauensvoll mit ihnen gesprochen habe, und danach hätten sie einen sonderbaren Apparat über ihm aufgebaut, mit Kabeln und Schläuchen, Bildschirmen und Computerzeug, wie Tastaturen etwa, und sogar mit Farbnäpfchen und Reagenzgläsern, in denen chemische Präparate dampften. In der Nacht seien die Männer aufgetaucht, und sie hätten ausgesehen wie Geheimwissenschaftler, von denen niemand etwas wusste, und sie hätten eine schreckliche Maschine aufgebaut, die Portugiesen in Spanier verwandelt. Er will ihnen nachdrücklich erklärt haben, dass er Portugiese sei, dass er sich als Portugiese wohlfühlt und keinerlei Unterstützung braucht, um rauszukommen aus diesem Land, das Land wegzuwerfen und ein anderer zu werden. Aber die Männer hätten nichts von seinem nachdrücklich geäußerten Willen wissen wollen, es wäre ihre Aufgabe von Amts wegen gewesen, die Bürger davon zu überzeugen, die Lebensweise des Nachbarlands hochzuschätzen, wobei sie auf seine faszinierende Geschichte hinwiesen sowie darauf, dass es als Geburtshelfer unserer Nation gewirkt hat, und sie sollen sogar an die sechzig Jahre erinnert haben, als es schien, der Traum von der Heimkehr ins gemeinsame Vaterhaus hätte sich vollendet. Es sollen sehr entschlossene Männer gewesen sein. Sie hätten nicht einsehen wollen, dass es gegen eine solch grandiose Umgestaltung Widerstand geben könnte. Enrique aus Badajoz will darauf bestanden haben, dass Badajoz eine urportugiesische Stadt sei, und er hat wohl aus Leibeskräften geschrien, während ihm Senhor Medeiros konkrete Anweisungen für den Tod gegeben hätte. So soll es sich in dieser Nacht und in vielen Nächten zuvor zugetragen haben, Esteves' früheres Zimmer würde für die absonderlichsten Experimente der Männer benützt, die Maschinen zu dem Zweck erfinden, den Tod der Heimgäste zu beschleunigen. Senhor Medeiros, der nie sterben würde, soll einen merkwürdigen Teufelspakt abgeschlossen haben.

Dona Glória do Linho, die sich zum ersten Mal im Leben verliebt hatte, ohne dass man wusste, ob es überhaupt zu Sex oder auch nur zu einem heißeren Kuss gekommen war, wollte nicht die Gelegenheit versäumen, eine Amour fou zu erleben. Darum benahm sie sich, als würde sie Stare aus ihrem Kirschgarten verjagen. Das Sprechen fiel mir schwer, vor allem, weil ich so beunruhigt und betrübt war, und sie unterbrach meinen Bericht mit den Worten, ja, ja, das ist wahr, das ist ein Problem. Damit wollte sie sehen, ob ich die Geschichte als beendet ansah und mich von Anísio fernhielt. Dona Glória do Linho, ein Zwickel von einer Frau, hatte sich noch nie so als Eigentümerin gefühlt wie in Anísios Minimuseum, und sie gewöhnte sich schnell an die Vorstellung, diese Dinge wären ein Geschenk des Himmels. Ich hielt mich etwas zurück. Ich fragte nur, und Ihr Buch, Anísio, wie steht es mit Ihrem Buch über alte Kunst? Er antwortete, so viel habe ich nicht mehr geschrieben, aber ich mache mich schon wieder an die Arbeit, ja, das tue ich. Dann fragte er, und Ihre Gedichte? Ich sagte, nichts, ich bin kein Dichter. Sie mischte sich ein und fügte hinzu, das ist kein Leben, wenn man seine Nase immer nur in Bücher steckt, man muss auch spazieren gehen. Spazieren gehen, weil, die guten Büchergeschichten, die finden sich an jeder Ecke. Anísio lächelte. Er sah sich eingeengt, an Händen und Füßen gefesselt von dieser Frau, die ständig sanft blieb, aber nur zu ihm. Ich hielt mich zurück. Ich sagte, ich muss an die frische Luft. Ich stand auf, und da kam Américo und sagte, Senhor Pereira sei gerade gestorben.

Ich stand von Anísios Bett auf, von dem Rand, auf dem wir immer saßen, wenn wir uns besuchten. Ich bekam keine Luft, weil mich das Gespräch quälte, weil mich die Enttäuschung quälte, dass diese Frau da war und alles verdarb, und ich machte mich schon auf den Weg, um wie gewohnt bei mir, in meinem Zimmer, zu trauern. Da sah ich, dass, nachdem er leise angeklopft hatte, Américo hereinkam. Er trat mit der düsteren Miene eines Mannes ein, dessen Amt es war, uns zu betrüben. Ich setzte mich wieder hin. Américo sagte, ihr sollt es von mir erfahren, und versucht bitte, ruhig zu bleiben, so traurig es ist. Ich bin auch sehr traurig. Dona Glória do Linho rief, ach, mein Gott, wer ist es denn diesmal? Dann antwortete Américo, und sie fühlte sich erleichtert, weil sie nicht das Geringste für Senhor Pereira übrighatte. Aus einem grausamen Grund war die Anwesenheit dieser Frau die größte Respektlosigkeit, die man gegen Senhor Pereira, unseren Freund, in dem schweren Moment, da wir ihn verloren hatten, begehen konnte. Ich weinte draußen auf dem Korridor. Américo stützte mich am Arm und weinte ebenfalls.

Als der europäische Silva es erfuhr, kam er zu mir. Ich konnte nicht mit ihm sprechen, weil ich keine Luft bekam. Die Schwester versuchte mich mit Sauerstoff zu beruhigen und bat darum, mich allein zu lassen. Ich gab Américos Hand nicht frei. Sosehr sie ihn loswerden wollte, ich gab Américos Hand nicht frei. Doktor Bernardo telefonierte gerade mit Elisa. Ich verbot, dass man einen Pfarrer holte. Wenn ich sterben müsste, sagte ich, sollten sie für mich nicht um einen Platz im Himmel bitten. Ich hasste den Himmel. Ich wollte, dass der Himmel über unseren Köpfen einstürzt, selbst wenn sein gezähntes Maul weit aufgerissen wäre, um mich zu beißen. Américo gab mich nicht frei. Das war entscheidend dafür, dass es mir gelang, mich überraschend schnell zu beruhigen.

Dann gestand ich ihm, ich brauchte diesen Rest an Einsamkeit, um etwas über diesen Rest an Gesellschaft zu lernen. Dieser Lebensrest, Américo, den ich schon für übertrieben lang, für eine Verirrung gehalten hatte, hat mir die Freunde hier eingebracht. Und ich, der Freundschaft nie verstanden hat, der nie Solidarität erhofft hatte, allenfalls ein Nebeneinander, einen gewissen Gehorsam, den Zustand eines Schafs. Ich brauchte diesen Rest an Einsamkeit, um etwas über diesen Rest von Freundschaft zu lernen. Heute bedaure ich meine Laura, weil sie mich nicht überlebt hat und in ihren Schmerzen keine fast unerforschlichen Wege zu neuen Wirklichkeiten fand: zu den anderen. Die anderen, Américo, rechtfertigen das Leben ausreichend, und das wollte ich nie sagen. Ich habe immer alles für Laura und die Kinder gegeben. Ich habe mich viel zu sehr für mein nächstes Umfeld verausgabt, und ich hätte weitergehen können. Heute sterbe ich nicht, Junge, ich sterbe nicht, bevor ich nicht Senhor Pereira zum Friedhof begleitet habe. Sag Doktor Bernardo, er soll seine Psychologie und seine Ängste auf den Müll werfen, ich will nur sehen, wie mein Freund unter die Erde kommt, weil ich meinen Freund danach nie wiedersehen werde.

Mit der Schuhsohle konnte ich ein Stück Wolke von der Statuette der Heiligen Jungfrau von Fátima abschlagen. Es war ein ebenso blaues und vollkommen gezeichnetes Wolkenstück wie eine Kuchenglasur, dafür aber für die Ewigkeit. Es hatte eine heitere Farbe, eine Himmelsfarbe. Ich packte das Keramikstückchen ein und wollte es für Senhor Pereiras Sarg mitnehmen. Es mussten nicht unsere Täubchen sein, die so viel geflogen waren, bis sie den Heimweg vergessen hatten. Mir genügte dieses Stück Wolke, ein bisschen so etwas wie ein Spiel, um ihn an mich zu erinnern und ihm etwas von mir zu Füßen zu legen, das mich an jeden Moment erinnerte, das die Ungeheuer besiegen und noch lange in der Welt sein würde. Wenn es keinen Himmel gibt, Senhor Pereira, dann kann ich Ihnen hier noch etwas schenken, das nicht so schnell vergeht, auch wenn es tief im Dunkeln begraben ist. Mariechen war sich gleich geblieben, unglaublich gleich, dass ich schon zu erwarten schien, dass sie sich bewegte, dass sie sich zu so viel Unglück äußerte, wie es auf uns niederging. Für mich würde ich nichts mehr erhoffen, auch kein Mitleid, aber wenn es wahr sein sollte, wenn ich mich aus irgendeinem Grund geirrt hätte, sollte sie wenigstens Senhor Pereira helfen, er hatte immer an das Leben nach dem Tod geglaubt und hatte Messen besucht, aus Angst, er könne beschuldigt werden, allzu rebellisch gegen den Schöpfer aufgetreten zu sein. Ich sah dabei zu, wie er unter die Erde kam, wie man eine Zeremonie für ihn veranstaltete, und seine Kinder waren da, und alle weinten. Ich hielt mich bei dem fest, der mir seine Hand hingestreckt hatte, weit weg von Anísio und Dona Glória do Linho, weil mich ihre Mienen von leidenschaftlichen Schuldigern anekelten, ich wollte allein sein, keinen weiter bei mir haben. Ich hielt mich am europäischen Silva fest, der nichts sagte, er ertrug mein Gewicht und schwieg. Da erklärte ich, alles geht zu Ende. Jetzt geht alles zu Ende.

Gegen meinen Willen holten sie in der Nacht, als ich heftig hustete und mein Atem stockte, einen Pfarrer ins Haus. Sie sprachen leise von der Wolke, die ich Senhor Pereira ins Grab gelegt hatte, und erblickten darin eine Hoffnung, mein Seelenheil und das Leben nach dem Tod doch noch zu retten. Sie glaubten, ich würde im letzten Augenblick bereuen, aber ich war noch nicht im letzten Augenblick und hatte auch nicht vor zu bereuen. Elisa verbrachte die Stunden auf meinem Stuhl. Die Lampe war immer eingeschaltet. Ich bat, man solle den europäischen Silva zu mir holen, wenn er wach war. Erzählen Sie mir etwas über den Faschismus, erklären Sie mir, wie wir ein Volk mit hängenden Ohren waren, das einem Pfaffen mit Mädchenstimme gehorchte. Er lächelte. Er antwortete, Sie wissen schon alles, Sie wissen es sogar besser als ich. Ich lachte und hustete ein bisschen, und zum ersten Mal nannte ich ihn Freund Silva, wir sind Namensvettern, zwei von den vielen, aus dem Busch, roh und ungesittet. Er wollte keine Wehklagen anstimmen, das kam, weil er schon zu viele hatte sterben sehen und ihm der Tod natürlicher schien, und dann sagte er, was ich eigentlich bräuchte, ist, dass ich mich ärgere. Morgen wird die Sonne wieder den Hof erwärmen, und wir haben eine Verabredung mit Dona Leopoldina, die sich den Hintern kratzen wird, um jemandem ihre Verachtung zu demonstrieren. Etwas später schlief ich ein, und während des ganzen Schlafs staunte ich über den Himmel. Er war von schwarzen Vögeln verdunkelt, die mich sonderbar faszinierten.

Von da an konnte ich nicht mehr nach unten. Die Beine büßten rasch jedes Gefühl ein, als wüssten sie nichts mehr von dem, was sie immer gewusst hatten, ohne dass sie noch einen Weg, ein Hin und Her kannten. Die Lunge nahm nichts mehr von der Luft wahr oder wie diese ein- und auszutreten hatte. Ich musste mir für den Körper alles vorstellen. Ich musste mich anstrengen, damit in der im Bett liegenden Maschine noch etwas funktionierte. Man brachte mir die Mahlzeiten alle ins Zimmer und flößte mir mit einem Löffel ein, was keine Knochen, keine Gräten oder irgendwas Festes enthielt, damit ich es ohne Schwierigkeiten hinunterschlucken konnte. Sie ließen mich nun im Halbdunkel liegen, weil sie glaubten, mich würde das Dämmerlicht beruhigen, damit ich immer mehr schlief, als näherte ich mich in den Momenten, in denen ich abgeschaltet hatte, dem Tod. Aber sie wussten nicht, dass ich nach dem Abschalten auf die andere Seite des Kopfes wechselte, wo ich mich in die dunkle Zimmerecke setzte und mich mit blutenden Händen vor dem immer näher kommenden Angriff der Sittenpolizei schützte. Sie beschuldigten mich, Leute zu ermorden, sie dem Tod auszuliefern, kein Portugiese sein zu wollen und dass ich mich nach dem Tod sehnen würde, um nicht für meine Verbrechen büßen zu müssen. Der Tod ist Ihr Fluchtmechanismus, Sie Lump, wir werden nicht zulassen, dass Sie so einfach davonkommen. Wenn ich aufwachte, zeigten meine Hände Spuren der Stockhiebe, und wenn ich mir in die Finger geschnitten hatte, so deshalb, weil ich versucht hatte, die Raben an den Beinen zu packen, damit sie mich im Flug davontrugen. Aber sie waren nicht stark genug. Sie pressten mir die Finger zusammen, verletzten mich, und dann ließen sie mich nahe bei den wütend zuschlagenden Stöcken fallen.

Mensch, ich bin niemand mehr, ich bin schon fast nichts mehr, sagte ich. Erzählen Sie doch nicht so was, Senhor

Silva, halten Sie die Ohren steif! Sie sind nur niedergeschlagen, nach allem, was passiert ist, lässt sich das verstehen. Was für eine Krankheit habe ich, Américo, was ist das? Ich weiß nicht, ob es eine Krankheit ist, das ist nur die Erschöpfung, das macht Sie nervös. Als läge es an den Nerven. Ich habe gute Nerven. Sie müssen sich beruhigen. Weißt du, dass Fische ein Sekundengedächtnis haben? Diese hübschen Fische, die du in den kleinen Aquarien siehst, weißt du, dass sie ein Sekundengedächtnis haben, drei Sekunden in etwa. Darum werden sie nicht verrückt in diesen engen Aquarien, weil sie gewissermaßen alle drei Sekunden an einem Ort sind, den sie noch nie gesehen haben und nun erkunden können. So müssten wir sein, alle drei Sekunden wären wir von der kleinsten Äußerung des Lebens beeindruckt, denn die lächerlichste Sache auf dem ersten wahrgenommenen Bild wäre eine funkelnde Explosion der Erkenntnis, lebendig zu sein. Du verstehst. Alle drei Sekunden würden wir das mächtige Gefühl empfinden zu leben, ohne dass etwas anderes wichtig wäre, nur diese staunende Feststellung. Américo antwortete, es wäre schade, wenn Sie sich nicht an mich erinnerten, Senhor Silva, mir gefällt diese Theorie über die Fische nicht, damit würden Sie sich nicht an mich erinnern.

22 Das Hochgefühl vor dem Tod

Man wollte mich in den linken Flügel schaffen. Ich wusste, dass sie mich in den linken Flügel schaffen wollten. Ich fragte, ist der Spanier gestorben, ist es der Spanier, der gestorben ist? Américo sagte, nein, was für ein Unsinn, der Spanier schreit wie immer wütend aus voller Kehle. Ich wollte es nicht glauben. Ich schaute in meinem Zimmer hierhin und dorthin, und ich sah Mariechen, die tieftraurig ihre Täubchen und ihre Wolke eingebüßt hatte. Wer konnte mir helfen? Ich fragte wieder, bist du sicher, dass der Spanier nicht gestorben ist?, und Américo sagte, nein, und wiederholte noch einmal, nein. Bringt mich zusammen mit Mariechen weg, lasst mich nicht hier. Sie haben sich an ihr festgehalten, Senhor Silva, und sie betet schon für Sie. Sie gehört mir, mir tut es leid, wenn sie fern von mir ist. Und ich will nicht in den linken Flügel, dort habe ich keinen Garten und sehe nur den Friedhof. Dann kann ich auch gleich auf den Friedhof runter. Man hat es eilig, mich tot zu sehen. Sie wollen mich hier nicht haben, dort im linken Flügel stirbt man. Américo widersprach, noch sei es nicht so weit, aber wegen der üblichen Praxis dürfe ich nicht hierbleiben, im linken Teil befinde sich der klinische Teil des Heims, dort gebe es medizinische Technik und eine angemessenere Pflege. Der klinische Teil?, rief ich. Und er sagte, ja, Senhor Silva, die

Kranken kommen in die Zimmer dort, da haben wir das Pflegepersonal, die Tropfe und die Beatmungsmaschinen, das ist besser so, dann bekommen Sie nicht wieder diese Hustenanfälle. Damit Sie sich besser und sicherer fühlen, Senhor Silva, das wissen Sie doch. Ich fragte, ach, Américo, aber der Spanier ist tot, der Gestorbene ist der Spanier. Wer ist denn nun gestorben? Wer ist der Tote?

Der europäische Silva kam und erzählte, der Spanier liege immer noch wütend in seinem Bett, neben dem von Senhor Medeiros. Man habe ihm die Handgelenke festgebunden, damit er sich nicht den Tropf abreißen könne und, wie man glaubte, damit er sich nicht auf die Leute stürzt. Und zwar, weil man nun annahm, dass der Spanier Enrique versucht hätte, Senhor Medeiros zu erwürgen, und weil dieser noch weggetretener aussah als sonst, so als habe er ein paar Schläge auf den Kopf bekommen. Der Spanier erzählte schon allen von den Maschinen, die man über seinem Kopf aufbaue, dass sie sein Blut durch Spritzen leiteten und mit nicht identifizierten Medikamenten vermischten, weil sie sehen wollten, wie sich unter ihrer Einwirkung seine Persönlichkeit veränderte. Aber seine Persönlichkeit sei nicht eine Handvoll von irgendwelchem Zeugs und ließe sich auch nicht mit einer Unmenge von Waschmitteln wegspülen. Er brüllte das so laut er konnte hinaus, am Tage sollten alle erfahren, wie viel Schlechtes man ihm in der Nacht antäte. Der europäische Silva sagte, Freund Silva, das gehört eben zu so einer überzeugenden Geistesverwirrung dazu, dass man wirklich glaubt, man werde von einer Bande von

Gangstern angegriffen. Ich antwortete, der arme Esteves, unser armer Esteves. Als gehörte Esteves zu uns dazu und als bildeten wir, der europäische Silva und ich, Senhor Pereira und auch noch Anísio mit den strahlenden Augen eine richtige Familie, eine neue Familie, auf die ich nicht hätte hoffen dürfen. Ohne Blutsbande vereint, zusammengeführt durch das Schicksal, die Einsamkeit miteinander zu teilen. So verteilt, die Einsamkeit jedes Einzelnen dem anderen anvertraut, bildete sie so etwas wie eine Familie. Sie war eine Bruderschaft des Herzens, eine unvergleichliche Fähigkeit, treu zu sein. Ich reichte dem europäischen Silva die Hand und sagte, und Américo, Américo auch, der ist mein Freund.

Nie hätte ich erfahren, wie ein Mensch von einem anderen verletzt werden kann. Nie hätte ich erfahren, wie ein Fremder zu uns gehören und wie er uns fehlen kann. Ganz unerwartet war es festzustellen, dass Familie auch jenseits der Blutsbande, jenseits der Liebe entstehen oder dass Liebe etwas ganz anderes sein kann, eine zwischenmenschliche Energie gleichsam, die keinen Unterschied macht, Achtung und Fürsorge für alle Menschen. Der europäische Silva lächelte und nickte zustimmend. Er sagte, ich solle nicht verzweifeln, man müsse mich noch lange Zeit in meinem Zimmer lassen, und wenn der Spanier lebte und Krach machte, würde ich nicht ins Zimmer von Esteves kommen, wo die unheimlichen Wissenschaftler gefährliche Experimente mit denen machten, die auf Anordnung von Senhor Medeiros sterben sollten. Freund Silva, wir gehören zur schlimmsten Sorte, wir sind wild, irgendeine Bedrohung haut uns nicht um, wir halten noch lange durch, Sie und ich, damit wir noch miterleben, wozu Anísios Romanze mit der Fußkranken führt. Ich lachte trotz meiner Schmerzen und meiner Verwirrung, und ich dachte an Dona Glória do Linho, wie sie auf Zehenspitzen von einer Seite des Heims zur anderen lief, während Anísio sie mit Liebkosungen und weibischen Koseworten antrieb. Komm schon, liebste Glória, wir sehen uns die Blumen an, wir lauschen den Vögeln, wir entdecken in den Wolken alle möglichen Gestalten. Das Buch, das er schreiben wollte, dieses Vermächtnis für die Menschheit, das seinen Namen für immer lebendig erhalten und ebenso würdig wie die von ihm verehrten Museumsstücke oder noch würdiger sein sollte, schrieb er inzwischen nicht mehr, und sie blieb untröstlich, verlangte nach Liebe, als hungerte sie nach einer Speise.

Die Briefe mit den für Dona Marta erfundenen Liebeserklärungen wurden vor meinen Augen einer nach dem anderen von Anísio zerrissen. Von allen, die ich für diese Aufgabe aussuchen konnte, war er der Ungeeignetste, und ich wusste das sehr gut. Ich wusste, indem ich ihn zwang, die lange Liebeserklärung, das Zeugnis von ihr auszulöschen, quälte ich ihn auf geradezu perverse Art. Ihn sollte der Gedanken peinigen, dass auch von ihm kein Dokument bliebe. Ich glaube, ich mochte Dona Glória do Linho wirklich nicht mehr, sie hatte ebenso viel von einer Lolita wie von einer Egoistin, die unseren Freund bei lebendigem Leibe auffraß. Anísio war auch derjenige, der meiner Erpressung am ehesten nachgeben würde. Er hatte sich von uns zurückgezogen, die gelebte

Freundschaft zwar nicht vergessen, aber keine Zeit mehr dafür übrig. Es war ein Leichtes, ihm seine Untreue unter die Nase zu reiben. Ich sah, wie er jeden Brief in winzigste Schnipsel zerriss und es für immer unmöglich machte, ihn zu lesen. Er fragte mich, warum ich nicht zuließ, dass sie blieben. Sie würden bei den glücklichen Alten eine hübsche Geschichte abgeben. Ich sagte, nein, das wollte ich nicht, weil sich hübsche Geschichten zufällig ereigneten, und ich hatte gerade gelernt, dass sich das Leben mehr treiben lassen, sich mehr dem Zufall überlassen muss, denn wer sich vor allem schützt, flieht vor allem.

Sie wollten mich in den linken Flügel verlegen, und ich konnte mich nicht länger dagegen wehren. Ich stand nicht mehr auf, ich lag ausgestreckt da, die Beine kribbelten mir wie in einem Ameisenhaufen, der Mund aufgerissen, als flehte ich nach Luft. Ich hätte kein Buch mehr packen und darauf hoffen können, jemanden damit zu erschlagen. Ich hätte mich nicht einmal gegen Senhor Medeiros wehren können, der geradezu unzerstörbar war. Ich hätte nicht einmal verstehen können, was fortan geschehen würde. Mein Gehirn sackte immer tiefer, es stürzte im Körper herab, befand sich schon unter dem Herzen, langsam verdrängte es alles von seinem Platz, verbrannte, erodierte durch die Reibung an einem rauhen Stein. Mein Gehirn riss sich von mir los und vernichtete zunehmend jede Erinnerung, jedes Verlangen. Ich hatte das Sekundengedächtnis der Fische erreicht. Den berühmt-berüchtigten Fischpunkt, von dem an das Schicksal für uns belanglos wird. Wir betrachten die

Dinge mit derselben Dramatik, mit der wir sie innerhalb von Sekunden vergessen und uns aus irgendeinem anderen Grund, ohne dass wir wüssten, welchen, freudige Hoffnungen machen. Ich verstand, dass man mich in den linken Flügel bringen wollte, damit mich der Tod in kürzester Zeit niederstrecke. Es dauert nicht mehr lange, António, dachte ich, es dauert nicht mehr lange, bis sich das alles auflöst. Dann wirst du nirgendwo mehr sein. Und mein Herz schlug nur noch mühsam, und ich dachte, noch nicht, jetzt noch nicht. Nicht etwa, weil mir noch etwas gefehlt hätte, mir fehlte nichts mehr, ich wusste aber, dass man mich in den linken Flügel bringen würde, ich müsste zuerst dort hinkommen, erst danach würde ich loslassen können.

Sie setzten mich in einen Rollstuhl und achteten darauf, meine schon ganz mageren Beine festzuhalten, damit sie nicht über den Boden schleiften oder womöglich noch unter die Räder gerieten, was mich zu Fall gebracht hätte. Sie legten mir die Hände in den Schoß, eine auf die andere, und noch sah ich sie, wie sie weiß, blass und blutleer wurden. Sie hüllten mich in eine kleine Decke, und auf der Decke legten sie mir Mariechen an die Brust, zwischen meine Brust und die Armlehne, so wie von Américo aufmerksam angeordnet. Wir fuhren mit dem Fahrstuhl ins obere Stockwerk und wir durchquerten das letzte Stück, das uns von der Klinik trennte. Eine Krankenschwester ging voran, sie öffnete die Tür zu Esteves' Zimmer und ließ mich lächelnd vorbei, und ich wurde von einem jungen Mann, den ich nie zuvor gesehen hatte, weitergeschoben. Da der Rollstuhl breit war, kam er nur in einem bestimmten Winkel durch die Tür, und das dauerte drei Sekunden, lange genug, damit ich das immer noch lebhafte Gesicht des erwartungsvollen Senhor Medeiros erkennen konnte, der sicherlich frohlockte, dass ich ihm endlich in die Falle ging. Nachdem sie mich in das Bett von Esteves und dem Spanier gelegt hatten, besuchte mich Américo. Er war traurig und vermochte mich kaum aufzumuntern. Meine Stimme erlosch, und meine Kräfte erlaubten mir nicht, ihn an sein Versprechen zu erinnern, dass ich nicht in dieses Zimmer gesteckt würde. Américo blieb weit weg von mir. Wenn sich der Körper von den Sinnen löst, ist es so, als entfernte er sich und bekäme genug Raum, um alles, was er noch besitzt, auszustoßen und fortzulassen. Ich war in Esteves' Zimmer, um alles kennenzulernen, um den Sinn des Lebens zu erkennen, womit wir uns verteidigen müssen oder nicht. Selbst wenn es kein Jenseits gibt, nur die Erinnerung für die Lebenden, wer wir waren. Die Erinnerung und die mögliche Würde. Ich sagte zu Américo, freu dich, Junge. Du warst immer traurig, als wäre für dich schon das Leben traurig. Er antwortete, ich habe Sie sehr gern, Senhor Silva, was gäbe ich darum, Sie von Ihren Schmerzen zu befreien, von Ihren Zweifeln.

In dieser Nacht, kurz nachdem das Licht abgeschaltet war, sagte Senhor Medeiros, stirb, du Dreckskerl, stirb. Ganz deutlich hörte ich diese Stimme, die ich schon erkannte, als sie in der nüchternen Stille des Raums widerhallte. Wieder sagte er, stirb, du Dreckskerl. Dann ging die Zimmertür auf. Es war dieselbe Schwester, die mich hergebracht hatte. Sie wühlte in ein paar Papieren, die sie sich einsteckte, sie sah nach mir, fühlte meinen Puls, lächelte, trat ein paar Schritte zurück und dann wieder nach vorn, und lächelte. Dann ging sie hinaus. Sobald wir allein waren, zurückgekehrt in die absolute Stille, nahm ich wahr, wie sich im Bett von Senhor Medeiros etwas bewegte. Es war ein langsames Rutschen in den Betttüchern, ein langsames Geräusch wie das eines Menschen, der seine Lage im Bett verändert. Ein überhaupt nicht möglicher Lärm, wenn sich Senhor Medeiros nicht bewegen können würde, wenn er wie eine richtungslose Pflanze war. Das war so, als streckte er einen Arm zu mir heraus, als er kurz verstummte und dann wieder sagte, stirb, Dreckskerl. Die Schwester kam zurück. Sie brachte einen kleinen Apparat mit, der einen Sucher und einen roten Blinker hatte, der im dunklen Zimmer einen schwachen Schimmer auf alles warf. Sie rollte den Apparat ans Fußende meines Bettes und ging wieder zur Tür, schaute hinaus, trat wieder ein und sagte, ihr könnt kommen, ihr könnt kommen. Nun tauchten ungefähr acht Leute auf. Ich hatte keinen davon je gesehen. Sie schleppten sonderbare Waffen, die sich miteinander verbanden, als sie Kabel über meinen Körper legten, mit Halterungen für Nadeln und Tropfe, und mit Kugeln, die wie Tee kochten. Dort liefen kleine Schläuche in unterschiedlichen Farben entlang, und einer der Männer hatte eine Kopfleuchte, als wolle er ein Bergwerk erkunden, und sie sahen sich ein paar große Blätter an, diskutierten, wie sie das beste Ergebnis erreichen konnten, und beobachteten heimlich mein Gesicht und meine Augen, sie kamen ganz nahe, als suchten sie nach etwas. Jemand begrüßte Senhor Medeiros. Er stand an einer Stelle, wo ich ihn nicht sehen konnte, aber ich hörte, dass er sich recht überschwenglich mit Senhor Medeiros unterhielt. Eine Frau fing nun an, ein paar Knöpfe zu drücken, sie tippte auf einer Tastatur und stellte mehrere Schalter ein. Plötzlich flammte ein Feuerblitz auf, und ein anderer Mann sagte zu ihr, Vorsicht, sonst steckst du hier noch einmal alles in Brand, und sie entschuldigte sich und sagte, der Rhythmus müsse bei mir angepasst werden, ich würde zu viel vertragen. Jemand pflichtete ihr bei, dass ich ja vielleicht wirklich zu viel vertrage, und eine andere Frau widersprach, aber nicht doch, er braucht es wirklich, er bewegt sich nicht, er redet nicht mal, es ist dringend, ein dringender Fall. Und damit sie sich wieder beruhigten, stellte jemand fest, ich würde tatsächlich nicht so viel vertragen wie der andere, und ich hatte keine Ahnung, wer der andere sein konnte. Jetzt haut der Rhythmus besser hin. Es wird gut laufen, versicherte er. Er beugte sich über mich und sagte, alles wird gut, alles ist gut. Ich sah, wie sie über mir einen unglaublichen Apparat von Maschine aufbauten, wie ich ihn noch nie gesehen hatte, er ragte hinauf bis zur Zimmerdecke, die nicht niedrig war, nahm das ganze Zimmer ein und reichte sogar über Senhor Medeiros und bis hin zur Tür, überall hatte sie ineinanderverschlungene Schlaufen und Drähte und weiß ich was für Kinkerlitzchen, und als Füße für dies sonderbare Gerät bauten diese verrückten Wissenschaftler irgendwelche Gelenkeisen zusammen, die wie O-Beine aussahen. Ich sah, dass sie die Aufgaben genau verteilt hatten und sich jeden Augenblick ablösten, damit alle irgendetwas taten, was dieses Etwas ein wenig erbeben ließ, in einer tiefen, dröhnenden Stille, die scheinbar immer lauter wurde, bis sie explodierte wie eine Bombe.

In diesem Augenblick musste ich schreien. Ich musste sagen, dass ich bereute, dass ich nicht ohne Metaphysik enden wolle, dass man mich mit Metaphysik und als Portugiese beerdigen solle. Ich bereute den Faschismus und dass ich ein dummes Schaf gewesen war, lammfromm so nah am Gewissen, wobei ich genau wusste, was das Wertvollste ist, das der Mensch besitzt, und trotzdem setzte ich mich immer wieder darüber hinweg und entschied mich lieber für die Sicherheit der herrschenden Heuchelei. Ich musste schreien, ich wolle als Portugiese sterben, ich wolle Portugiese sein, mit aller Unmündigkeit, die das bedeute, weil ich ein Dreckskerl sei und Strafe verdient hätte, ich hätte aus meiner Heimat ein Land mit Leuten voll Misstrauen gemacht und durchaus kein einiges Volk. Ich wolle ganz sterben. Ein Haufen aus niedergestürzten Haut- und Fleischteilen, aber noch vollständig, mich meiner schämend, dass ich ein Mitläufer war, stolz auf mich, weil ich alles durchschaut habe. Denn ich musste mit vollem Bewusstsein sterben, jede Minute der Zeit erinnern, die ich mit meiner Laura verbrachte, und erinnern, wie das Leben nur um sie und die Familie kreiste, wie ich glaubte, ein Mann müsse so sein, so wie mir die Staatsbürgerschaft genügte und ich nichts wissen wollte von Bürgerrecht, Grundmauer der Liebe. Sie sollen mir nicht das Bewusstsein der Liebe nehmen und das ihres Verlustes!

Am Morgen danach, heute, stehen die Fensterläden offen, ruhiges Licht dringt ins Zimmer, und ich fühle mich wohl. Das ist das Hochgefühl vor dem Tod, mit Sicherheit. Dieser barmherzige Augenblick, in dem es uns alles von oben sehen lässt, wer weiß, um uns zu verstehen, um uns den Rest zu geben, bevor alles vorbei ist. Die ganze Nacht war ich im Fegefeuer des Wunschtraums, und ich bin aufgewacht, um in den flüchtigen Strudel der Erinnerung einzutauchen, alles zurückzugewinnen, mich an alles zu erinnern, als verdichte sich das Leben in ein paar Minuten. Jetzt kamen Américo, der europäische Silva und Anísio, sie umringten mein Bett, erwiesen mir kleine Aufmerksamkeiten und zeigten sich heiter und bekümmert. Sie verabschieden sich von mir mit stockenden Worten, auf die es nicht sonderlich ankommt. Ich erkläre ihnen, in der Nacht hat Senhor Medeiros angeordnet, dass ich sterben soll, und unheimliche Leute seien hereingekommen und hätten über mir eine unglaubliche Maschine aufgebaut. Das sei eine Maschine gewesen, die mir den Faschismus aus dem Kopf holen sollte. Aber ich habe ihn schon früher herausgeholt, erkläre ich. Das hatte ich schon ohne Betäubung, ohne die Hilfe von Technologien getan, denn das Bewusstsein gehört immer noch zu den schärfsten chemischen Ätzmitteln oder zu den besten Reinigungsmitteln, wie man will. Meine Freunde lachen. Und ich bestehe darauf, es stimmt, Senhor Medeiros redet, und ich glaube sogar, er bewegt sich. Américo trat zu mir und protestierte, Senhor Silva, das ist ein falscher Eindruck, das ist ja schon ein Mythos in diesem Zimmer, Senhor Medeiros ist wie eine Pflanze und könnte niemals sprechen, er wurde am Hals operiert, und sie haben ihm vor vielen Jahren die Stimmbänder herausgenommen. Ich widerspreche, das stimmt nicht, Junge, Senhor Medeiros redet und hat einen Pakt mit dem Teufel. Anísio fragt, das ist doch nicht Freund Silva, wenn er an den Teufel glaubt. Ich antworte, ich glaube nur an die Menschen. Im Grunde glaube ich nur an die Menschen, und ich hoffe, dass sie eines Tages bereuen. Das würde mir genügen, dass sie eines Tages wirklich bereuen und ihr Verhalten ändern, damit es möglich wird, dass sie auch gemeinsam an sich glauben. Mehr noch, ich fühle nur Angst. Die Schwester kam herein, ging zu uns und fragte, was fühlen Sie, Senhor Silva? Ich sagte noch einmal, Angst, ich fühle Angst.

Inhalt